Fälle und Fragen zum Privatrecht

Beiheft zur 8. Auflage des Studienbuchs „Grundzüge des Privatrechts“

von

Dr. Peter Bydlinski

o. Universitätsprofessor in Graz

Wien 2010

Manzsche Verlags- und Universitätsbuchhandlung

Printed in Austria

ISBN 978-3-214-14912-3

Telefon: (01) 531 61-0
E-Mail: verlag@MANZ.at
www.MANZ.at
Datenkonvertierung, Satzherstellung und Druck: MANZ CROSSMEDIA, 1051 Wien

Einleitung

Die vorliegende Fälle- und Fragensammlung bildet mit dem Studienbuch „Grundzüge des Privatrechts" (8. Auflage) eine Einheit: Mit ihrer Hilfe kann der Lehrstoff prüfungs- und praxisrelevant geübt und erarbeitet werden. Die mittlerweile deutlich über 700 Fälle und Fragen sind so konzipiert, dass sie mit Hilfe des Studienbuches, der wichtigsten Gesetze sowie des eigenen Denkvermögens gelöst werden können. Zugleich dienen die Fälle ganz generell der weiteren Veranschaulichung des im Buch Beschriebenen.

Das Beiheft ist aus didaktischen Überlegungen mehrfach gegliedert; zunächst in einen Fragen- und in einen Lösungsteil. Der Hauptteil des Fälle- und Fragenkomplexes besteht aus kleinen, einfacheren Einheiten, die den gesamten Stoff chronologisch begleiten und maximal zwei verschiedene Rechtsprobleme enthalten. Daran schließen sich komplexere Fälle an; diese können daher nicht mehr ohne weiteres einem bestimmten Abschnitt des Studienbuchs zugeordnet werden. Ähnlich könnten Fragen in Übungen oder der mündlichen Prüfung aussehen. Den Abschluss bildet eine Musterklausur (mit Lösung), die das Vertragsrecht betrifft und auf eine schriftliche Klausurarbeit von etwa eineinhalb Stunden (nach zweistündiger Vorlesung) angelegt ist.

Um das Beiheft auf verschiedene Weise und in unterschiedlichen Stadien der Vorbereitung nutzen zu können, wird im Lösungsteil differenziert: Ein Großteil der Fragen bleibt gänzlich unbeantwortet und ist daher vor allem für die Verwendung in Übungen bzw Proseminaren, aber auch zur Selbstkontrolle kurz vor der Prüfung geeignet. Zu einer zweiten Gruppe finden sich bloß mehr oder weniger kurze Lösungshinweise: Es wird etwa auf Gesetzesstellen, Kapitelüberschriften oder Randzahlen im Lehrbuch verwiesen. Der studentische Benützer sollte versuchen, diese Fragen zunächst eigenständig – eventuell unter Konsultierung einer reinen Gesetzesausgabe – zu lösen; erst dann – oder wenn er von vornherein nicht weiter weiß – sollten die Hinweise im Lösungsteil zu Rate gezogen werden. Fälle mit solchen kurzen Lösungshilfen sind durch kursive Nummerierung und das Symbol ❍ gekennzeichnet. Die dritte Gruppe (Nummern in Fettdruck, Symbol ●) enthält schließlich genauere Antworten auf die gestellten Fragen; diese dienen der Eigenkontrolle, aber auch als Musterbeispiele für gute Beantwortung.

Um das kombinierte Arbeiten mit Beiheft *und* Studienbuch weiter zu vereinfachen, wurden die stoffbegleitenden Fälle und Fragen mit Hilfe der Lehrbuchkapitel-Überschriften einschließlich der entsprechenden Randzahlen (zB „LB Rz 400–439") untergliedert. Damit – und mit Hilfe der ausführlichen Inhaltsübersicht – findet der Benutzer rasch die für die Falllösung nötigen wissensvermittelnden Lehrbuchpassagen; zugleich tritt der „begleitende" Charakter der Fälle noch deutlicher hervor. Es sei allerdings ausdrücklich darauf hingewiesen, dass die Überschriften regelmäßig nur für *ein* (zentrales) Fallproblem passen; die Gliederung darf daher keinesfalls überbewertet werden.

Inhaltsübersicht

	Rz im Lehrbuch	Fall-Nr.	Seite
Einleitung			
A. Fälle und Fragen			
Stoffbegleitende (einfache) Fälle		**1–639 b**	
1. Teil: Grundlagen			
1. Kapitel: Rechtsbegriff und Rechtsordnung	Rz 1–9	1–10 a	**1**
3. + 4. Kapitel: Die juristische Tätigkeit; objektives und subjektives Recht – Grundbegriffe	Rz 21–44	11–21	**3**
2. Teil: Zivilrecht und Handelsrecht im engeren Sinn			
1. Abschnitt: Personen			
1. + 2. Kapitel: Grundbegriffe; die natürlichen Personen	Rz 45–89	22–42	**4**
Familienrecht	Rz 90–140	43–77 a	**7**
Erbrecht	Rz 141–188 a	78–115	**11**
3. + 4. Kapitel: Die juristischen Personen; die Personen des Wirtschaftslebens	Rz 189–234	116–137	**16**
5. Kapitel: Die Stellvertretung	Rz 235–283	138–154 a	**19**
2. Abschnitt: Sachen	Rz 284–399	155–210	**21**
3. Abschnitt: Verträge			
1. + 2. Kapitel: Allgemeines; der Vertragsschluss	Rz 400–439	211–244 b	**30**
3. Kapitel: Gültigkeitsvoraussetzungen, Vertragsmängel und Bindungsintensitäten	Rz 440–488	245–272	**36**
4. bis 6. Kapitel: Allgemeines zum Vertragsinhalt; Personenmehrheiten; Leistungsstörungen	Rz 489–551 a	273–314	**41**
7. + 8. Kapitel: Vertragsänderungen; Beendigung des Vertragsverhältnisses	Rz 552–589	315–325	**49**
9. Kapitel: Veräußerungsverträge	Rz 590–619 d	326–342	**51**
10. Kapitel: Gebrauchsüberlassungsverträge	Rz 620–644	342–351	**55**
11. Kapitel: Dienstleistungsverträge	Rz 645–693	352–375	**57**

	Rz im Lehrbuch	Fall-Nr.	Seite
12., 13., 15. Kapitel: Bank- und Börsenverträge; Sicherungsverträge; Versicherungsverträge	Rz 694–724, 727–744	376–389	**61**
4. Abschnitt: Gesetzliche Schuldverhältnisse			
2. Kapitel: Schadenersatz	Rz 747–810	390–421	**63**
3. + 4. Kapitel: Ungerechtfertigte Bereicherung; Geschäftsführung ohne Auftrag	Rz 811–824	422–429	**68**
3. Teil: Wertpapierrecht	Rz 825–905	430–466	**70**
4. Teil: Gesellschaftsrecht			
1. Kapitel: Allgemeiner Teil	Rz 906–939	467–479	**76**
2. Kapitel: Gründung	Rz 940–976	480–490	**78**
3. Kapitel: Geschäftsführung und Vertretung	Rz 977–1024	491–506	**79**
4. Kapitel: Vermögen und Haftung	Rz 1025–1044	507–522	**81**
5. Kapitel: Rechte und Pflichten der Gesellschafter	Rz 1045–1124	523–543	**83**
6. Kapitel: Vertragsänderungen	Rz 1125–1161	544–557	**85**
7. Kapitel: Beendigung der Gesellschaft	Rz 1162–1222 a	558–576	**87**
8. Kapitel: Konzerne und sonstige Unternehmensverbindungen	Rz 1223–1229	577–578	**89**
5. Teil: Wettbewerbsrecht, Gewerblicher Rechtsschutz und Urheberrecht	Rz 1230–1325	579–612	**89**
6. Teil: Rechtsdurchsetzung	Rz 1326–1371 a	613–636	**94**
7. Teil: Internationale Beziehungen	Rz 1372–1388	637–639 b	**96**
Übergreifende (komplexe) Fälle		**640–704**	**98**
Musterklausur „Vertragsrecht“			**115**
B. Lösungen (bzw Lösungshinweise)			
Lösungen zu den stoffbegleitenden Fällen und Fragen 1–639 b			**117**
Lösungen zu den komplexen Fällen 640–704			**151**
Lösung der Musterklausur „Vertragsrecht“			**168**

A. Fälle und Fragen
Stoffbegleitende (einfache) Fälle: 1–639b

1. Teil: Grundlagen

1. Kapitel: Rechtsbegriff und Rechtsordnung
(LB Rz 1–9)

1. Am 1. 6. beschließt das Parlament ein neues Bundesgesetz, wonach der Handel
❍ mit Meisen verboten ist. Am 2. 6. kauft A vom Meisenzüchter M zwei Vögel. Ist der Kauf gültig?

2. Kann man den Bürgern jede Gesetzesunkenntnis zum Vorwurf machen? Was gilt
❍ für Rechtsanwälte?

3. A setzt seinem Branchenkonkurrenten B auf verschiedenste Weise zu; auch mit einer gesetzwidrigen Inseratenkampagne. Zur Rede gestellt, erklärt A, dass in einem Lehrbuch des Wettbewerbsrechts die vorgenommene Handlung als erlaubt bezeichnet werde. Das ist zwar richtig; die Gerichte haben aber auf Grund des deutlichen Gesetzeswortlauts immer gegenteilig entschieden. Hat sich A verboten verhalten? Muss er Schadenersatz leisten?

4. Handelt es sich in folgenden Fällen um Rechtsnormen?

● a) In einem Lokal sind die Jugendschutzbestimmungen ausgehängt, nach denen etwa der Ausschank von Alkohol an Personen unter 18 Jahren verboten ist.

b) Vor einem schmalen Grundstück, das zwischen zwei Häuserzeilen liegt, steht eine Tafel mit der Aufschrift „Bis auf Widerruf gestatteter Durchgang“.

c) Der Bischof B verkündet: „Völlerei ist Sünde“.

d) In einer bestimmten Gegend Tirols ist es üblich, den Maibaum aus dem Nachbarort zu stehlen.

e) In einer Wochenzeitschrift ist zu lesen: „Sensationelles Umfrageergebnis! 85% der Österreicher halten Ehebruch für verwerflich. Aber 40% der verheirateten Männer haben ihre Frauen in den letzten drei Jahren betrogen!“

f) Der skurrile Gastwirt G hängt jeden Montag folgende Tafel an die Eingangstür seines Lokals: „Heute für Bartträger kein Einlass“.

5. Welche wichtigen privatrechtlichen Regelungen sind in Ausführung von Richt-
● linien der EG (EWG) ergangen oder auf Grund solcher Richtlinien wesentlich geändert worden?

6. Ist bei der Anwendung solcher Vorschriften Besonderes zu beachten?
❍

7. Der Student S vermisst seit drei Wochen sein Fahrrad. Er hatte es unversperrt über Nacht an einem Sportgelände stehen lassen und es am nächsten Tag nicht mehr wiedergefunden. Als er durch die Innenstadt bummelt, glaubt er seinen Augen nicht zu trauen: M, ein ihm fremder Mann, schiebt seelenruhig sein Rad über die Straße. S stürzt sich auf M und will ihm das Gefährt entreißen. M wehrt sich. Wer ist im Recht?

8. A vermisst sein Handy. Er vermutet, dass es ihm B, sein arbeitloser Nachbar, gestohlen hat. Darf A
   a) B's Wohnung durchsuchen,
   b) Anzeige bei der Polizei erstatten,
   c) gegen B bei Gericht eine Klage auf Rückgabe einbringen,
   d) B festhalten, bis die Polizei kommt?

9. ❍ Frau F lässt einen Augenblick die Wohnungstür offen. D ergreift die Gelegenheit und stiehlt aus dem Vorzimmer einen Pelzmantel. F sieht D gerade noch im Stiegenhaus.
   a) Darf F oder ihr Gatte den Dieb verfolgen und ihm den Pelzmantel wieder abnehmen?
   b) Was gilt, wenn D dabei verletzt wird?

10. Öffentliches Recht oder Privatrecht?
● a) Der Bürgermeister B erteilt F, einem Parteifreund aus der Stadt, die Genehmigung zum Um- und Ausbau des von F erworbenen Wochenendhauses.
   b) F lädt B wenig später zu einer dreiwöchigen Kreuzfahrt in die Südsee ein und überweist einen namhaften Betrag auf das Konto des Ortsverbandes der Partei.
   c) P, der Lenker eines Polizeifahrzeuges, verliert bei der Verfolgung eines Straftäters die Herrschaft über den Wagen und prallt in das Garagentor des E (Schaden € 1000).
   d) Wie c), nur hat P nach Dienstschluss zu viel getrunken und fährt mit seinem Privat-PKW mit 70 km/h durch die Ortschaft.
   e) A hat sich sein erstes Auto gekauft. Bei der Anmeldung zahlt er € 175 für das Wunschkennzeichen „W-CHEF 6".
   f) X, ein mittlerer Beamter des Innenministeriums, verwendet in der Dienstzeit den amtseigenen PC, um an einem Roman zu schreiben.
   g) Wie f), nur ist X Angestellter einer Spedition.

10 a. a) Welches Ziel verfolgt das „1. Bundesrechtsbereinigungsgesetz"?
● b) Welche Vor- und Nachteile hat es, dass nicht jene Gesetze taxativ ausgezählt werden, die fortan nicht mehr gelten, sondern umgekehrt nur jene, die in Kraft bleiben?

3. + 4. Kapitel: Die juristische Tätigkeit; objektives und subjektives Recht – Grundbegriffe

(LB Rz 21 – 44)

11. Manche Gesetze verwenden den Ausdruck „Lebensgefährte“, ohne ihn zu definieren. Auf welche Weise lässt sich klären, was gemeint ist?

12. ❍ Nach § 14 MRG kann der Lebensgefährte bei Tod des Mieters in den Mietvertrag eintreten. Können das folgende Personen, die schon seit Jahren mit dem Mieter wohnen:

a) die volljährige Großnichte des Mieters,

b) sein homosexueller Lebenspartner,

c) die noch mit einem anderen Mann verheiratete Freundin des Mieters?

13. Erläutern Sie die Begriffe Auslegung, Analogie und Umkehrschluss an frei gewählten Beispielen.

14. Vor einer Novelle räumte das Gesetz bloß der Ehefrau das Recht ein, bei Wahl des Mannesnamens als Familiennamen ihren Mädchennamen mit Bindestrich nachzustellen. Durfte Gleiches der Mann, wenn der Name der Braut als gemeinsamer Familienname gewählt wurde? Auslegung oder Analogie?

15. Sind folgende Bestimmungen des ABGB zwingendes Recht?

a) § 865,

b) § 932,

c) § 934,

d) § 1063,

e) § 1346 Abs 2.

f) Was gilt für die Bestimmungen des KSchG (vgl § 2 KSchG)?

16. ❍ § 943 Satz 2 ABGB ordnet seit dem Jahre 1812 an, dass die Schenkung ohne wirkliche Übergabe einer schriftlichen Urkunde bedarf. Im 1871 erlassenen NotAktsG ist hingegen vorgesehen, dass ein Notariatsakt erforderlich ist. Wie verhalten sich diese Normen zueinander? Konkreter: Genügt es, wenn der Schenker seine Verpflichtung in einem eigenhändig unterschriebenen Brief übernommen hat?

17. Subjektives Recht, Rechtspflicht oder Obliegenheit?

❍ a) Der Käufer holt die Kaufsache nicht wie vereinbart ab;

b) der Käufer zahlt den Kaufpreis nicht;

c) das Bundes-Verfassungsgesetz sieht einen besonderen Schutz für Ehe und Familie vor;

d) A möchte die ihm von D gestohlene Sache zurück oder zumindest Schadenersatz;

e) U kündigt einen Ausverkauf an, ohne die Behörde davon in Kenntnis zu setzen, wodurch sein Konkurrent K Einnahmenausfälle erleidet.

18. Was bedeutet „Verjährung", welche Rechtsfolgen sind daran geknüpft? Sinn und Zweck dieses Rechtsinstituts?

19. Der Geschäftsinhaber A erhält völlig unerwartet vom Kaufmann K ein Schreiben, in dem dieser die Zahlung von € 1000 verlangt. K schreibt, er habe A's Vater vor zehn Jahren bestellte Ware geliefert. Jetzt erst habe er bemerkt, dass noch nicht gezahlt wurde. Da der Vater inzwischen verstorben sei, wende er sich an A als dessen Alleinerben. Muss A zahlen?

20. ● A hat B im Jahre 2004 im Rahmen seines Unternehmens Waren geliefert. Ein Teil des Kaufpreises wurde bis heute nicht bezahlt. Kann A von B Zahlung begehren, wenn

a) A sich das Eigentum an den Waren bis zur vollständigen Kaufpreiszahlung vorbehalten hat;

b) wenn dem A zu Gunsten seiner Kaufpreisforderung von C ein Faustpfand bestellt wurde;

c) wenn B selbst das Pfand bestellt hat?

21. A zahlt auf eine Forderung des B, die noch A's Vater begründet hat. Erst nach Zahlung blättert er die Unterlagen durch; der Anspruch war bereits lange verjährt. Rechte des A?

2. Teil: Zivilrecht und Handelsrecht im engeren Sinn

1. Abschnitt: Personen

1.+2. Kapitel: Grundbegriffe; die natürlichen Personen

(LB Rz 45–89)

22. Sind rechtsfähig

a) das Land Tirol,

b) die Gemeinde Oberpullendorf,

c) ein Sportverein,

d) die ÖVP,

e) eine Bau-ARGE,

f) ein 14 Tage altes Baby,

g) ein Geisteskranker,

h) eine Aktiengesellschaft,

i) eine Wiener Magistratsabteilung,

j) ein Ungeborenes im Mutterleib?

23. Sind folgende Dinge Sachen im Rechtssinn?

a) Eine Aktie,

b) die Zähne des Menschen,

c) die Hauskatze,

d) ein Mietzinsanspruch,

e) eine GmbH,

f) ein tot geborenes Kind.

24. Was bedeutet „Rechtsfähigkeit"? Erklären Sie diesen Begriff an Beispielen und machen Sie den Unterschied zur Handlungsfähigkeit deutlich.

25. Gibt es einen geschäftsunfähigen Unternehmer?

26. Wie unterscheidet man Geschäfts- und Deliktsfähigkeit?

27. Die 13-jährige Mittelschülerin M kauft sich um die letzten € 2 ihres Taschengeldes das neueste „Bravo". Da sie auch noch Heißhunger auf etwas Süßes verspürt, kauft sie in der Süßwarenhandlung des S, die sie häufig aufsucht, auch noch eine Tafel Milka. Sie erklärt S, ihr Geld vergessen zu haben, den Kaufpreis aber am nächsten Tag verlässlich zu bringen. M's Eltern weigern sich jedoch, ihr vor dem nächsten Monatsersten noch etwas zu geben.

a) Kann S von M oder ihren Eltern den Kaufpreis für die Schokolade verlangen?

b) Welche Altersstufen sind für die Geschäftsfähigkeit von Bedeutung?

28. Der Onkel O will seinem achtjährigen Neffen N ein Sparbuch mit € 1000 schenken. Die Eltern leben allerdings mit dem Onkel in Streit und sind daher dagegen. N nimmt das Geschenk trotz allem dankbar an.

a) Wem gehört das Sparbuch?

b) Würde sich etwas ändern, wenn N erst sechs ist?

29. Weil sein Enkel E brav lernt, schenkt ihm sein Großvater G zum 16. Geburtstag ein Sparbuch mit € 3000. Ein halbes Jahr später gerät E an „falsche Freunde" und bricht seine Schulausbildung ab. G fordert nun das Sparbuch wieder zurück. Zu Recht?

30. Der 16-jährige Gymnasiast G hat durch Nachhilfestunden € 100 gespart. Er will sich einen Radiorecorder kaufen. Im Geschäft des V gefällt ihm ein Gerät zum Preis von € 180 besonders gut. G vereinbart mit V nun Folgendes: Er zahlt die € 100 sofort, die restlichen € 80 sollen durch Zahlung von € 10 je Monat ohne Zinsen beglichen werden. Als G erkrankt, kann er im nächsten Monat keine Nachhilfestunden geben, weshalb er die Ratenvereinbarung nicht einhält. V verlangt nun, die € 80 auf einmal von G und dessen Eltern. Welche Rechte hat V?

31. Der 16-jährige Lehrling will sich eine Schachtel Zigaretten kaufen. Auf Drängen des Trafikanten T erwirbt er jedoch auch eine Computerzeitschrift um € 10. Seine Eltern wollen, dass T das Heft wieder zurücknimmt. Wie ist die Rechtslage?

32. Der 17-jährige Schüler A interessiert sich für die Technik. B hat einen alten Fernsehapparat (Wert € 200) zum Preis von € 250 in der Auslage ausgestellt. Da A weiß, dass seine Eltern mit dem Kauf nicht einverstanden wären, erklärt A dem B,

schon volljährig zu sein und das Gerät für € 250 kaufen zu wollen. B ist einverstanden. Da A sich das Geld aber erst ausleihen muss, vereinbart er mit B, das Geschäft in einer Woche abzuwickeln. In dieser Zeit weist B einen Interessenten ab, der den Apparat um € 230 gekauft hätte. A treibt das Geld jedoch nicht auf.

a) Welche Summe kann B von A fordern?

b) Was gilt, wenn A in der Folge seinen 18. Geburtstag feiert und anlässlich eines Mahnanrufs von B mannhaft erklärt, zwar seinerzeit erst 17 gewesen zu sein, sich nunmehr aber an das Geschäft rechtlich gebunden zu fühlen?

33. Was ist zu tun, wenn jemand aus Altersgründen geistig stark abbaut? Kann für diese Person ohne weiteres die Tochter, die im Nachbarhaus wohnt, die im Alltag notwendigen Verträge schließen?

33 a. Was versteht man unter einer Vorsorgevollmacht? Ab wann wird sie wirksam; wie lange wirkt sie?

34. ❍ Der voll unter Sachwalterschaft stehende A, dessen Geisteskrankheit für einen Laien nicht zu erkennen ist, kauft im Geschäft des B einen Luxuskugelschreiber zum Preis von € 120. A zahlt, wie mit B vereinbart, sogleich € 50, nimmt den Kugelschreiber mit und verspricht, die restlichen € 70 in einer Woche vorbeizubringen. A kann diesen Termin nicht einhalten, da er sich zur vereinbarten Zeit in einer Heilanstalt befindet. Wie ist die Rechtslage?

35. ● Man sieht häufig Tafeln mit der Aufschrift „Achtung Baustelle! Eltern haften für ihre Kinder." Was könnte damit gemeint sein?

36. Der 13-jährige A spielt mit seinen beiden 15-jährigen Freunden B und C. Dabei erkunden sie auch einen fremden Dachboden. Als sie sich dort Zigaretten anzünden, bricht ein Feuer aus. Der Dachstuhl brennt zur Gänze ab. Da die Familien von B und C vermögenslos sind, überlegt der Eigentümer E, ob er von A und dessen Eltern Ersatz erhalten kann. Welche Ansprüche hat er tatsächlich?

37. Was versteht man unter Persönlichkeitsschutz, und wie kann er im Zivilrecht gewährleistet werden?

38. Herr Hofer ist wegen Mordes an seiner Frau angeklagt; in den Zeitungen berichtet man bereits vom „Mörder von Hernals" und veröffentlicht ein Bild von ihm. Der Strafprozess endet aber mit einem Freispruch. Rechte des Herrn Hofer?

39. Der beleibte Großindustrielle G wird in seiner Villa überfallen, gefesselt und beraubt. Der fixe Fotoreporter P ist so früh am Tatort, dass er von G noch ein Bild in Unterhosen schießen kann. Dieses erscheint zwei Tage später in der bunten Wochenzeitschrift des X. Rechte von G?

40. Die Jenseits-Expertin J veröffentlicht Bücher unter dem Namen des verstorbenen Schriftstellers S. Sie behauptet, S hätte ihr die Texte in Erscheinungen und Träumen diktiert. Die Erben des S sind mit den Neuerscheinungen gar nicht einverstanden und wollen sich zur Wehr setzen. Wie?

41. Das Fotomodell Claudia S verbringt seinen Urlaub auf Gran Canaria. Einem Fotografen gelingt es, von Claudia S ein Bild „oben ohne“ zu schießen, das er gegen teures Geld an eine Reiseagentur verkauft. Tatsächlich ist sie im nächsten Werbeprospekt für Gran Canaria abgebildet. Welche Rechte kann sie geltend machen?

42. Gegen Herrn T ist ein Finanzstrafverfahren wegen Steuerhinterziehung anhängig. Das Strafgericht holt deswegen bei T's Bank Auskünfte über seine Vermögensveranlagungen ein. Gleichzeitig hat die Bank einem anderen Kreditinstitut Mitteilung von T's Kreditunwürdigkeit gemacht. T möchte nun Schadenersatz- und Unterlassungsansprüche gegen seine Bank geltend machen. Zu Recht?

Familienrecht

(LB Rz 90–140)

43. Was bedeuten Ehefähigkeit und Ehemündigkeit?

44. Kann die 16-jährige Andrea ihren „Volksschulschwarm“ Viktor, 18 Jahre alt, heiraten?

45. ❍ Anton und Berta wollen heiraten. Darf der Standesbeamte die Trauung vornehmen, wenn

a) Berta die Cousine Antons ist,

b) Berta von Antons Eltern adoptiert wurde,

c) Anton bereits verheiratet war, seine Ehefrau aber für tot erklärt wurde;

d) Berta erst 17 Jahre alt ist;

e) Anton Anfang 2010 eine eingetragene Partnerschaft mit seinem Freund Torsten eingegangen ist?

46. Welche Unterschiede bestehen zwischen Nichtigkeits- und Aufhebungsgründen einer Ehe? Führen Sie Beispiele solcher Gründe an!

47. Berta arbeitet seit der Hochzeit im Gärtnereiunternehmen ihres Mannes Anton in der Buchhaltung mit. Kann sie von Anton Abgeltung ihrer Arbeitsleistungen verlangen

a) bei aufrechter Ehe,

b) nach Scheidung?

48. Berta und Valentin haben endlich geheiratet. Bald nach der Hochzeit übernimmt Valentin die Rechtsanwaltskanzlei seines Vaters, in der Berta als Kanzleileiterin mitwirkt. Da sie meint, von Valentin dafür nicht hinlänglich entlohnt zu werden, beschließt sie, zu Hause zu bleiben und „nur“ mehr den Haushalt zu führen. Hat Valentin ihr nun Unterhalt zu leisten?

48 a. ❍ Als Anton und Berta (schon schwanger) heirateten, hatten sie ausgemacht, dass Berta sich um Haus und Kind(er) kümmert, während Anton das Geld nach Hause bringt. Nun sind beide Kinder außer Haus, und Berta fühlt sich nicht ausgelastet. Sie würde gerne wieder ihren Beruf als Friseuse aufnehmen. Anton meint, das ginge nicht; denn wer sollte dann den Haushalt führen und für ihn kochen?

Darf Berta ihren Wunsch, wieder arbeiten zu gehen, gegen Antons Willen durchsetzen?

49. Was versteht man unter Güterstand, und wie ist er von Gesetzes wegen ausgestaltet? Können die Eheleute vom gesetzlich vorgeschlagenen Modell abweichen?

50. Hausfrau Berta hat große Vorliebe für die neuesten Elektroküchengeräte und scheut keine Kosten, ihre Küche am letzten Stand der Technik zu halten. Ehemann Valentin möchte verhindern, dass Berta einen eben auf den Markt gekommenen Flüsterstaubsauger erwirbt, und teilt dies dem örtlichen Elektrohändler mit. Wer wird aus dem Kauf verpflichtet, wenn Berta dennoch ein solches Geschäft abschließt?

Variante: Da Berta in ihrem Ort keinen Flüsterstaubsauger erwerben kann, schließt sie den Kaufvertrag in einem großen Einkaufszentrum, wo weder sie noch ihr Ehemann bekannt sind. Rechtsfolgen?

51. Berta führt neben der Arbeit in der Gärtnerei auch den Haushalt. Als sie einen neuen Mixer kauft, die Rechnung aber nicht zahlen will, da das Gerät ihrer Ansicht nach mangelhaft ist, verlangt der Verkäufer den Kaufpreis von Anton. Zu Recht?

52. Berta, jüngst von ihrem mittlerweile als Anwalt hochberühmten Valentin geschieden, führt seinen Familiennamen weiter. Sie stürzt sich alsbald in das nächste Eheabenteuer und schlägt ihrem neu auserwählten Viktor vor, doch ihren derzeitigen Familiennamen zum gemeinsamen Ehenamen zu machen. Ist dies möglich? Kann Valentin sich dagegen wehren?

53. Herr Mayer und Frau Berger einigen sich auf „Berger" als gemeinsamen Familiennamen. Herr Mayer erklärt später vor dem Standesbeamten, seinen bisherigen Namen dem Ehenamen vorstellen zu wollen. Später wird ihm das lästig. Er unterzeichnet schon 4 Monate nach der Heirat nur noch mit „Berger". Darf er das? Wenn nicht: Welche Rechtsfolgen könnte sein Handeln (bei aufrechter Ehe bzw nach Scheidung) haben?

54. Welchen Namen erhalten die ehelichen Kinder, wenn die Eltern keinen gemein-
❍ samen Ehenamen gewählt haben? Was gilt für uneheliche?

55. Welche Kategorien von Scheidungsgründen gibt es?

56. Berta und Viktor stellen fest, dass sie nicht für die Ehe geschaffen sind: Viktor trifft sich am Wochenende lieber mit seinen Freunden zum Fußballspiel, wovon er regelmäßig betrunken nach Hause kommt; Berta wiederum geht abends häufig mit einem alten Schulfreund aus, sodass sie für Viktor oft kein Abendessen vorbereitet hat; er muss sich am Imbissstand verköstigen. Bald stellt sich heraus, dass beide ehewidrige Beziehungen pflegen, was sie einander jedoch verzeihen. Um

sich Prozesskosten eines Scheidungsverfahrens zu ersparen, wollen sie sich einvernehmlich scheiden lassen. Möglich?

Aus welchen Gründen könnte ihre Ehe geschieden werden, wenn sie keine einvernehmliche Regelung treffen? Müssen beide mit der Scheidung einverstanden sein?

57. Berta weigert sich, nach der Hochzeit zu ihrem neuen Ehemann Volker zu ziehen. Kann das ein Scheidungsgrund sein?

58. Anton und Berta haben sich auseinander gelebt. Anton ist schon vor zwei Jahren aus der ehelichen Wohnung ausgezogen und lebt seither bei seinem Bruder. Als er Edith kennen lernt, möchte er sich scheiden lassen. Kann er dies gegen Bertas Willen?

59. Berta, nach wie vor Hausfrau, und Volker, recht erfolgreicher Versicherungsvertreter, haben keinerlei Ehepakte über das Vermögen getroffen, das sie in die Ehe einbringen. Berta ist Eigentümerin einer großzügigen Wohnung, die sie mit Volker bewohnt; Volker hat deshalb seine alte Wohnung aufgegeben; aus einer Erbschaft bringt er ein kleines Vermögen in die Ehe mit ein, das durch gute Veranlagungen rasch auf das Doppelte anwächst. So beschaffen sich Berta und Volker ein kleines Häuschen am Stadtrand. Volker frönt zudem seinem Hobby und kauft sich eine Golf-Ausrüstung, während Berta ihre Schmuck-Sammlung erweitert. Das restliche Vermögen legen sie in Aktien an.

Wie könnten im Falle einer Scheidung ihre Güter verteilt werden? Welchen Einfluss hat der gesetzliche Güterstand darauf?

60. Berta hält 40% der Geschäftsanteile einer GmbH und besitzt darüber hinaus Wertpapiere über einige Hunderttausend €, die sie während der Ehe von ihrer Tante geerbt hat. Ehemann Volker verfügt über kein größeres Vermögen. Wie sind bei einer Scheidung ihre Güter aufzuteilen?

61. Fiona fühlt sich von ihrem Mann Manfred schon längere Zeit vernachlässigt: Unter der Woche ist er auf Geschäftsreise, am Wochenende auf dem Golfplatz. Sie möchte sich daher scheiden lassen.

a) Ist das möglich?

b) Wie wären folgende Vermögensstücke nach Scheidung der Ehe von Fiona und Manfred aufzuteilen? Manfred besitzt ein florierendes Unternehmen (Wert € 2 Mio) sowie Aktien im Wert von € 300.000, Fiona hat die gemeinsam bewohnte Villa geerbt (Wert € 1 Mio).

62. ❍ Anna ist seit 22 Jahren mit Bertram glücklich verheiratet. Als vor 20 Jahren der gemeinsame Sohn Cäsar zur Welt kam, gab Anna ihren Beruf als Buchhalterin auf und widmete sich voll der Kindeserziehung und Haushaltsführung. Nach einer feuchtfröhlichen Feier ihres Sportvereins kommt es zwischen Anna und einem Trainigskollegen zu einem einmaligen Geschlechtsverkehr. Bertram erfährt hiervon und droht, sich sofort von seiner untreuen Gattin scheiden zu lassen. Anna erwidert ihm, dass der Scheidungsgrund des Ehebruchs (§ 47 EheG) durch das Eherechts-Änderungsgesetz 1999 aufgehoben wurde. Infolgedessen hätte Bertram kein Recht, sich scheiden zu lassen. Wenn es jedoch trotzdem ginge, so müsse er ihr jedenfalls Unterhalt leisten, da sie wegen ihres Alters und mangels Fortbildung keine realistische Chance habe, jemals wieder in ihrem Beruf arbeiten zu können.

a) Liegt ein Scheidungsgrund vor?

b) Wenn ja: Hätte Anna nach Scheidung gegen Bertram Unterhaltsansprüche?

63. Während aufrechter Ehe haben Berta und Volker beide gut verdient. Aus Bertas Verschulden wird die Ehe geschieden. Bestehen Unterhaltsansprüche?

Variante: Wie wäre der Fall zu beurteilen, wenn die Ehe auf Grund von Zerrüttung zu scheiden ist?

64. Dora hat mit ihrem Lebensgefährten Hannes eine Wohnung im Hause seiner Eltern gemietet. Als Hannes stirbt, verlangen seine Eltern von Dora, dass sie aus der Wohnung ausziehe.

a) Zu Recht?

b) Wie sind ihre während aufrechter Lebensgemeinschaft erworbenen Güter aufzuteilen?

65. ● Ehefrau Vroni erwartet von ihrem Freund Valentin ein Kind. Ihrem Mann gegenüber gibt sie vor, das Kind sei von ihm. Valentin will aber auch rechtlich als Vater gelten. Was kann er tun?

66. ❍ Berta beginnt mit Charly ein Verhältnis, dem Doris entspringt. Bertas Ehemann Anton ist sich zwar schon im Zeitpunkt der Geburt ziemlich sicher, dass Doris nicht von ihm ist; um seiner Familie die Schande zu ersparen, unternimmt er jedoch nichts. Als Berta 3 Jahre nach Doris‘ Geburt plötzlich auszieht, ihre Tochter mitnimmt und die Ehe für gescheitert erklärt, möchte Anton nicht zuletzt wegen der ihm drohenden Geldunterhaltspflichten die Abstammungsfrage gerichtlich klären lassen. Welche Möglichkeiten hat er?

67. ❍ Das Ehepaar Gruber wünscht sich sehnlich ein Kind, der Mann ist nach einer Krankheit aber zeugungsunfähig. Frau Gruber lässt sich daher künstlich befruchten. Als die Ehe wenige Monate nach der Geburt des Kindes scheitert, möchte Herr Gruber nicht als Vater gelten.

a) Welche Möglichkeiten hat er?

b) Wie wäre die Rechtslage, wenn Herr Gruber seinen Zwillingsbruder zu einer Samenspende überredet hat und die Befruchtung ohne Formalitäten von einem Gynäkologen in dessen Privatpraxis vorgenommen wurde?

68. Die noch unverheiratete Sandra erwartet ein Kind. Einiges spricht dafür, dass Paul, mit dem Sandra gemeinsam wohnt, der Vater dieses Kindes ist; es ist aber auch nicht ausgeschlossen, dass es von Bert stammt. Wie könnte sich Paul zur Wehr setzen, wenn Sandra ihn als Vater angibt?

69. Sandra und Paul, noch unverheiratet, bekommen ein Kind. Einige Jahre später entschließen sie sich, doch zu heiraten. Gilt ihr Kind nunmehr als ehelich?

70. Welche rechtlichen Konsequenzen knüpfen sich an die Unterscheidung eheliches – uneheliches Kind?

71. Welche Folgen knüpfen sich an die Feststellung der Vaterschaft eines unehelichen Kindes? Hat der Vater für das Kind Obsorge zu tragen?

72. Was versteht man unter Obsorge?

73. Frau Müller ist nach der zweiten Ehe geschieden; ihr Mädchenname war Gamperl, ihr verstorbener erster Mann hieß Altmann. Sie bekommt von ihrem Lebensgefährten Rodler eine Janine. Wie heißt dieses Mädchen mit vollem Namen?

73 a. ● Mit einer originellen Geburtsanzeige geben Roswitha K. und Christian Z. nach vier Wochen die Geburt ihres Sohnes Sebastian Z. bekannt. Kann man davon ausgehen, dass Sebastians Eltern miteinander verheiratet sind?

74. Der Hilfsarbeiter Karl und seine Frau Sonja (Hausfrau) erlauben ihrem hoch begabten Sohn, Betriebswirtschaftslehre in einer anderen Stadt zu studieren.
   a) Kann ihr Sohn verlangen, dass sie ihm die Mietkosten seines Studentenzimmers bezahlen und Verpflegungsgeld gewähren?
   b) Änderte sich etwas, wenn Karl und Sonja gut verdienten?
   c) **Variante:** Wie ist die Rechtslage, wenn Karl und Sonja das Studium ihres Sohnes finanzieren könnten, er aber im 8. Semester noch immer nicht den 1. Abschnitt abgeschlossen hat, sodass die Eltern ernstlich an seiner Begabung zweifeln?

75. Pauls Vaterschaft ist gerichtlich anerkannt. Da er aber selbst von der Notstandshilfe lebt, ist er nicht in der Lage, seinem Kind Unterhalt zu zahlen. Welche Möglichkeiten bleiben der Mutter, dennoch diesen Unterhaltsanspruch ihres Kindes zu realisieren?

76. ❍ Frau F kann keine Kinder austragen. Daher wird ihrer Mutter M eine von F's Ehemann befruchtete Eizelle eingesetzt. Von wem kann das neun Monate später geborene Kind Unterhalt verlangen?

77. Das Adoptionsverhältnis soll die natürliche Eltern-Kind-Beziehung nachbilden. Welche rechtlichen Folgen einer Adoption sind denen eines Eltern-Kind-Verhältnisses gleich, welche unterscheiden sich davon? Rolle der natürlichen Eltern?

77 a. Doris und Ursula sind eine eingetragene Partnerschaft eingegangen und wollen ein Kind adoptieren. Kommt das rechtlich in Betracht?

Erbrecht

(LB Rz 141–188 a)

78. ● Welche der folgenden Ansprüche und Verpflichtungen könnten vererblich sein, welche nicht?
   a) Schadenersatzansprüche;
   b) Anspruch auf Schmerzengeld;
   c) Recht auf Unterhaltszahlung;

d) Pflicht zur Unterhaltszahlung;
e) Geldstrafe;
f) Pflicht eines Modedesigners, ein besonderes Abendkleid für eine Schauspielerin zu entwerfen;
g) Ansprüche aus Lebensversicherungen, wenn der (verstorbene) Versicherungsnehmer nicht selbst der Begünstigte ist;
h) Urlaubsansprüche.

79. Was sind die Grundprinzipien des österreichischen Erbrechts? Gibt es Personen, die jedenfalls etwas aus dem Nachlass des Verstorbenen erhalten?

80. Was geschieht mit dem Vermögen eines Verstorbenen, wenn er zu Lebzeiten keine letztwillige Verfügung darüber getroffen hat?

81. Was versteht man unter dem Parentelensystem?

82. Eine Großmutter hinterlässt einen Sohn, der aus aufrechter Ehe zwei Kinder hat. Ihre unverheiratete Tochter ist bereits verstorben, hat aber selbst ein Kind hinterlassen. Wer ist erbberechtigt?

83. ● Ralf stürzt beim Klettern ab und erleidet tödliche Verletzungen. Er hinterlässt seine Ehefrau Lara, seine Mutter Marie, seine Schwester Dagmar (Tochter seines vorverstorbenen Vaters und seiner Mutter) sowie seine Nichten Sofie und Daniela (die Kinder seines verstorbenen Bruders). Eine letztwillige Verfügung Ralfs existiert nicht. Wer erbt wie viel?

83a. ● Emil kommt auf der Hochzeitsreise bei einem Badeurlaub ums Leben. Neben seiner jungen Witwe Wilma hinterlässt er seinen Großvater mütterlicherseits und seine Großmutter väterlicherseits.
a) Wer erbt wie viel?
b) Ändert sich etwas, wenn auch die Großmutter nicht mehr lebt, wohl aber ihr Sohn Otto?
c) Wie ist die Rechtslage, wenn sich kurz nach Emils Tod Tina meldet, der der Beweis gelingt, die uneheliche Tochter von Emil zu sein?

84. Ein Familienvater dreier Kinder hat auch ein außereheliches Kind gezeugt.
a) Wer ist bei seinem Tode erbberechtigt? Zu welchen Teilen?
b) Spielt es eine Rolle, wenn er von seiner Ehefrau bereits geschieden ist?

85. Wie sieht das Erbrecht unehelicher Kinder nach dem Tod der Mutter bzw des Vaters aus?

86. Im Mietrecht sind eheähnliche Lebensgemeinschaften der Ehe insofern gleichgestellt, als der Lebensgefährte nach dem Tode seines Partners ein Eintrittsrecht in die Mietrechte der gemeinsamen Wohnung bekommt (§ 14 Abs 3 MRG). Ist der Lebensgefährte auch im Erbrecht dem Ehegatten gleichgestellt?

87. Was versteht man unter Anerbenrecht?

88. Worin liegt der Unterschied zwischen Vermächtnis, Kodizill und Testament?
●

89. Eine alte Frau fragt Sie um Rat, wie sie denn ihr Testament errichten könne. Da sie sehr zittrige Hände hat, kann sie es nicht selbst schreiben. Was raten Sie ihr?

90. Welchen Rat würden Sie ihr geben, wenn die alte Frau fürchtet, dass ihr einziger Sohn das Testament entdecken könne und es möglicherweise vernichtet, um so selbst Erbe zu werden?

91. Die alte Frau zieht schließlich ihre drei Enkelkinder als Zeugen bei, denen sie erklärt, dass das vorliegende, von ihr unterschriebene Blatt Papier ihren Letzten Willen enthalte. Die Enkel sind neben dem Tierschutzverein alle im Testament mitbedacht. Ist das Testament wirksam?

92. Die alte Frau hat wenige Wochen vor ihrem Tod nochmals ein eigenhändig
❍ geschriebenes Testament errichtet und nun nur mehr einen Enkel bedacht. Ihr Sohn möchte das Testament nach ihrem Tode anfechten, um selbst an das gesamte Erbe zu gelangen.

a) Unter welchen Voraussetzungen ist eine solche Anfechtung denkbar?

b) Was geschieht mit dem früheren Testament der Frau?

c) Was bekäme der Sohn, wenn die Anfechtung misslingt?

92a. Sind folgende letztwilligen Verfügungen gültig:

● a) Der vor allem wegen seiner krankhaften Paranoia unter Sachwalterschaft stehende E hat einige Monate vor seinem Selbstmord eigenhändig angeordnet, dass sein gesamtes Vermögen an die Gemeinschaft der Zeugen Jehovas gehen solle.

b) Ernst war mit seinen Bergfreunden Alfred und Benno im Dachsteinmassiv unterwegs. Beim Abstieg fielen er und A in eine tiefe Gletscherspalte. Ernst erklärte seinen Freunden, falls er nicht überlebe, solle die Hälfte seines Nachlasses an den Alpenverein gehen. Tatsächlich kann er nicht mehr lebend geborgen werden. Was, wenn auch Alfred dem Unfall zum Opfer fiel? **Variante:** Alle werden gerettet; Ernst stirbt jedoch fünf Monate später bei einem Verkehrsunfall.

c) Die krebskranke 16-jährige E vermacht kurz vor ihrem Tod mittels eigenhändiger Verfügung ihre umfangreiche CD-Sammlung ihrer besten Freundin.

93. Eine letztwillige Verfügung lautet: „Wenn ich einmal nicht mehr bin, soll Mizzi mein Haus kriegen, weil sie so gut war. Dem Karli vermache ich nichts, weil er vor Jahren meine Katze vergiftet hat." Ist Karl anfechtungsberechtigt, wenn in Wahrheit Mizzi die Katze vergiftete?

94. Im Zuge eines Verlassenschaftsverfahrens stellt der Richter fest, dass der Erblasser bei Verwendung des Wortes „Vitrine" seine Spirituosenbar gemeint hat, nicht aber seine reich verzierte Biedermeiervitrine. Legatar der „Vitrine" sollte des Erblassers trinkfreudiger Schwager Hans sein, der keine Ahnung von der Bar hatte

und die Verfügung auch nicht so verstehen musste. Tatsächlich hätte Hans viel lieber die wertvollere Vitrine. Was bekommt er?

95. Die erbrechtlichen Bestimmungen des ABGB enthalten viele Auslegungsvorschriften für letztwillige Verfügungen (zB §§ 672 ff, 724, 763). Sind diese Anordnungen zwingendes Recht?

96. ● Warum ist ein Erbverzicht nicht einseitig widerruflich? Kann der Verzicht dennoch nachträglich beseitigt werden? Welcher Unterschied besteht zur Ausschlagung?

97. Trotz der Proteste seines Bruders Peter hat Paul – wenngleich erfolglos – versucht, seinen Onkel zu vergiften. Der Onkel erfuhr nie etwas davon. Im Testament sind Peter und Paul als die einzig noch lebenden Verwandten des Onkels zu gleichen Teilen als Erben eingesetzt. Muss sich Peter mit dieser Aufteilung zufrieden geben? Was wäre ohne Testament?

98. ● Paul hat sich jahrelang nicht um seinen pflegebedürftigen Vater gekümmert, weswegen er enterbt wurde. Als Pauls Großvater davon erfährt, enterbt auch er seinen Enkel. Wirksam?

99. Warum kann ein Erbvertrag nicht jederzeit – wie das Testament – widerrufen werden?

100. Ehemann Rudolf schließt mit seiner Frau Grete einen Erbvertrag, in dem er sie als Erbin seines halben Vermögens einsetzt. In den folgenden Monaten leben sich Rudolf und Grete so sehr auseinander, dass Rudolf testamentarisch seinen Sohn zum Alleinerben macht.

a) Hat er damit den Erbvertrag widerrufen?

b) Wie wäre der Fall zu beurteilen, wenn sich Rudolf und Grete zwischenzeitig scheiden ließen?

c) Wäre die Rechtsfolge eine andere, wenn Rudolf seine Frau nicht durch Erbvertrag, sondern nur mittels Testaments zur Erbin gemacht hätte?

101. Testament einer Großmutter: „Falls mein Sohn nicht in die Erbschaft kommt, soll alles seiner Tochter Marion gehören." Der Sohn stirbt zwar nicht vorzeitig, verzichtet aber auf sein Erbrecht, weil sie ihm noch zu Lebzeiten ihr Haus schenkt. Wie würden Sie beim Tod der Großmutter das Testament auslegen?

102. Eine Großmutter möchte verhindern, dass ihre Schwiegertochter jemals Erbin ihres Hauses wird, wenn ihr einziger Sohn stirbt. Sie setzt daher ihre Enkelin zur Nacherbin ein. Nach dem Tode der Großmutter möchte ihr Sohn das Haus aber lieber verkaufen, da ihm weder dessen Lage noch dessen Baustil besonders gefällt. Kann er das?

103. ● Eugen stirbt. In seinem Testament vom 25. 8. 2006, das Eugen eigenhändig geschrieben hat und das von zwei Zeugen, jedoch nicht von Eugen, unterschrieben wurde, ordnet er Folgendes an: „Meine Lebensgefährtin Luise soll alles bekommen. Mein Sohn Sigi bekommt nichts, weil er sein Studium immer noch nicht geschafft hat, meine Tochter Toni erhält nichts, weil sie sich seit Jahren nicht mehr um mich kümmert." Wer erbt welche Quote, wenn

a) sich ein notarielles Testament aus dem Jahre 2000 findet, in dem Eugen seine beiden Kinder je zur Hälfte zu Erben einsetzt;
b) Eugen mit Luise noch ein uneheliches Kind Klara hat und seine Ehe mit Gerda schon seit längerer Zeit aufgelöst ist?
c) Was wäre, wenn Eugen auf seine Unterschrift nicht vergessen hätte?

104. ❍ Eugen setzt seinen einzigen Sohn Sigi testamentarisch zum Alleinerben ein. Wer erbt und wer hat welche Ansprüche, wenn im Zeitpunkt seines Todes leben

a) die Gattin Gerda sowie Toni, die Tochter des schon verstorbenen Sigi, sowie dessen Witwe Walli;
b) Gerda, Toni sowie Bruno, ein zwei Jahre nach Testamentserrichtung geborener Bruder von Sigi;
c) Sigi sowie Eugens Eltern?

105. Xaver stirbt und bestimmt seinen Freund Bernd durch ein eigenhändig geschriebenes Testament zum Alleinerben. Xaver hinterlässt eine Witwe und eine Tochter. Wer erbt wie viel?

105 a. Wie 105, nur hinterlässt Xaver neben seiner Tochter seinen eingetragenen Lebensgefährten Jean-Paul, von dem er allerdings schon längere Zeit getrennt lebte.

106. Erblasser Emil hat seine Lebensgefährtin Luise zur Alleinerbin eingesetzt. Sein Vermögen beträgt zum Zeitpunkt des Todes € 500.000, davon sind noch € 200.000 Schulden zu begleichen. Seine drei Kinder hat Emil im Testament nicht erwähnt.

a) Können sie dennoch etwas aus dem Nachlass verlangen?
b) Wie wäre der Sachverhalt zu beurteilen, wenn Emil seinen Kindern schon zu Lebzeiten Sparbücher über je € 20.000 geschenkt hätte und ihnen deshalb, was er im Testament auch festhält, nichts zuwenden will?

107. Edith hat ihre Freundin Fanny zur Alleinerbin bestimmt. Ihr Vermögen besteht aus einem Haus und zwei Autos. Ihr Sohn Erich begehrt von Fanny nun die Herausgabe eines der Autos, um damit seinen Pflichtteil zu decken. Fanny erklärt sich aber bloß bereit, Erich den entsprechenden Geldbetrag auszuzahlen.

a) Muss Erich diesen Einwand gegen sich gelten lassen?
b) Würde es einen Unterschied machen, wenn Erich das Auto als Legat ausgesetzt worden wäre?

108. Wer hat im Falle eines Todes für die Begräbniskosten aufzukommen?

109. Im Verlassenschaftsverfahren erklärt Erich, das Erbe seines Bruders unbedingt antreten zu wollen. Er weiß nichts von dessen Schuldenberg. Als sich die ersten Gläubiger bei Erich melden, entgegnet er ihnen, dass der Nachlass längst verbraucht sei: die Kosten des Verlassenschaftsverfahrens und des Begräbnisses hät-

ten alles aufgezehrt, was der Bruder hinterlassen hätte. Muss Erich dennoch zahlen?

110. Die hinterbliebene Ehefrau möchte ihr Vorausvermächtnis von den Erben, Freunden ihres Ehemannes, erhalten. Diese wenden ein, dass nach Zahlung aller Schulden des Erblassers so wenig aus dem Nachlass übrig sei, dass sie nicht auch noch befriedigt werden könne. Muss sie den Einwand gelten lassen?

111. ● Erna hinterlässt zwei Söhne. Ihrem „Letzten Willen“ zufolge soll die Pfarrgemeinde € 30.000 bekommen, ihre Söhne erwähnt sie nicht. Ernas Vermögen beläuft sich zum Zeitpunkt ihres Todes auf € 40.000, € 15.000 sind allerdings davon noch an Schulden zu bezahlen. Was bekommen die Söhne?

112. Rudolf hat seinem Freund Herbert seine Briefmarkensammlung vermacht; Erben des übrigen Vermögens sind Rudolfs Kinder.

a) Zu welchem Zeitpunkt werden Herbert bzw die Kinder Eigentümer der ihnen hinterlassenen Sachen?

b) Wer ist davor Träger der Rechte und Pflichten des Erblassers?

113. ❍ Irrtümlich wurde der Nachlass Heiner eingeantwortet. Eine Yacht, die Bestandteil des Nachlasses war, verkauft und übergibt Heiner alsbald an seinen Freund Felix, dem er auch von der Erbschaft erzählt. Wenige Wochen später erscheinen die wirklichen Erben und verlangen die Yacht von Felix heraus. Zu Recht?

114. Armin bewundert schon lange das Oldtimer-Cabrio seines Freundes Egon. Bei einer Ausfahrt, an der auch Egons Ehefrau Frida teilnimmt, sagt Egon zu Armin: „Weißt Du was? Wenn ich einmal sterbe, soll das Cabrio Dir gehören. Ein anderer weiß es ohnehin nicht zu schätzen!“ Armin bedankt sich erfreut. Zwei Tage später verunglückt Egon beim Drachenfliegen tödlich. Frida ist seine Alleinerbin. Hat Armin ein Anrecht auf den Oldtimer?

115. ❍ Wie 114., nur hat Egon seine Erklärungen vor fünf Personen abgegeben und Armin zugleich die Zweitschlüssel des Wagens in die Jackentasche gesteckt.

3. + 4. Kapitel: Die juristischen Personen; die Personen des Wirtschaftslebens
(LB Rz 189–234)

116. Was ist eine juristische Person? Wie handelt sie?

117. Juristische Person – ja oder nein?

❍ a) Eine Stiftung zur Förderung Schwererziehbarer,

b) eine Siedlungsgenossenschaft,

c) ein Richter,

d) eine Gesellschaft bürgerlichen Rechts,

e) die Wirtschaftskammer Österreich,

f) der Nachlass,

g) die Bäckerei Müller OG.

118. Sind juristische Personen ebenso wie natürliche rechtsfähig?

119. A ist Angestellter einer AG. Auf der Fahrt zu einem Geschäftstermin stößt er mit seinem Privat-PKW einen Fußgänger nieder. Haftet die AG für die Schäden, die dem Fußgänger entstanden sind?

120. Warum ist es wichtig zu wissen, ob jemand den Vertrag als Unternehmer abschließt?

121. Bestehen Unterschiede zwischen dem Unternehmer iS des KSchG und dem iS des UGB?

122. Ist U Unternehmer, wenn er allein
a) ein großes Hotel,
b) eine Anwaltskanzlei,
c) eine Fischzucht,
d) einen Würstelstand,
e) eine Kabarettbühne,
f) eine unentgeltlich zugängliche Gemäldegalerie,
g) eine Gratis-Ausspeisung für Obdachlose,
h) einen Bauernhof,
i) eine Schuhreparatur,
j) ein Bauunternehmen
betreibt?

123. ❍ X verteilt täglich auf Straßenkreuzungen 200 Stück der Gratiszeitung „Gratis“ und bekommt dafür vom Verleger V täglich € 30. Ist X Unternehmer oder Arbeitnehmer? Worauf kommt es für die Zuordnung an? Spielt es eine Rolle, wenn ihm von V eine bestimmte Kreuzung zugewiesen wird; wenn er dort zu bestimmten Zeiten stehen muss?

124. Was versteht man unter „Unternehmer kraft Rechtsform“? Was ist das Gegenstück dazu?

125. ❍ Wann ist jemand bloß Kleinunternehmer? Welche Regelungen des UGB gelten für ihn nicht?

126. Kann sich ein Kleinunternehmer in das Firmenbuch eintragen lassen? Mit welchen Konsequenzen?

127. Was bedeuten die Begriffe „Scheinunternehmer“ und „Unternehmer kraft Eintragung“? Inwiefern sind sie rechtlich von Bedeutung?

128. Was versteht man unter „Firma“? Was sind die wichtigsten Grundsätze des Firmenrechts?

129. Welche privatrechtlich relevanten Zwecke werden mit der Führung des Firmenbuchs verfolgt?

130. Sind folgende Firmen zulässig?

❍ a) H. Müller & Co,

b) Heinz Müller AG,

❍ c) Installateur H. Müller,

d) Müller GmbH & Co KG,

e) Alpen GmbH,

f) Bananen Im- und Export KG,

g) freizeit.at GmbH.

131. ● Vater und Sohn betreiben unter der Firma „Völker und Sohn OG" ein Unternehmen. Der Vater stirbt, sein Sohn erbt alles. Er will das Unternehmen mit demselben Firmenwortlaut nun allein weiterführen.

a) Geht das?

b) Der Vater stirbt nicht, sondern wird statt persönlich haftender Gesellschafter bloßer Kommanditist. Muss die Firma geändert werden?

132. Welche Grundsätze gelten bei unrichtigen Eintragungen im Firmenbuch?

133. Die Elektriker E und F schließen mit Jahresende ihren Betrieb; ihre Firma „E & F GmbH" wird jedoch erst am 1. 3. des Folgejahres im Firmenbuch gelöscht. Am 1. 2. klagt die Bank B die E & F GmbH auf Rückzahlung eines Darlehens. Die Elektriker wenden ein, dass ihr Betrieb nicht mehr existiere. Muss die Bank diesen Einwand gelten lassen?

134. Was bedeutet das Publizitätsprinzip des Firmenbuchs?

135. Welchen Rechtsnormen unterliegt X bei folgenden Tätigkeiten; wie wird er bezeichnet?

a) X ist in einem Kosmetikunternehmen als reisender Verkäufer angestellt;

b) X hat die Generalvertretung von Volvo für das Südburgenland;

c) X berät als Rechtsanwalt ständig die X-AG;

d) X soll im Bezirk Mödling den Abschluss von Staubsaugerkäufen vermitteln;

e) X kauft als Altwarenhändler Gegenstände aus Verlassenschaften auf und verkauft sie weiter;

f) X vermittelt Immobilien.

136. Handelt X in folgenden Situationen als Verbraucher?

a) X kauft für sein Lederwarengeschäft beim Großhändler zwölf Häute Chromspaltleder;

b) X kauft für seine Bastelarbeiten beim Großhändler eine Lederhaut;

c) X kauft für sein zu eröffnendes Lederwarengeschäft Glühbirnen;

d) Der Turnverein X kauft für seine Vorturner Trainingsanzüge.

137. ● Welche rechtlich bedeutsamen Unterschiede bestehen zwischen Konsumenten, „Privaten" und Unternehmern?

5. Kapitel: Die Stellvertretung
(LB Rz 235–283)

138. Was können die Gründe dafür sein, dass jemand für einen anderen rechtswirksam
❍ handeln kann? Unterschiede?

139. Auftrag oder Bevollmächtigung?

a) X wird von A ersucht, für ihn ein Haus zum Kauf zu suchen. X ist einverstanden.

b) X erhält von A die Erlaubnis, ein Haus für A's Familie zu suchen.

c) X ist bei A als Vermögensverwalter angestellt und darf A's Geld in Grund und Boden veranlagen.

d) X berät A gelegentlich über Vermögensveranlagungen. Als Grundstückskäufe besonders günstig erscheinen, ist A an einer schönen Waldfläche interessiert. X vermittelt zwischen A und B den Grundstückskauf.

140. Der Torwart eines Dorffußballvereins ärgert sich schon seit einiger Zeit über die schadhaften Tornetze. Er geht daher in ein Sportgeschäft und kauft im Namen des Vereins zwei neue Netze. Als die Rechnung beim Verein einlangt, ist der Vereinskassier nicht bereit, sie zu bezahlen: Derzeit sei völlige Ebbe in der Kasse. Welche Rechte hat der Verkäufer?

141. Der Eigentümer E bittet seinen Bekannten B, für ihn seinen Gebrauchtwagen um etwa € 2000 zu verkaufen. Wie ist die Rechtslage, wenn

a) B für E um € 1500 an K verkauft,

b) B den Verkauf um € 1500 im eigenen Namen vornimmt,

c) B den Wagen um € 3000, aber unter Vorspiegelung eines falschen Kilometerstandes verkauft?

142. Der Vater V bittet seinen 17-jährigen Sohn S, einen Lehrling, für ihn beim Trafi-
● kanten T zwei Schachteln „Marlboro“ zu besorgen. S verlangt in der Trafik die Zigaretten, lässt sich aber zugleich eine Computerzeitschrift geben, die ihm ins Auge gefallen ist. Erst jetzt merkt S, dass er das Geld vergessen hat. Er verspricht T, die Schulden am nächsten Tag zu begleichen. T wartet jedoch vergeblich. Von wem kann T Zahlung begehren?

142a. Welchen Rechtsfolgen greifen ein, wenn jemand als Vertreter eines anderen einen Vertrag abschließt, jedoch nicht über ausreichende Vertretungsmacht verfügt?

143. Die gehbehinderte Pensionistin A bittet den technisch sehr interessierten 12-jäh-
● rigen Nachbarssohn B, für sie ein Radio im Wert von etwa € 100 zu besorgen. Zur Sicherheit gibt sie ihm € 120 mit. B sieht sich beim Elektrohändler C sehr genau um und erklärt dann, ein bestimmtes Radio (Preis € 110) zu wollen. Von A spricht er nicht. C ist einverstanden und gibt dem ihm bekannten B das Radio mit, obwohl dieser nur € 30 anzahlen kann, da er das restliche Geld zu Hause lie-

gen gelassen hat. A möchte nun das Radio aber doch nicht nehmen, weshalb es B zunächst behält. Welche Rechte hat C

a) gegen A,

b) gegen B,

c) gegen B's Eltern?

d) Darf C die € 30 behalten?

144. Was versteht man unter „Prokura"?

145. P ist Prokurist einer Baufirma. Zur Erweiterung des Baustofflagerplatzes kauft er das Nachbargrundstück. Für den dafür aufgenommenen Kredit räumt er der Bank eine Hypothek darauf ein. Außerdem stellt er einen Lagerverwalter ein.

a) Sind diese Geschäfte wirksam?

b) Macht es einen Unterschied, wenn P bloß Handlungsvollmacht eingeräumt worden ist?

146. P ist nun Prokurist eines Reisebüros, er darf aber den Tätigkeitsbereich des Unternehmens nicht verändern. Im Firmenbuch ist diese Einschränkung nicht eingetragen. P wandelt das Reisebürounternehmen in einen Hotelbetrieb um und kauft daher einen Alpengasthof zum Umbau auf. Wirksam?

147. Worin unterscheidet sich ein Prokurist von einem Stellvertreter nach allgemeinem Zivilrecht?

148. P ist Prokurist der X-GmbH. Wegen mehrerer Vergehen im Dienst wird er entlassen und ihm die Prokura entzogen. P will sich rächen. Zunächst fängt er den Brief an das Firmenbuch ab, in dem der Entzug der Prokura mitgeteilt wird. Dann schließt er im Namen der X-GmbH mit dem Geschäftspartner G ein für die X-GmbH ungünstiges Geschäft ab. G verlangt nun von X Vertragserfüllung.

a) Zu Recht?

b) Wie könnte P zur Verantwortung gezogen werden?

149. A schuldet der X-GmbH € 500.000. Vereinbart war die Überweisung auf das Konto der X. P, ein Gesamtprokurist der X, kommt nun zu A und mahnt die offene Schuld ein. A händigt ihm das Geld in bar aus. P verschwindet damit nach Südamerika. Wie ist die Rechtslage?

150. Der Versicherungsvertreter V sagt bei einem Besuch bei seinem Kunden K diesem mündlich 10% Rabatt zu, wenn K gleich zwei Lebensversicherungen abschließe. Die AGB erklären zwar mündliche Vereinbarungen für unwirksam, auch wundert sich K über diesen Mengenrabatt; er schließt dennoch die beiden Verträge ab. Die Versicherung weigert sich, K den Rabatt zu gewähren, da V zur Gewährung eines solchen Rabatts nicht bevollmächtigt gewesen sei, und verlangt die vollen Versicherungsprämien.

151. A kauft des Öfteren im Geschäft des B Waren ein und lässt die Rechnung immer auf seine Ehefrau E ausstellen. Diese bezahlt auch jeweils anstandslos. Nun tätigt

A einen weit größeren Kauf als bisher (Wert € 20.000). Diesmal weigert sich E zu zahlen: Sie habe A zu diesem Kauf weder beauftragt noch bevollmächtigt. Welche Rechte hat B?

152. A, der Angestellte des Lederhändlers L, bemerkt, dass der Ledervorrat zu Ende geht. Da sowohl L als auch der für den Ledereinkauf zuständige X nicht anwesend sind, bestellt A beim Händler H einen Posten Leder. Er erwähnt jedoch nicht, dass das Leder für L gedacht ist. H liefert; L verarbeitet das Leder nach seiner Rückkunft. Von wem kann H Kaufpreiszahlung begehren?

153. Im Malerbetrieb des M ist die Farbe ausgegangen. Da M für einige Tage auf Urlaub ist, kauft sein Angestellter A, der an sich nicht für den Einkauf zuständig ist, eigenmächtig fünf Dosen à € 20 ein. Dem Verkäufer V sagt er, die Rechnung solle auf M ausgestellt und an dessen Adresse geschickt werden. Als M wieder zurückkehrt, verwendet er auch die neu eingekauften Dosen. Wenig später trifft die Rechnung von V ein. M will nicht zahlen. Er meint vor allem, bei seiner üblichen Bezugsquelle hätte er deutlich weniger zu bezahlen gehabt. Rechte des V?

154. ❍ P behauptet gegenüber V glaubwürdig, Prokurist der X-GmbH zu sein. Er kauft im Namen der X eine größere Menge Waren „auf Lieferschein". Tatsächlich wurde P schon vor längerer Zeit von X entlassen. Prokura wurde ihm nie erteilt.

a) Welche Rechte hat V, wenn er die Ware bereits geliefert, den Kaufpreis aber noch nicht erhalten hat?

b) Ändert sich etwas, wenn P tatsächlich Prokurist und als solcher im Firmenbuch eingetragen war, der Geschäftsführer der X-GmbH die Prokura aber schon einige Zeit vor dem Einkauf widerrufen hat?

154 a. ❍ Über das Vermögen des Einzelunternehmers Paul ist das Insolvenzverfahren eröffnet worden. Seine Vertraute Valeria, die bereits seit Jahren im Einkauf tätig ist und zum Abschluss solcher Geschäfte bevollmächtigt war, kauft nunmehr ein weiteres Mal im Namen von Paul bei der V-GmbH Rohstoffe ein. Ist mit der GmbH ein Vertrag zustande gekommen?

2. Abschnitt: Sachen

(LB Rz 284–399)

155. Was sind die wichtigsten Grundsätze des Sachenrechts?

156. Was ist ein Überbau (Superädifikat), was sind dessen rechtliche Besonderheiten?

157. Teilbar oder unteilbar?

a) ein lebender Wellensittich,

b) ein totes Huhn,

c) eine Perlenkette,

d) eine Loseblattsammlung „Österreichische Gesetze",

e) eine mittelalterliche Handschrift mit wertvollen Miniaturen.

158. Gattungs- oder Speziessache?

a) originale Kleidungsstücke aus den „Sechzigern“,

b) Schweizer Uhren einer auf 200 Stück limitierten Serie,

c) Serienbriefmarken,

d) Sondermarken aus dem Jahr 1997,

e) eine Briefmarke aus einer mittlerweile eingestellten Serie, die aber keinerlei Sammlerwert hat,

f) Weihnachtsbäume.

159. ❍ Welcher Unterschied besteht zwischen Gattungssache und Gattungsschuld? Bringen Sie ein Beispiel. Welche Bedeutung hat die Unterscheidung zwischen Gattungs- und Speziessachen?

160. Sind folgende Sachen herrenlos?

a) Ein vergessener Schirm,

b) die heutige Tageszeitung in der U-Bahn,

c) eine Wochenzeitung der laufenden Woche auf einer Parkbank,

d) ein vor einer Haustür auf dem Gehsteig stehender hübscher Tisch,

e) wie d), nur findet gerade eine Sperrmüll-Abholaktion der Gemeinde statt.

Wofür ist die Klärung dieser Frage von Bedeutung?

160 a. ● Unter welchen Voraussetzungen erwirbt der Finder einer verlorenen Sache Eigentum?

160 b. ● F sieht, wie einem Mann die Geldbörse aus der Tasche fällt, als dieser gerade einen Autobus besteigt. Er fährt dem Bus mit seinem Fahrrad bis zur Endhaltestelle nach und übergibt dem erfreuten Verlierer V seinen Fund. Die Börse enthält € 200.

a) Rechte von F gegen V?

b) Ändert sich etwas, wenn V die Geldbörse am Fahrkartenschalter des Busbahnhofs liegen ließ?

c) Was hätte F tun müssen, wenn er den Bus nicht mehr eingeholt hätte?

161. A stiehlt dem B Leder, das er zum Binden eines ihm gehörigen wertvollen alten Buches verwendet. Wer ist Eigentümer des Einbandes? Welche Ansprüche hat B?

162. A verkauft dem B ein Grundstück, das von einem Wachhund gesichert wird. Kann A nach Eintragung des B im Grundbuch den Hund von diesem herausverlangen?

163. Der Unternehmer U kauft von V eine Produktionsmaschine unter Eigentumsvorbehalt. Sie wird auf seiner Betriebsliegenschaft aufgestellt. Als U kurz darauf ein Darlehen benötigt, wird zu Gunsten der kreditgewährenden Bank B eine Hypothek auf dem Grundstück des U einverleibt. Wenig später wird U insolvent. Er hat weder den Kaufpreis noch den Kredit vollständig zurückbezahlt. Wer kann auf die wertvolle Maschine greifen, V oder B?

164. ❍ A ist Eigentümer einer Wohnung, die sehr geschmackvoll im Jugendstil eingerichtet ist. In Geldnöte geraten, will er die Einrichtung dem B verpfänden, indem er ihm einen Wohnungsschlüssel übergibt.

a) Handelt es sich bei der Einrichtung um eine Gesamtsache?

b) Hat B ein Pfandrecht erworben?

c) Würde sich etwas ändern, wenn sich in der Wohnung nur ein buntes Gemisch von Möbeln verschiedenster Stilrichtungen fände?

165. Welche Unterschiede bestehen zwischen Innehabung, Besitz und Eigentum? Wann sind sie rechtlich von Bedeutung?

166. Ist B rechtmäßiger oder unrechtmäßiger Besitzer, wenn er

a) sich von A ein Buch ausborgt, nach kurzer Lektüre aber beschließt, es nicht mehr zurückzugeben,

b) eine Sache von A unter Eigentumsvorbehalt kauft,

c) seinem Onkel nach Bestehen einer Prüfung in dessen Abwesenheit ein Auto wegnimmt, das dieser ihm unter der Bedingung des Bestehens in einem Brief versprochen hat?

d) Wer trägt in all diesen Fällen die Beweislast für die Recht- oder Unrechtmäßigkeit des Besitzes?

167. Ist B redliche oder unredliche Besitzerin, wenn sie

a) auf dem Wiener Mexikoplatz in einem Fleischereifachgeschäft ein sehr preisgünstiges Mobiltelefon ersteht,

b) von A billig eine echt goldene Uhr kauft, wobei beide der Meinung sind, die Uhr sei bloß vergoldet, weswegen A den Kaufvertrag erfolgreich anficht,

c) von ihrem Bruder eine Uhr im Werte von € 500 um € 100 erwirbt, obwohl sie weiß, dass dieser etwa ihm gegebene Pfänder öfters einfach dadurch verwertet, dass er sie – unabhängig vom Wert und von der Höhe der Forderung – behält,

d) vom 17-jährigen A ein Fahrrad erwirbt und sich dabei keine weiteren Gedanken über A's Alter macht,

e) aus dem Haushalt ihres Ex-Mannes ohne dessen Wissen ein Teeservice mitnimmt, das ihr tatsächlich gehört, was sie aber nicht weiß, da es sich um eine Anschaffung aus Zeiten der aufrechten Ehe handelt?

f) Kann B jeweils Eigentum erwerben und wenn ja, wie? Wofür ist die (bloße) Redlichkeit noch bedeutsam?

168. A kauft von B, der trotz seiner 17 Jahre wie Anfang 20 aussieht, dessen goldene Uhr, ein altes Familienerbstück, ohne Genehmigung des gesetzlichen Vertreters. Fünf Jahre später will B die Uhr zurück. Ist er noch Eigentümer?

169. Kann sich der Mieter M mit einer Besitzstörungsklage zur Wehr setzen, wenn

❍ a) sein Vermieter jede Woche mit einem eigenen Schlüssel die Wohnung inspiziert,

b) sein Nachbar im vorletzten Monat mehrmals bis spät in der Nacht lautstark gefeiert hat,

c) die Nachbarin seinen Hund vergiftet hat,

d) A sich heimlich ein dem M geliehenes Buch wieder zurückholt?

170. ❍ Der Mieter M ärgert sich über die ständige Belästigung durch Werbematerial, das ihm Werbemittelverteiler beinahe täglich an die Wohnungstür hängen. Er klebt daher einen selbstfabrizierten Zettel mit der Aufschrift „Bitte kein Werbematerial" an die Tür. Dennoch findet er drei Tage später wieder Prospekte des Einrichtungshauses E vor. Er beschwert sich sofort beim Werbemittelverteilunternehmer U, der ihm entgegnet, seine Leute seien Ausländer und beachteten nur die offiziellen Aufkleber der Kammer; für M's Bezirk sei der Pakistani P zuständig. Rechte des M gegen U, E und P

a) 14 Tage später;

b) 3 Monate später?

171. Mieter M wird durch extremen Baulärm auf der Nachbarliegenschaft des X gestört. Die Arbeiten beginnen um 6.00 Uhr, gehen über Mittag und finden auch am Samstag statt. Eine Beschwerde bei der Hausverwaltung des X zeigt ebenso wenig Wirkung wie die bei P, dem Polier des Bauunternehmens B. Auch M's Vermieter V zuckt nur die Achseln. Er wohnt woanders, weshalb ihm der Lärm gleichgültig ist. Welche Rechte hat M?

172. Hat B Besitz erworben, wenn

a) ihm seine Tante ein Spielzeugauto mitbringt und er erst acht Jahre alt ist,

b) A ihm einen auf einer Baustelle im Einsatz befindlichen Kran verpfändet, indem er an diesem ein Schild anbringt: „Verpfändet an B",

c) er beim Antiquitätenhändler A eine Vase kauft, sich aber wegen des Fehlens einer geeigneten Transportmöglichkeit mit A darauf einigt, dass dieser die Vase noch einen Tag aufbewahren solle,

d) C dem A mitteilt, dass ein von ihm dem A geliehenes Buch nunmehr B gehöre,

e) A ihm telefonisch einen Spiegel verkauft, die beiden sich lediglich darauf einigen, A solle B den Spiegel ehebaldigst schicken und A daraufhin einen Taxifahrer mit dem Transport betraut?

173. ❍ E ist gemeinsam mit seinem Bruder B Miteigentümer eines Grundstücks und Gesamthandeigentümer einer Maschine der familieneigenen OG. Wie kann E über diese Gegenstände disponieren?

174. A hat an einem Haus einen Anteil von 1/3. Er braucht dringend Geld. Was kann er tun?

175. Wann erwirbt K Eigentum?

a) wenn er mit V den Kaufvertrag abschließt,

b) wenn er die Sache nach Vertragsschluss übergeben erhält,

c) auch ohne Kaufvertrag mit der Übergabe,

d) mit Leistung einer Anzahlung,
e) mit Zahlung des gesamten Preises?

176. ❍ A stiehlt dem B ein Fahrrad und verkauft es dem ahnungslosen C um € 2000, die dieser bei Übergabe bezahlt. Wenig später entdeckt B das Fahrrad bei C und begehrt die Herausgabe, die C unter Hinweis auf den Kaufvertrag mit A verweigert. Wie ist die Rechtslage?

177. ❍ E bringt ihre Uhr zwecks Reparatur zum Juwelier J. J repariert, der Ladenangestellte A verkauft sie jedoch irrtümlich dem Kunden K um € 400 (Wert € 500). K bezahlt bar und nimmt sie gleich mit. Kann E die Uhr von K zurückverlangen?

178. ❍ Was bedeutet „Verfügungsberechtigung"; und kann man gutgläubig Eigentum erwerben, wenn man den Verkäufer zwar nicht für den Eigentümer, aber doch für verfügungsberechtigt hält?

179. Der Goldschmied G stellt aus einem Kilogramm Bruchgold (Wert € 2000) einige Schmuckstücke her (Wert € 4000). Erst nach Beendigung der Arbeiten fällt ihm ein, dass das Gold E gehört, der es bei ihm nur vorübergehend eingelagert hat. Rechte von G und E?

180. Der Dieb D stiehlt von einem Parkplatz den PKW des E, montiert darauf Breitreifen, die aus einem Einbruch beim Reifenhändler R stammen und lackiert den Wagen mit ebenfalls bei R erbeuteter Farbe. D fährt mit dem Auto etwa 5000 km, ehe er gefasst wird. Rechte von E und R?

181. A hat von B Stoffe unter Eigentumsvorbehalt erworben. Vor vollständiger Kaufpreiszahlung verarbeitet er sie zu Hemden. Dann wird er insolvent. Welche Rechte hat B? Ändert sich etwas, wenn A die Hemden inzwischen sehr billig an C weiterverkauft und übergeben hat?

182. Der kleine Hans findet auf der Straße vor seinem Haus drei Murmeln. Er nimmt sie mit nach Hause und wirft sie in sein Glas zu fünfzig weiteren. Nachdem er zwei Wochen damit gespielt hat, stellt sich heraus, dass die Nachbarstochter Lena die Murmeln verloren hat; welche es genau waren, weiß keiner. Rechte von Lena?

183. ❍ A steckt im Gasthaus den 10-€-Schein seiner Mutter ein, weil er ihn irrtümlich für den seinen hält. Mit neun eigenen legt er € 100 auf sein Sparbuch. Rechte der Mutter?

184. A stiehlt seinem Nachbarn B zunächst etwa 100 Ziegel, die er zur Errichtung seines Einfamilienhauses verwendet. Da B vorerst nichts zu bemerken scheint, holt sich A aus dessen Schuppen auch noch 30 Steinplatten, mit denen er einen Weg von seiner Garage zum Haus legt. Beton verwendet der sparsame A dabei nicht. Nach einiger Zeit erkennt B sowohl den Schwund seines Baumaterials als auch dessen Ursache. Welche Rechte hat B gegen A?

185. A findet im Straßengraben einige Ziegelsteine. Er glaubt, dass sie jemand weggeworfen hat und verwendet sie beim Bau seines Hauses. Tatsächlich gehören sie

dem B; Nachbarskinder haben sie zum Spaß vom Bauplatz des B weggeholt und in den Graben geworfen. Welche Rechte hat B gegen A?

186. ● Die Kundin K findet im Supermarkt von S am Boden einen 100-€-Schein, der E kurz zuvor aus der Hosentasche gefallen ist. Sie ist eine ehrliche Frau und gibt den Schein nach Rücksprache mit dem Filialleiter beim Fundamt im Rathaus ab.

Wie ist die Rechtslage,

a) wenn sich E vor/nach Ablauf eines Jahres meldet;

b) wenn E ein Briefumschlag mit einem Inhalt von € 5000 aus dem Sakko gefallen ist;

c) wenn der 100-€-Schein vor dem Geschäftsportal gefunden wurde;

d) wenn der 100-€-Schein von einem Dieb auf der Straße verloren wurde und sich der Bestohlene meldet?

187. Kann sich der Grundstückseigentümer G gegen seinen Nachbarn N in den folgenden Fällen rechtlich zur Wehr setzen?

a) G hat einen Bauernhof als Wochenenddomizil erworben. Erst später stellt er fest, dass N jedes Wochenende von früh bis spät an seinem Haus baut. Da N nur von seiner Frau unterstützt wird, ist eine Fertigstellung nicht abzusehen.

b) In einem vor wenigen Jahren errichteten Feriendorf beginnt plötzlich N in seinem kleinen Garten Hühner zu züchten. Diese wecken G am Wochenende sehr früh auf; außerdem verbreitet die Hühnerzucht einen unangenehmen Geruch.

c) N hat einen behördlich genehmigten, aber veralteten Industriebetrieb geerbt. Insbesondere ist die Anlage mit schlechten Filtern ausgerüstet. Immer wieder sind die Nachbargrundstücke mit einer dünnen Rußschicht überdeckt. Im näheren Umkreis müssen die Autos alle drei Tage gewaschen werden, es entstehen auch Schäden an den Gartenkulturen.

d) N hat ein Grundstück in einer Neubausiedlung erworben und in seinem Garten auch ein Biotop angelegt. Sehr bald wandern Frösche zu, die sich rasch vermehren und nächtens geräuschvolle Konzerte veranstalten. G, ein lärmempfindlicher Dichter, wohnt drei Häuser weiter.

188. ● Über das Grundstück des Bauern B führt seit unvordenklicher Zeit ein kleiner Pfad, den die Dorfbewohner für Spaziergänge nutzen. Durch den Fremdenverkehr nimmt die Beanspruchung jedoch stark zu; insbesondere muss B feststellen, dass die Spaziergänger immer öfter die Pflanzen am Rande seiner Felder niedertreten und der Weg so von Jahr zu Jahr breiter wird. Rechte des B?

189. ❍ A ist ein wertvoller Hund zugelaufen. A füttert ihn und bringt ihn wegen einer Erkrankung sogar zum Tierarzt. Erst nach einer Woche meldet sich der Eigentümer. A will das Tier jedoch nur zurückgeben, wenn er seine Kosten (€ 100) sowie weitere € 100 für seine Mühen erhält. Ist er im Recht?

190. Welchen Zweck hat ein Pfandrecht? Auf welche Art und Weise kann dieser Zweck noch erreicht werden?

191. V hat von ihrer Freundin F ein Schmuckstück zur Verwahrung übernommen. Als V in Geldnöte gerät, verpfändet und übergibt sie das Schmuckstück an ihren Gläubiger G. G will das Schmuckstück in der Folge zur Befriedigung seiner fälligen Ansprüche verwerten, F fordert von G hingegen unter Berufung auf ihr Eigentum Herausgabe des Schmuckstücks. Wer ist im Recht?

192. ❍ Welche Rechtsfolgen zieht es nach sich, wenn ein Unternehmer im Rahmen seines Betriebes fremde Sachen verpfändet?

193. A hat sein Konto bei der Bank B stark überzogen. Er vereinbart daher mit B, dass er ihr zur Sicherung des Saldos seinen PKW dadurch verpfändet, dass er bei der Bank den Typenschein hinterlegt und im Typenschein die Verpfändung vermerkt wird.

a) Hat B wirksames Pfandrecht erworben?

b) Wann ist diese Frage bedeutsam?

194. ● E hat seinem Gläubiger G eine Sache im Werte von € 100.000 verpfändet. Als seine Schuld gegenüber G nur noch € 5000 beträgt, benötigt er einen Kredit von € 50.000. Die Bank B will ihm das Geld aber nur gegen Sicherheiten geben. Was könnten E und B tun?

195. K möchte von B einen LKW kaufen. Er verfügt aber nicht über das nötige Bargeld. Er spricht daher bei seiner Hausbank B vor, die den Ankauf finanzieren soll. Auf welche Art und Weise könnte sich B sichern?

196. Erklären Sie Begriff und Zweck des Publizitätsprinzips (Offenkundigkeitsgrundsatz) im Pfandrecht und erläutern Sie dies an zwei Beispielen.

197. ❍ E lässt sich von seinem Freund S breitschlagen, seine Münzsammlung für einen Bankkredit zu verpfänden. Die Münzen werden der Bank B übergeben, der Kredit ausbezahlt. Rechte von E, wenn

a) S den Kredit wie vereinbart tilgt,

b) E bei Fälligkeit den offenen Kreditsaldo abdeckt, um seine Sammlung zu retten?

198. ● A verpfändet und übergibt seinem Gläubiger, dem Geldverleiher G, zwei wertvolle Teppiche. An einem Freitag bittet er G, ihm die Teppiche über das Wochenende zur Verfügung zu stellen; es kämen Verwandte, die seine finanzielle Situation nicht mitbekommen sollten. G willigt ein, A legt die Teppiche in seiner Wohnung auf. Besteht das Pfandrecht noch?

199. ● Der Unternehmer U braucht Geld. Er verpfändet daher seinen LKW an die Bank B, indem er ihr den Typenschein, die beiden Originalschlüssel und den LKW selbst übergibt. U behält sich aber einen nachgefertigten Schlüssel zurück. Er holt den LKW einige Zeit später ohne Wissen der Bank vom Abstellplatz ab und verpfändet ihn für einen weiteren Kredit einem zweiten Kreditinstitut K. Wenig später fällt U in die Insolvenz. Sicherungsrechte von B und K?

200. U hat eine Forderung gegen A in der Höhe von € 1 Million. Er verpfändet diese der Bank B zur Sicherung eines Kredites über € 500.000. A wird davon nicht ver-

ständigt; U notiert die Verpfändung jedoch in seinen Geschäftsbüchern. Einige Zeit später zahlt A € 400.000 zurück. – Als sich U's Lage weiter verschlechtert, verpfändet er die Forderung zur Besicherung eines Negativsaldos von € 700.000 nochmals an C. Diesmal verständigt er A. Wie ist die Rechtslage bei Insolvenz von U?

201. Außer der Bank B sind noch C und D als nachrangige Hypothekargläubiger im Grundbuch eingetragen. D meint, bei einer Verwertung des Grundstücks jedenfalls nichts zu bekommen; er rechnet jedoch mit einem Ansteigen der Grundstückspreise im Laufe des nächsten Jahres. B besteht auf sofortiger Pfandverwertung. Kann D diese verhindern?

202. ❍ U verpfändet zur Sicherung eines Kredits seine Betriebsliegenschaften an die Bank B. Auf den Grundstücken befinden sich unter anderem zwei neuwertige Fabrikhallen. Als B die Grundstücke verwerten will, weil U zahlungsunfähig geworden ist, erklärt dieser, die Fabrikshallen seien Eigentum der Leasinggesellschaft L. Ist das rechtlich möglich?

203. ❍ § 14 Abs 2 GBG lautet: „Sollen Forderungen, die aus einem gegebenen Kredite, aus einer übernommenen Geschäftsführung oder aus dem Titel der Gewährleistung oder des Schadenersatzes entstehen können, pfandrechtlich sichergestellt werden, so ist in der Urkunde, auf Grund derer die Eintragung vorgenommen werden soll, ein Höchstbetrag anzugeben, bis zu dem der Kredit oder die Haftung reichen soll."

Die Liegenschaft des U wird zu Gunsten der B-Bank mit einer Höchstbetragshypothek bis € 1 Million belastet; diese soll einen Kredit in der Höhe von € 500.000 sowie „alle künftig an U zu gewährenden Kredite" besichern. Als es zur Verwertung kommt, behauptet ein nachrangiger Gläubiger, spätere Kredite der B an U seien durch die Hypothek nicht gedeckt, da § 14 Abs 2 GBG Höchstbetragshypotheken nur für bereits gewährte Kredite zulasse. Stimmt das?

204. ● A kauft von B einen alten Bauernschrank, der einige schadhafte Stellen aufweist. A bessert diese aus, was ihn € 500 kostet. Einige Zeit später ficht B den Vertrag zu Recht wegen Irrtums an und verlangt den Schrank zurück; die € 500 will er aber nicht bezahlen; er sei mit dem Schrank im vorherigen Zustand durchaus zufrieden gewesen.

a) Muss A den Schrank herausgeben?

b) Was ändert sich, wenn über das Vermögen von B das Insolvenzverfahren eröffnet wird?

c) Wie ist die Rechtslage, wenn A Antiquitätenhändler ist?

d) wie c), nur handelt auch B mit Altwaren.

205. ❍ A möchte von der Bank B einen Kredit. Diese ist zur Auszahlung nur gegen entsprechende Sicherstellung bereit. Da A's Vermögen vor allem in einem großen LKW-Zug besteht, den er allerdings für sein Unternehmen dringend benötigt, treffen A und B folgendes Arrangement: An drei deutlich sichtbaren Stellen wird am LKW ein unverwischbarer Hinweis auf das Sicherungseigentum der B angebracht. Darüber hinaus wird der Typenschein des LKW bei einem Rechtsanwalt hinterlegt. Ist B damit tatsächlich gesichert?

206. G hat von S eine wertvolle Kette zur Sicherung eines kurzfristigen Kredits übereignet erhalten.

a) Kann und darf G das Schmuckstück an einen Interessenten, der einen guten Preis bietet, veräußern?

b) Wie wäre die Rechtslage bei Verpfändung?

207. a) Was bedeutet „Eigentumsvorbehalt"?

❍ b) Gilt er kraft Gesetzes oder kraft vertraglicher Vereinbarung?

c) Welche Rechtsfolgen greifen ein, wenn die unter Eigentumsvorbehalt gekaufte Sache untrennbar mit einer anderen Sache des Käufers verbunden wird?

d) Welche Folgen hat die Weiterveräußerung der unter Eigentumsvorbehalt erworbenen Sache durch den Käufer?

208. A verkauft und übergibt B 100 Taschenrechner zu je € 50 unter Eigentumsvorbehalt. B verpflichtet sich zur Zahlung monatlicher Raten von je € 1000. Als auch im zweiten Monat keine Zahlung bei A eingeht, geht dieser der Sache nach. Es stellt sich heraus, dass B bereits 50 Rechner um je € 70 gegen Barzahlung (unter anderen an C, D und E) verkauft und übergeben hat, wegen hoher Spielschulden aber völlig zahlungsunfähig ist. Welche Rechte hat A?

209. A kauft von B Rohstoffe unter Eigentumsvorbehalt. Es wird vereinbart, dass eine Weiterveräußerung nur unter Abtretung der Weiterverkaufsforderung zulässig ist. A verarbeitet nun die Rohstoffe und verkauft einen Teil davon gegen Barzahlung an C weiter. Die Forderung von B ist noch offen. Welche Rechte hat B?

210. Der Verkäufer V räumt seinem Abnehmer A zur Bezahlung seiner Warenlieferun-
❍ gen regelmäßig ein Zahlungsziel von 30 Tagen ein. Zugleich wird vereinbart, dass A erst mit vollständiger Kaufpreiszahlung Eigentümer der gelieferten Waren werde. Welche Rechte hat V, wenn A

a) auch nach 40 Tagen noch nicht bezahlt, die Waren aber inzwischen schon an K verkauft und übergeben hat,

b) nicht bezahlt und die gelieferten Rohstoffe schon weiterverarbeitet hat,

c) die Warenlieferung zwar bezahlt hat, aber mit einer anderen Verpflichtung gegenüber V in Verzug ist?

3. Abschnitt: Verträge

1.+2. Kapitel: Allgemeines; der Vertragsschluss

(LB Rz 400–439)

211. Klausel 12 eines Bauvertrages lautet: „Änderungen und Ergänzungen dieses Ver-
❍ trages bedürfen der Schriftform." Die Vertragspartner kommen später telefonisch überein, den Fertigstellungstermin um zwei Monate auf 1. 7. zu verschieben. Muss der Bau am 1. 5. oder am 1. 7. fertig sein?

212. Das allein stehende Fräulein F schlägt in ihrer Straße einige Zettel an, auf denen
❍ zu lesen ist, dass derjenige, der ihren entflogenen Kanarienvogel zurückbringe, eine Belohnung von € 20 erhalte. Der 12-jährige B, der von dieser Ankündigung nichts weiß, entdeckt den Kanarienvogel im Nachbargarten, klettert über den Zaun, fängt ihn und zeigt ihn seiner Mutter. Diese hat die Ankündigung gelesen. Sie erzählt B davon, der den Vogel sogleich behutsam zu Fräulein F trägt. F erklärt jedoch – später auch gegenüber der Mutter – nichts zu bezahlen, da B „noch zu klein“ sei. Rechte von B?

213. Erklären Sie den Unterschied zwischen Verpflichtungs- und Verfügungsgeschäften und bringen Sie je zwei Beispiele!

214. Ist in folgenden Fällen ein Vertrag zustande gekommen?

a) Ein Bauunternehmen schreibt dem Gemeinderat eines nö. Ortes: „Wir erklären uns bereit, Ihnen für Ihre geplante Sporthalle Pläne zu erstellen. Bei Vergabe des Projektes an uns ist die Planung (€ 5000) kostenlos.“ Der Gemeinderat antwortet: „Wir sind mit der Planerstellung durch Ihr Unternehmen einverstanden. Den Betrag von € 5000 bezahlen wir bei Auftragsvergabe an Sie.“ Das Bauunternehmen erstellt daraufhin die Sporthallenpläne, der Auftrag zum Hallenbau wird jedoch einem anderen Unternehmen erteilt. Kann das Bauunternehmen € 5000 auf Grund eines Vertrages verlangen?

b) S kauft von einer Schieberbande ein teures Fahrzeug, von dem er weiß, dass es gestohlen ist. Am Wagen wurden die Motor- und die Fahrgestellnummer verändert, sodass sie mit dem gefälschten Typenschein übereinstimmen. Herr M kauft von S dieses Fahrzeug, erfährt aber erste einige Zeit später bei der jährlichen Fahrzeugüberprüfung von den Fälschungen.

c) W steht unter Drogeneinfluss, was für U nicht erkennbar ist. U bietet ihm sein gebrauchtes Motorrad zum Kauf an. W nickt zwar, kann sich jedoch am nächsten Tag nicht mehr an das Geschäft erinnern.

d) Der 17-jährige Schüler A gibt vor, bereits 20 Jahre alt zu sein, und kauft einen Videorecorder.

215. Was sind „Geschäftsgebräuche“? Welche rechtliche Bedeutung haben sie?

216. A führt seine neue Freundin F in ein vornehmes Lokal zum Abendessen aus. Auf der Weinkarte finden sich Angebote bis etwa € 40. F lässt sich vom Kellner bei der Weinauswahl beraten. Dieser meint, zu den gewählten Speisen passe nur etwas Besonderes; dieser Wein stehe allerdings nicht auf der Karte. A lässt zwei Flaschen dieses Weins bringen und ist ganz entsetzt, als dafür € 500 in Rechnung gestellt werden. Der Lokalinhaber L besteht auf Bezahlung dieser Summe. Rechte des L?

217. Liegt eine Offerte vor, wenn

a) ein Buchversand seinen neuen Katalog aussendet;

b) in einem Zeitungsinserat eine gebrauchte Waschmaschine zum Verkauf angeboten wird;

c) die Studentin S dem Inserenten erklärt, dass sie Interesse an der Waschmaschine hat;

d) im Schaufenster Jeans ausgestellt sind;

e) Jürgen diese Jeans anprobiert?

218. G bestellt im Wirtshaus des W ein kleines Gulasch mit Gebäck. Als G die Semmel verzehrt hat, stellt ihm W wortlos ein Körbchen mit weiteren Semmeln hin. G isst eine zweite, will sie aber später nicht extra bezahlen. Zu Recht?

219. A bietet B seinen Gebrauchtwagen um € 2000 zum Kauf an. B ist nach Besichtigung und Probefahrt mit dem Preis einverstanden, besteht jedoch auf der gesetzlichen Gewährleistung, die A mit der Behauptung ausschließen will, ein solcher Ausschluss sei ganz üblich. Man trennt sich zunächst. 2 Tage später ruft A, der das Geld dringend braucht, bei B an und erklärt sich mit dessen Bedingungen einverstanden. B hat jedoch bereits einen anderen Wagen im Auge, was er A auch mitteilt. Ist zwischen A und B ein Kaufvertrag zustande gekommen?

220. A bietet seine Eigentumswohnung im „Kurier“ mit detaillierten Angaben zum Kauf an. Der Leser B ist von der Ausstattung und dem ihm sehr günstig erscheinenden Preis derart angetan, dass er spontan bei A anruft und erklärt, die Wohnung zu nehmen. A hat bisher noch keine sonstigen Anrufe erhalten. Ist der Kauf perfekt?

221. A offeriert dem B schriftlich Waren zum Preis von € 50.000. B schreibt zurück, er nehme das Angebot an, könne aber nur € 42.000 zahlen. A sendet B daraufhin die angebotenen Waren zu. Kann A von B Zahlung verlangen? Wenn ja, in welcher Höhe?

222. Erläutern Sie, eventuell anhand von Beispielen, die Unterschiede in Voraussetzungen und Rechtsfolgen zwischen Dissens und Irrtum!

223. A interessiert sich für einen gebrauchten VW Golf, den B mittels Zeitungsinserats um € 1500 zum Verkauf angeboten hat. Nach kurzer Probefahrt erklärt A, das Auto zu nehmen. B holt nun ein vorbereitetes Vertragsformular hervor, in dem unter anderem Gewährleistungsansprüche abbedungen werden. A besteht jedoch auf der gesetzlichen Gewährleistung. B entgegnet ihm, daran solle das Geschäft nicht scheitern, man werde sich schon einigen. Da A den Wagen dringend benötigt, übergibt er B den Kaufpreis und fährt davon. Kurz darauf zeigen sich einige gravierende Mängel, zu deren Behebung etwa € 1000 aufgewendet werden müssten. Wie ist die Rechtslage?

224. A hat sich 3 Tage lang die Annahme eines schriftlichen Angebotes des B überlegt. Am dritten Tag wirft er die Annahmeerklärung in einen Briefkasten. Erfolgte die Annahme rechtzeitig?

225. A erhält von seinem Geschäftsfreund B ein schriftliches Angebot zum Kauf eines gebrauchten Lieferwagens um € 5000. Da A den Wagen kennt und den Preis günstig findet, möchte er das Angebot annehmen.

a) A antwortet noch am selben Tag. Sein Brief bleibt jedoch 7 Tage im Briefkasten des B liegen. B will das Auto in der Folge nur um € 5500 hergeben.

b) Wie a); der Brief wird von der Post jedoch erst nach 7 Tagen zugestellt. B hat den Wagen einen Tag vor Erhalt von A's Brief dem Gebrauchtwagenhändler G um € 4000 verkauft und übergeben.

c) Die Sekretärin legt A's Brief um 10.00 Uhr auf den Schreibtisch von B. Als B um 11.00 Uhr das Büro betritt, wird ihm sofort ein Anruf des A durchgestellt, der erklärt, den Wagen doch nicht nehmen zu wollen.

d) B liest erst den Brief, dann ruft er A an.

Welche Rechte hat A gegen B, welche B gegen A?

226. A bietet B telefonisch ein Fernsehgerät an. Es kommt allerdings zu keiner Einigung über den Preis. Zwei Tage später erhält A von B einen Brief, in dem dieser erklärt, mit dem seinerzeit von A vorgeschlagenen Preis einverstanden zu sein. B ersucht zugleich um baldige Lieferung und legt als Anzahlung € 100 bei. A hat das Gerät inzwischen aber schon an C verkauft. Welche Rechte hat B?

227. V bietet K seine Briefmarkensammlung (Wert € 100.000) um € 80.000 schriftlich zum Verkauf an. K schreibt sofort zurück, dass er die Sammlung – die er schon des Öfteren besichtigt hat – kaufe. Der Antwortbrief, der das Datum 15. 10. trägt und auch am selben Tag abgestempelt wurde, wird vom Briefträger am 17. 10. irrtümlich in das Brieffach der Nachbarin des V eingelegt. Diese bringt ihn erst am 25. 10., anlässlich der allmonatlichen Kaffeejause, E, der Ehefrau des V. E legt ihn gemeinsam mit anderer Post auf den Schreibtisch ihres Gatten, ohne V bei seinem Eintreffen davon zu berichten. Am Abend wirft V den Brief des K versehentlich gemeinsam mit umfangreichem Werbematerial in den Papierkorb. Einige Zeit später erhält V vom Markenhändler M ein Angebot über € 88.000. Darüber erfreut, dass K sich nicht gemeldet hat, wickelt V das Geschäft mit M sofort ab. Am nächsten Tag erkundigt sich K telefonisch bei V, wann er die Briefmarkensammlung abholen könne. Rechte von K gegen V?

228. A bietet B schriftlich an, ihm das Gemälde, für das sich B schon längere Zeit interessiert, um € 20.000 zu verkaufen. B schreibt sofort zurück, dass er damit einverstanden sei. Der Antwortbrief geht allerdings auf dem Postweg verloren. Zwei Wochen später will B das Bild gegen Barzahlung abholen. Als A erklärt, auf sein Angebot keinerlei Reaktion erhalten zu haben, sagt B, dass er das Offert eben jetzt annehme. Wie ist die Rechtslage?

229. Kommt ein Vertrag zustande, wenn

a) A in der Pension P brieflich ein Zimmer bestellt und P A bloß in ihrem Reservierungsbuch vormerkt,

b) A bei Buchhändler B für einen Freund ein Buch bestellt und B es dem Freund schickt,

c) A auf einer Segelparty Raketen in den Himmel schießt und der Seenotdienst deshalb glaubt, A's Segelboot bergen zu müssen,

d) Kaufmann K, der mit der Spedition S in ständiger Geschäftsbeziehung steht, S mit der Spedition von Metallwaren beauftragt, S aber nicht antwortet,

e) Vertreter V die Hausfrau Hanni bei einem Hausbesuch zum Kauf einer neuen Heizungsanlage (€ 6000) überredet und Hanni, völlig überrumpelt, zustimmt?

230. Die Buchgemeinschaft „Lesegern“ sendet A, einem Nichtmitglied, im Dezember einen Bildkalender des nächsten Jahres zu und legt einen Zahlschein über € 10 bei. Dem Beibrief ist zu entnehmen, dass „Lesegern“ vom Abschluss eines Kaufvertrags ausgeht, wenn der Kalender nicht bis Mitte Jänner an sie zurückgesandt wird. A findet Gefallen an der Zusendung und hängt ihn neben seinem Schreibtisch an die Wand. Als er im März eine Mahnung von „Lesegern“ erhält,

a) wirft er den Kalender verärgert weg,

b) schenkt er ihn seiner Schwester, um ihn loszuwerden.

Rechte von „Lesegern“?

231. Rechtsanwalt R bezieht von einem juristischen Verlag (V) seit längerem die jeweilige Neuauflage eines ABGB-Kurzkommentars. Eines Tages erhält er von V ein Zeitschriften-Sonderheft (Preis € 15) für 8 Tage zur Ansicht zugesandt, in dem sich ein Aufsatz über die jüngste größere ABGB-Reform aus der Feder eines Ministerialbeamten befindet. V geht davon aus, dass alle Kommentarbezieher an diesem Beitrag interessiert sind. R hat sich aber bereits zur Ruhe gesetzt, weshalb er auf die Zusendung nicht mehr reagiert. Welche Rechte hat V?

Variante: R ist an dem Aufsatz sehr interessiert. Er liest ihn auch von vorne bis hinten und nimmt das Sonderheft in seine Bibliothek auf, vergisst aber auf die Überweisung des Kaufpreises.

232. Können Verträge durch Schweigen zustande kommen? Was ist prinzipiell notwendig, um einen wirksamen Vertrag zustande zu bringen?

233. Ein Angestellter des A-Verlages besucht auch die Pensionistin B. Er lässt B unter verschiedenen Gratisproben ein Heft auswählen und unterschreiben. Schon im Gehen erklärt er, wenn sie die Zeitschrift nicht regelmäßig bekommen wolle, müsse sie das dem Verlag binnen 14 Tagen mitteilen. Zwei Tage später erkrankt B schwer. Nach einem Monat erhält B neben einem weiteren Heft eine Zahlungsaufforderung für ein Jahresabonnement. Muss B zahlen, wenn

a) der Zeitschriftenwerber erklärt hat, sie bestätige mit ihrer Unterschrift nur die Empfangnahme des Werbeexemplars, tatsächlich aber einen Bestellschein vorlegte,

b) B wusste, dass sie ein Abonnement unterschrieb?

234. A befindet sich kurzfristig in finanziellen Schwierigkeiten. Um zu Geld zu kommen, verkauft und übergibt er dem B, der die Probleme des A kennt, seine goldene Uhr, ein Familienerbstück (Wert € 1700), gegen Bezahlung eines Kaufpreises von € 1400. Als A's Finanzen wieder besser stehen, schreibt er B, er wolle die Uhr zum ursprünglichen Kaufpreis zurückkaufen. Sollte er eine Woche lang nichts von B hören, werde er sich die Uhr abholen kommen. Dem Brief legt A als Anzahlung zwei Hundert-Euroscheine bei, die B mit dem Kuvert in seine Schreibtischlade gibt. B verweigert nach Ablauf der Frist sowohl die Herausgabe der Uhr

als auch die Entgegennahme der € 1200. Auch um insgesamt € 1700 will er die Uhr dem A nicht überlassen. Rechte von A gegen B?

235. ❍ Der Produzent P arbeitet regelmäßig mit dem Frachtführer F zusammen. Eines Tages beauftragt P F wieder einmal mit einem Transport. F antwortet nicht, erscheint aber auch nicht, um die Waren abzuholen. P erleidet dadurch einen Schaden von € 100.000, weil sein Abnehmer die Ware zu spät erhält und ihn dafür in Anspruch nimmt. Rechte von P gegen F?

236. Der Kaufmann K erhält von O eine schriftliche Offerte. Da er an einem Vertragsabschluss nicht interessiert ist, antwortet K nicht. O hat jedoch mit der Annahme seines Angebotes gerechnet. Ihm entstehen nun Vermögensnachteile. Hat O Ansprüche gegen K?

237. Die Fotokette F führt eine in allen Medien beworbene Aktion durch. „Ausarbeitung von Farbfotos um nur € 0,21 je Bild!" A bringt daraufhin seine Filme in eine Filiale von F. Die dortige Verkäuferin fragt A nur, ob er matte oder glänzende Ausarbeitung wünsche. A entscheidet sich für matt. Als er die Bilder abholen will, werden ihm € 0,57 pro Bild in Rechnung gestellt. Sein Hinweis auf den Aktionspreis wird mit dem Argument beiseite geschoben, Aktionsausarbeitung hätte er eigens verlangen müssen. Rechte von A und F?

238. Was sind allgemeine Geschäftsbedingungen? Wodurch erhalten sie Gültigkeit?

239. ● Das Reinigungsunternehmen R beruft sich in einem Streit mit dem Kunden K über den Ersatz angeblich verursachter Schäden auf Punkt 15 seiner Allgemeinen Geschäftsbedingungen. K erwidert, diese Bestimmung „gelte nicht".

Wie muss man vorgehen, um die Wirksamkeit des Punktes 15 der AGB in Bezug auf den Vertrag zwischen R und K zu klären?

240. Wann sind die Bestimmungen des Konsumentenschutzgesetzes anwendbar? Sind sie zwingend, relativ zwingend oder nachgiebig (dispositiv)?

241. Der Kleinhändler K kauft vom Großhändler G Waren im Wert von € 10.000. Schon kurz nach Ablieferung stellt sich heraus, dass ein Großteil der Lieferung schadhaft ist. In den Allgemeinen Verkaufsbedingungen des G findet sich der Passus, dass er für Mängel keine Gewähr leistet. Welche Rechte hat K, wenn die Bedingungen des G

a) auf der Rückseite des Lieferscheins abgedruckt sind,

b) dem K vor Vertragsabschluss überreicht wurden?

242. ❍ A bringt einige Hemden in die Putzerei des P. Nach einer Woche erhält er sie beschädigt zurück. Auf der Rückseite des Abholscheins steht, dass für Beschädigungen maximal bis zur Höhe des dreifachen Putzlohnes gehaftet wird. P meint nun, abzüglich ihres Entgelts in Höhe von € 15 bekomme € 30 Ersatz. A besteht jedoch auf Ersatz des Gesamtwertes (€ 160) und verweigert selbst jede Zahlung. Wer ist im Recht?

243. In den Allgemeinen Geschäftsbedingungen eines Verkäufers findet sich die Klausel, dass der Käufer bei Zahlungsverzug 12% Verzugszinsen zu leisten hat. Ist diese Klausel gegenüber Verbrauchern wirksam?

244. In Allgemeinen Geschäftsbedingungen finden sich folgende Klauseln:

❍ a) Unsere Gewährleistungspflichten sind auf Reparaturen von Fehlern beschränkt.

b) Für nicht von uns hergestellte fehlerhafte Teile bestehen nur Ansprüche gegen die Lieferfirma.

c) Schadenersatzansprüche wegen Fahrlässigkeit sind ausgeschlossen.

d) Vereinbarte Preise können bei allgemeinen Preissteigerungen bis zu 20% erhöht werden.

e) Retournieren Sie die von uns zur Ansicht gesandte Ware nicht binnen 14 Tagen, gehen wir davon aus, dass Sie sie käuflich erwerben wollen.

f) Das von Ihnen zur Reparatur gebrachte Schmuckstück fällt einen Monat nach dem Abholtermin in unser Eigentum.

g) Wir behalten uns das Recht vor, den mit Ihnen vereinbarten Spareinlagen-Zinssatz der Sekundärmarktrendite entsprechend anzupassen.

Sind diese Bedingungen gegenüber einem Verbraucher und gegenüber einem Unternehmer wirksam? Macht es einen Unterschied, wenn die Klauseln mit dem Kunden eigens besprochen wurden?

244a. a) Worüber und wann muss der Verbraucher bei Vertragsabschlüssen im Fernabsatz informiert werden?
❍

b) Was sind die Rechtsfolgen, wenn der Verbraucher nicht gesetzesgemäß informiert wird?

c) Welche Bedeutung hat es, dass die Vorschriften über den Fernabsatz im ersten Hauptstück des KSchG zu finden sind?

244b. Anton möchte seiner Freundin Berta zu Weihnachten ein Schmuckstück schenken. Er findet jedoch einfach keine Zeit, selbst zu einem Juwelier zu gehen und etwas Schönes auszusuchen. Da die Zeit drängt, setzt er sich eines Abends an seinen Computer und landet nach einigem Suchen im World Wide Web auf der Homepage eines bekannten Wiener Juweliers. Auf ihr findet er unter dem Stichwort „Geschenksideen“ das Gewünschte: Eine hübsche Halskette aus Silber mit einem kleinen Anhänger, Preis € 180. Anton klickt auf das dazugehörige Bild, worauf ein Bestellformular erscheint. Er füllt es einschließlich seiner Kreditkartennummer aus. Sodann drückt er auf das Feld „Bestellung aufgeben“. Einige Sekunden später bekommt er vom Wiener Juwelier eine E-Mail des Inhalts, dass seine Bestellung empfangen wurde. Außerdem findet sich in der E-Mail eine umfassende Information über das Juweliersunternehmen wie auch eine Rechtsbelehrung. Zu Weihnachten kann sich Berta über das Geschenk leider gar nicht freuen, sie leidet an einer Silberallergie.
❍

Kann Anton den Kauf rückgängig machen?

3. Kapitel: Gültigkeitsvoraussetzungen, Vertragsmängel und Bindungsintensitäten

(LB Rz 440–488)

245. Kann in folgenden Fällen der Vertrag beseitigt werden?

a) B erklärt seinem Freund A, dass das neue Privatrechtslehrbuch bloß € 14 kostet. A bestellt es daraufhin, muss bei der Lieferung aber zu seinem Entsetzen feststellen, dass es € 29 kostet.

b) wie a), jedoch war der Preis auf der Bestellkarte falsch angegeben.

c) A kauft von B ein Grundstück mit Haus in Hanglage. B verschweigt aber A, dass der Hang Bodenrutschungen hat, die die Stabilität des Hauses gefährden. A stellt bald nach Einzug fest, dass die bei der Besichtigung vorhandenen Sprünge in den Hausmauern größer werden.

d) wie c), jedoch mietet A das Haus bloß.

e) wie c), A und B haben aber keine grundverkehrsbehördliche Genehmigung des Kaufvertrages eingeholt. Die Behörde verweigert später die Bewilligung.

246. A stiehlt seinem Nachbarn dessen Fernsehapparat (Wert € 700) und verkauft ihn gleich darauf um € 300 an C. Wenig später reut A der Handel (nicht der Diebstahl!), da ihm von D € 400 geboten werden. Wie ist die Rechtslage?

247. Sind folgende Verträge gesetz- oder sittenwidrig?

a) Der Kaufmann K möchte sich an seinem 65. Geburtstag in den Ruhestand begeben und sein Unternehmen auf seinen Sohn übertragen. Dazu lässt er sich von diesem versprechen, dass der Sohn das Unternehmen fortführen müsse und nicht den Beruf wechseln dürfe.

b) Der Dieb D verkauft seinem Freund F jüngst gestohlenen Schmuck. F weiß, dass der Schmuck Diebsbeute ist.

c) wie b, jedoch weiß F nichts vom Diebstahl.

d) Eine Prostituierte bietet einem Freier ihre Dienste um € 150 an; dieser willigt ein.

e) Eine verzweifelte Mutter fleht den Star-Strafverteidiger S an, doch ihren Sohn in einem Mordprozess zu verteidigen. Dieser lässt sich dafür über den üblichen Tarif hinaus die Bezahlung von € 3500 bar und im Vorhinein versprechen.

f) Der drogensüchtige Karli benötigt dringend neuen „Stoff". Er borgt sich von einem Freund daher € 100 aus und verspricht ihm in seiner Not, tags darauf € 150 zurückzuzahlen.

248. Die Bank B ist nur dann zur Darlehensgewährung an D bereit, wenn sich dessen Freund F für die Rückzahlungsverpflichtung verbürgt. F sucht daher eine Filiale der B-Bank auf und erklärt sich zur Übernahme der Haftung als Bürge und Zahler bereit. B zahlt daraufhin das Darlehen aus. Erst in der Folge stellt sich heraus, dass F das Bürgschaftsformular zwar ausgefüllt, aber nicht unterschrieben hat.

a) Kann B von F Zahlung begehren?

b) Was gilt, wenn F bezahlt und erst dann realisiert, dass er nicht unterschrieben hat?

248 a. ❍ Was ist eine elektronische Signatur? Wann kann sie eine eigenhändige Unterschrift nicht ersetzen?

249. Kann in folgenden Fällen wegen Irrtums angefochten werden?

a) A möchte seine SAT-Anlage für € 720 verkaufen, verspricht sich aber und nennt € 220 als Preis. B willigt ein.

b) wie a), bloß dass A statt der gewollten € 550 als Verkaufspreis € 490 angibt.

c) A, Eigentümer einer Stereo- und einer SAT-Anlage, erklärt B, seine „Anlage" verkaufen zu wollen. Er meint damit die SAT-Anlage. B ist einverstanden, denkt aber an die Stereoanlage.

d) Hausfrau H deutet auf die neue Brotsorte des Bäckers B und bittet ihn um einen Laib. Dabei ist sie überzeugt, dass das Brot höchstens € 2 kosten wird. B verlangt € 3.

e) Der eben erstandene Gebrauchtwagen fährt nicht die im Prospekt angegebenen 200 km/h, auf die Käufer K bestanden/nicht bestanden hat.

250. O möchte seinem Neffen N zum Geburtstag eine Lokomotive für dessen Modelleisenbahn schenken. Er lässt sich von I, dem Inhaber eines Spielwarengeschäftes, persönlich beraten und wählt schließlich eine grüne Elektrolok aus (Preis € 32).

a) N ist enttäuscht und hätte viel lieber eine schwarze Dampflok, was er dem leicht zerstreuten O auch schon öfters gesagt hat.

b) Entgegen der Zusicherung des I passt die Lok nicht für die Spurbreite von N's Eisenbahn.

c) O hat sich versprochen und statt der ihm bekannten richtigen Spurbreite „H 0" „N 0" gesagt.

d) O glaubte fälschlich, dass die Spurbreite der Bahn seines Neffen „N 0" sei.

Ist jeweils ein Kaufvertrag zustande gekommen? Wenn ja, worüber? Kann O den mit I geschlossenen Kaufvertrag einseitig rückgängig machen?

251. ❍ Infolge eines Schreibfehlers bietet A, der von B ein Gemälde um € 50.000 kaufen wollte, € 55.000. B sendet daraufhin das Bild sofort zu, worauf A € 50.000 auf das Konto des B überweist. Erst als B einige Zeit später die ausständigen € 5000 fordert, erkennt A seinen Irrtum. Steht B der restliche Kaufpreis zu, wenn

a) B inzwischen einen weiteren Interessenten abgewiesen hat,

b) A vor dem Kauf mehrmals kategorisch erklärt hat, entweder um € 50.000 oder gar nicht zu kaufen,

c) B um € 50.000 nicht verkauft hätte und über den eingegangenen Betrag schon langfristig disponiert hat?

252. A kauft beim Juwelier B zwei Ringe um je € 110, da er vorhat, sich demnächst zu verloben. Die Übergabe der Ringe und die Kaufpreiszahlung sollen vereinba-

rungsgemäß nach Durchführung der erforderlichen Gravuren in zwei Wochen erfolgen. In der Zwischenzeit erklärt A's Freundin, einen anderen gefunden zu haben, weshalb die Verlobung nicht zustande kommt. A erklärt dem Juwelier, dass er sich beim Vertragsabschluss geirrt habe, und verweigert sowohl die Übernahme der Ringe als auch die Zahlung des vereinbarten Preises. Rechte des B?

253. A will dem B eine Sache zum Preis von € 840 offerieren. Er verschreibt sich aber und bietet sie um € 480 an. B akzeptiert. Kurz darauf erkennt A seinen Irrtum und informiert B davon. Dieser besteht aber auf Leistung gegen Zahlung von € 480. Muss A zu diesem Preis liefern?

254. ❍ Der Großhändler A bietet dem Detaillisten B, mit dem er bisher noch nicht in Geschäftsverbindung stand, mit Schreiben von 15. 4. bestimmte Stoffe um € 10.000 an. B antwortet, er würde die Stoffe gerne kaufen, könne dafür aber nur € 8000 aufbringen. Durch einen Fehler von B's Sekretärin gelangt in das an A adressierte Kuvert aber nicht dieser Brief, sondern ein für einen anderen Geschäftspartner des B bestimmtes Schreiben, das ohne Anrede lautet: „Ich nehme hiermit Ihr Angebot vom 10. 4. an, das mir sehr günstig erscheint. Hochachtungsvoll B". Nach Erhalt des Briefes liefert A die Stoffe aus und begehrt die Bezahlung von € 10.000, die B jedoch unter Hinweis auf die Briefverwechslung verweigert. A hat nach Erhalt des Briefes zwei weitere am Erwerb der Stoffe interessierte Geschäftsleute abgewiesen, die sich inzwischen woanders mit der betreffenden Ware eingedeckt haben.

Variante: A erhält den für ihn bestimmten Brief, liefert die Stoffe aber dennoch an B aus.

255. ❍ A, der schon in der Schule für seine Gutgläubigkeit bekannt war, trifft nach längerer Zeit wieder einmal seinen ehemaligen Klassenkollegen B. Als die beiden über die bevorstehende Heirat eines weiteren ehemaligen Mitschülers sprechen, dessen bester Freund B ist, sagt B, dass dieser größten Wert darauf lege, alle Klassenkameraden bei seiner Hochzeit zu sehen. Er erwarte auch von jedem ein kleines Geschenk. Ursprünglich wollte A die Hochzeitsfeier gar nicht besuchen. Auf Grund des Gesprächs mit B ändert er aber seinen Entschluss. Als Geschenk besorgt er beim Antiquitätenhändler C unter Hinweis darauf, dass er ein Hochzeitsgeschenk für einen Freund brauche, eine kleine Vase. Solche Vasen werden üblicherweise um etwa € 40 verkauft. C verlangt aber € 60, die A bei Übergabe der Vase sofort bezahlt. Als A dem B wenig später wieder begegnet, erklärt ihm dieser, dass er ihn beim letzten Gespräch nur auf den Arm genommen habe. Tatsächlich sei die Verlobung schon vor längerer Zeit in die Brüche gegangen. A möchte nun statt der Vase seine € 60 zurückhaben. Welche Rechte hat er?

256. ● Der Kunstsammler A interessiert sich für ein von B angebotenes Gemälde. B, der weiß, dass dieses Gemälde eine Fälschung mit einem Wert von höchstens € 1000 ist, bringt A durch seine Beteuerung, das Bild sei echt und unter Kennern mindestens € 300.000 wert, dazu, es gegen ein Original des A (Wert € 250.000) einzutauschen. Die Parteien schließen zugleich eine Anfechtung des Vertrages wegen Irrtums und Verkürzung über die Hälfte aus. Kurz nach Übergabe der Bilder erkennt A seinen Irrtum. Wie ist die Rechtslage?

Variante: A ist Kunsthändler, nicht bloß Sammler; B weiß von der Fälschung allerdings nichts.

257. Der Gewohnheitsverbrecher G, der gerade einen Überfall auf ein Juweliergeschäft plant, bringt seinen Nachbarn N, der einen Waffenschein besitzt, durch Andeutungen, dass ansonsten dessen Kindern etwas zustoßen könnte, dazu, beim Waffenhändler W einen Revolver samt Munition zum Preis von € 200 zu besorgen. W bemerkt zwar, dass N, der regelmäßig Patronen für Schießübungen seines Klubs kauft, auffallend unruhig ist. Auch hat W gesehen, dass N mit einer ihm unbekannten Person längere Zeit vor dem Geschäftslokal debattierte, bevor er widerstrebend eintrat. W unterlässt es jedoch, N nach dem Grund seiner Nervosität zu fragen. Der Überfall geht schief, G kann aber die Tatwaffe vor seiner Festnahme noch in die Donau werfen. Rechte von N gegen W und G?

258. A kauft von B ein Gemälde, das laut einer Expertise des Sachverständigen S rund € 50.000 wert ist, um € 45.000. Ein späteres Gutachten ergibt jedoch, dass das Bild vom berühmten Maler X stammt und € 200.000 wert ist. B verkauft es daher um € 200.000 an C. Welche Rechte hat A? Was gilt, wenn B Galerist ist?

259. Die 20-jährige Friseuse F wird in der U-Bahn von einem netten jungen Mann angesprochen. Nach einem kurzen und intensiven Gespräch unterfertigt sie einen Bestellschein, durch den sie beim Zeitschriftenvertrieb Z das Blatt „Jede Woche“ für 24 Monate abonniert. Erst auf dem Nachhauseweg realisiert sie, was eigentlich geschehen ist. Hat F irgendwelche Möglichkeiten, von ihrer Bestellung loszukommen?

260. A, ein Vertreter des Zeitschriftenvertriebes Z, sucht auf seiner Tour auch B in dessen Wohnung auf. Nach einem kurzen Gespräch unterfertigt B ein Bestellformular, womit er 2 Wochenzeitschriften für 2 Jahre abonniert. Schon einige Tage später, als er die erste Zusendung erhalten hat, reut B das Geschäft. Kann sich B vom Vertrag lösen, wenn er

a) Pensionist ist,

b) Rechtsanwalt ist,

c) Arzt ist und die Zeitschriften zwecks Auflage in seinem Warteraum angeschafft hat,

d) Beamter ist, der A auf Grund eines Zeitungsinserates in seine Wohnung gebeten hat?

261. ❍ A sucht für seinen Sohn S, der gerade frisch an der Universität Graz immatrikuliert ist, eine Wohnung. Er ist der Meinung, dass S lange genug bei den Eltern gewohnt habe. Die elterliche Wohnung liegt ebenfalls in Graz; dort hat S ein eigenes – wenn auch kleineres – Zimmer. Da das Semester schon begonnen hat, mietet A sofort nach der Besichtigung eine Wohnung um € 390 im Monat, weil ihm der Makler sagt: „Günstiger bekommen Sie ohnehin keine und außerdem warten schon drei andere!“ Drei Tage später wird ihm eine Wohnung um € 340 angeboten. A möchte nun vom Vertrag loskommen. Welche rechtlichen Möglichkeiten hat er?

262. Liegt in folgenden Fällen ein Schein- oder ein Umgehungsgeschäft vor?

a) E lässt einen Notariatsakt errichten, in dem er seiner Frau F ein Haus schenkt. Vor dem Notar wird nicht erwähnt, dass sie ihm dafür eine größere Anzahl von Aktien geben soll.

b) Da sich E weigert, für ein Darlehen F's eine Schuldbeitrittserklärung abzugeben, und nur subsidiär zu haften bereit ist, überredet ihn die Bank zu einer Bürgschaft.

263. A kauft von B dessen altes Bauernhaus. Die geforderten € 90.000 zahlt er sofort in bar. Zur Eintragung des Erwerbers als neuen Eigentümer im Grundbuch kommt es jedoch nicht: Die Grundverkehrsbehörde verweigert die erforderliche Genehmigung des Kaufvertrages, da A nicht nachweisen kann, die Liegenschaft weiter landwirtschaftlich zu nutzen. Rechte des A?

264. A bucht eine Reise, erkrankt aber 10 Tage vor Reiseantritt schwer. Er teilt dem Reiseveranstalter R seine Verhinderung unverzüglich mit. In den AGB des Reiseveranstalters steht: „Bis drei Wochen vor Abreise 50%, innerhalb der vorletzten Woche vor Abreise 80% Stornogebühr. Späteres Storno ausgeschlossen."

a) Was muss A zahlen?

b) Was könnte er tun, um eine Stornogebühr zu vermeiden?

c) Was wäre, wenn R für A einen Ersatz findet, der 90% des Reisepreises zahlt?

265. In den Reisebedingungen des Reisebüros A finden sich unter der Überschrift „Stornobedingungen" gestaffelte Stornosätze: Bei Stornierung der Reise bis 3 Monate vor Antritt sind als Stornogebühr 10%, später 50% zu entrichten. B hat eine Reise nach Kiew gebucht. 3 Wochen vor Urlaubsbeginn ereignet sich in der Nähe von Kiew eine Reaktorkatastrophe. B erklärt daraufhin sofort den Rücktritt vom Reisevertrag. A erklärt sich „aus Kulanz" bereit, nur 30% Stornogebühr zu verrechnen. B will überhaupt nichts zahlen. Wer ist im Recht?

266. Was ist eine „Vertragsstrafe"? Kann sie in unbegrenzter Höhe vereinbart werden?
❍ Was gilt, wenn der Schaden deutlich höher ausfällt als die vereinbarte „Strafe"?

267. In einem Vertrag wird vereinbart, dass der von einem Unternehmer erwerbende Käufer auch bei unverschuldetem Zahlungsverzug 18% Verzugszinsen zu leisten hat. Ist diese Bestimmung wirksam? Spielt es eine Rolle, ob der Käufer Konsument oder Unternehmer ist?

268. A kauft beim Versandhaus V einen Videorecorder auf 24 Raten. Mit der Rückzahlung der siebenten Rate gerät er in Verzug. Eine Woche später begehrt V alle noch offenen Raten auf einmal. Zu Recht?

269. Was bedeutet „Terminsverlust"? Ist es von Bedeutung, ob ein Konsument einem Unternehmer oder ebenfalls einem Privaten gegenübersteht?

270. Die Bank B gewährt A ein Darlehen in Höhe von € 10.000 zu 9% Jahreszinsen. Monatlich sind € 300 zurückzuzahlen. Zusätzlich wurde vereinbart, dass alle Raten auf einmal fällig werden, wenn A mit zwei Zahlungen in Verzug ist. Als die

Jänner- und die Februarrate ausständig sind, verlangt B von A Anfang März die Zahlung des gesamten Darlehensrestes. Zu Recht?

a) A ist Konsument.

b) A ist Unternehmer.

271. In Allgemeinen Geschäftsbedingungen findet sich folgende Klausel: „Bei Ratenkäufen haben wir das Recht, sofort alle noch aushaftenden Raten fällig zu stellen, wenn der Käufer mit zwei oder mehr Monatsraten in Verzug ist. Bei schuldhaftem Verzug ist überdies eine zusätzliche Rate zu entrichten." Ist diese Klausel im Verhältnis zu Verbrauchern wirksam?

272. Der Kaufmann B kauft beim Autohaus A einen PKW. Neben der Ratenzahlung wird vereinbart, dass A den gesamten noch offenen Kaufpreis fällig stellen kann, wenn B mit 2 Monatsraten in Verzug ist. B leistet tatsächlich sowohl die August- als auch die Septemberrate nicht. Ohne Vorwarnung begehrt A Anfang Oktober Zahlung des restlichen Kaufpreises. Muss B zahlen, wenn er den Wagen

a) als Zweitwagen für seine Frau,

b) als Firmenauto,

c) zum Gesamtpreis von € 27.000

gekauft hat?

4. bis 6. Kapitel: Allgemeines zum Vertragsinhalt; Personenmehrheiten; Leistungsstörungen

(LB Rz 489–551 a)

273. A bietet seinem Freund F sein gebrauchtes Fahrrad telefonisch um € 40 an. F sagt sofort begeistert zu. Wie, wann und wo haben A und F ihre Vertragspflichten zu erfüllen? Worin bestehen diese?

274. Was versteht man unter einer Mahnung? Wann ist sie rechtlich bedeutsam?

275. Unterscheiden Sie Teilschuld, Solidarschuld und Gesamthandschuld. In welchem Fall hat der Gläubiger die günstigste Position?

276. Die Mutter M will ihren Sohn S bei der Einrichtung seiner ersten eigenen Wohnung unterstützen. Sie vereinbart mit dem Maler M, dieser solle alle Räume neu ausmalen. Wer kann von M die Durchführung der Malerarbeiten verlangen? Wer muss den Werklohn bezahlen?

277. ● A kauft von B eine Maschine (Wert € 1000), für die er seinerseits einen Interessenten C hat, günstig um € 800. Die Lieferung der Maschine wird für den 15. 10. vereinbart. Einige Tage nach Vertragsabschluss erklärt C dem A, die Maschine um € 1200 kaufen zu wollen, jedoch nur bei gleichzeitiger Übergabe abzuschließen, die am 20. 10. erfolgen solle. B, der inzwischen einen besseren Käufer gefunden hat, verkauft und übergibt die Maschine dem D am 13. 10. um € 1100. Das Geschäft zwischen A und C kommt daher nicht zustande. Rechte des A?

Variante: B übergibt die Maschine dem A erst nach mehrfacher Mahnung am 25. 10.

278. A hat bei B einen Fernsehapparat gekauft und die Lieferung in die Wohnung vereinbart. Als C, der Chauffeur des Verkäufers, das Gerät wie vereinbart abliefern will, behauptet A, das sei das falsche Modell. Auf der Rückfahrt zum Geschäft muss C einem unvorsichtigen Fußgänger ausweichen und fährt dabei in einen Straßengraben. Das Fernsehgerät wird irreparabel beschädigt. Es stellt sich heraus, dass es durchaus das richtige Modell gewesen wäre. A will jedoch den Kaufpreis nicht zahlen, weil B nicht nochmals liefert. Rechte von A und B?

279. Der Sportverein Fortuna kauft vom Sportartikelhändler Jaguar 30 Trainingsanzüge des Auslaufmodells „Jogger 92" zum Preis von je € 60. Die Parteien vereinbaren, dass die Ware am 15. 12. in die am Ort des Vereins gelegene Jaguar-Filiale geliefert wird, wo sie am nächsten Tag abgeholt werden kann. Tatsächlich gelangen die Trainingsanzüge schon am 10. 12. in der Filiale ein, wo bei einem Brand in der Nacht vom 13. auf den 14. 12. 20 Anzüge völlig zerstört werden. Als der Sektionsleiter der Fortuna am 16. 12. in der Filiale erscheint, will ihm der Geschäftsführer die 10 übrig gebliebenen Trainingsanzüge nur gegen sofortige Barzahlung übergeben. Der streitbare Sektionsleiter meint darauf, er müsse erst nach Übergabe von 20 Anzügen und – wie üblich – frühestens in 30 Tagen bezahlen; im Übrigen werde man sich bei Gericht wieder sehen. Rechte von Jaguar und Fortuna?

280. Was kann ein Verkäufer tun, wenn der Kaufpreis nicht bezahlt wird? Macht es einen Unterschied, ob der Schuldner verschuldet oder unverschuldet säumig ist?

280 a. ● S hätte bei G eine Schuld in Höhe von € 2000 am 1. 4. 2009 zu zahlen gehabt. Er zögert die Bezahlung mit unterschiedlichen Begründungen immer weiter hinaus und zahlt schließlich erst am 1. 10., kurz nachdem er ein Schreiben von G's Rechtsanwalt erhalten hat, in dem dieser die Einbringung einer Klage androht. G muss seinem Anwalt für dessen Aktivitäten € 200 bezahlen. Welche Ansprüche hat G gegen S, wenn

a) sowohl S als auch G Unternehmer sind und G wegen der Zahlungsverzögerung seinen bei der Bank B aufgenommenen und mit 8% (12%) zu verzinsenden Kontokorrentkredit nicht wie vorgesehen bereits Anfang April um den Schuldbetrag reduzieren konnte;

b) S seine Zahlungsverpflichtung als Verbraucher begründet hat?

c) **Variante:** wie a), nur wird der Kleinunternehmer S am 30. 3. auf dem Weg zur Bank ohne sein Verschulden von einem Auto niedergestoßen und schwerst verletzt. Er erwacht erst Wochen später aus dem Koma und kümmert sich gleich nach seiner Verlegung von der Intensivstation auf die Chirurgie um die Begleichung seiner Schulden. G bekommt sein Geld aber dennoch erst am 1. 6.

281. V verkauft und übergibt K Waren im Wert von € 10.000. Nach der Vereinbarung soll K innerhalb von 30 Tagen zahlen. Er tut das aber nicht. Wer ist Eigentümer der Waren? Welche Rechte hat V?

282. A kauft am Montag bei B ein Fernsehgerät Marke „Color 2020" um € 1200, erlegt eine Anzahlung in Höhe von € 200 und vereinbart Zustellung am Freitag. Als das

Gerät Samstagvormittag noch immer nicht eingetroffen ist, ruft A im Geschäft des B an und erfährt, dass das letzte Gerät der betreffenden Marke irrtümlich an einen anderen Kunden übergeben wurde. Nachlieferungen seien erst in vier Wochen zu erwarten. Wie ist die Rechtslage?

283. Erklären Sie die Begriffe „einfaches Termingeschäft", „relatives und absolutes Fixgeschäft" und bringen Sie je ein Beispiel. Welche Unterschiede bestehen in den Rechtsfolgen?

284. F feiert ihren 50. Geburtstag. Sie bestellt beim Party-Service P für den 30. 1. Geschirr, Brötchen, Getränke usw. Tatsächlich wird bis zum Abend nichts geliefert, da sich X, eine Angestellte von P, im Datum vertan hat. F lädt daher alle Gäste in ein Lokal ein; die Kosten dafür betragen € 5000. Die Leistungen des Party-Services hätten € 1500 gekostet. Rechte von F gegen P? Hätte F von P auch verlangen können, dass P seine Leistungen zwei Tage später erbringt?

285. A kauft von B telefonisch 20 Flaschen Rheinriesling zum Preis von € 2 pro Flasche. Es wird vereinbart, dass A den Wein am Wochenende abholt. B wartet jedoch vergeblich. Einige Tage später werden aus B's Weinkeller 50 Flaschen gestohlen. Als A am darauf folgenden Wochenende seine Flaschen abholen will, berichtet ihm B die Ereignisse. B verlangt Zahlung und meint, A's Flaschen seien gestohlen worden, weshalb er nichts leisten müsse. A will nur gegen Übergabe des Weins zahlen. Wer ist im Recht?

286. A und B haben die Lieferung der von B gekauften Waschmaschine für 12. 1. vereinbart. Kann A Zahlung des Kaufpreises verlangen, wenn

a) er die Maschine erst am 14. 1. bei B abliefern wollte, aber niemand zu Hause war,

b) am 12. 1. niemand zu Hause war und die Maschine beim Rücktransport schwer beschädigt wurde,

c) B die Annahme der Waschmaschine wegen der schlecht schließenden Tür verweigerte, die Maschine daraufhin von A repariert und über Nacht aus dessen Werkstätte gestohlen wurde?

287. Führt die Lieferung eines Autos mit gebrochenem Motorblock immer zur Anwendung von Gewährleistungsrecht?

288. ❍ V liefert am Abend ein Möbelstück bei K ab. K zahlt sofort 50% des Rechnungsbetrages. Erst am nächsten Tag bemerkt K starke Sprünge im Holz. Was gilt grundsätzlich, wenn ein Kaufvertrag zustande gekommen ist; was, wenn dies nicht der Fall ist?

289. A möchte seinen gebrauchten VW Golf verkaufen. Er inseriert daher in einer Tageszeitung. In der Anzeige ist unter anderem von 65.000 km Laufleistung die Rede. Der Interessent B besichtigt das Auto. Über Einzelheiten wird nicht geredet. A und B einigen sich über den Preis, B nimmt das Auto gegen Barzahlung von € 3000 sofort mit. Bei einer Inspektion sieben Monate später stellt sich heraus,

dass am Tachometer manipuliert wurde und der Wagen schon mindestens 90.000 km gelaufen ist. A hat davon nichts gewusst, da er den Wagen selbst nur wenige Monate gefahren hat. Rechte des B?

290. Ist Gewähr zu leisten, wenn

● a) A jemandem „seinen“ gebrauchten Viertakt-Motor-Rasenmäher verkauft, daran aber gar nicht Eigentum hatte;

b) dieser Rasenmäher von A als neuwertig bezeichnet wurde, in Wahrheit aber einen Motorschaden hat, was A nicht wusste;

c) der verkaufte Rasenmäher stumpfe Schneideblätter hat, die nachgeschliffen werden müssten;

d) seit dem unglücklichen Rasenmäherkauf drei/sieben/fünfundzwanzig Monate vergangen sind;

e) A sich zur Lieferung eines Benzinrasenmähers verpflichtet hat, aber einen Luftkissenmäher oder einen Messerwalzenmäher (mechanisch betrieben) liefert;

f) A den Rasenmäher nicht wie vereinbart am 1. 6., sondern erst am 15. 6. liefert;

g) der Rasenmäher statt der angegebenen Schnittbreite von 48 cm nur eine Schnittbreite von 45 cm hat?

290a. a) Wann ist eine Sache als mangelhaft im Sinne des Gewährleistungsrechts
❍ anzusehen?

b) Erklären Sie das Zusammenspiel von primären und sekundären Gewährleistungsbehelfen!

c) Wann und warum ist es von Bedeutung, ob ein Mangel bloß als „geringfügig“ zu werten ist?

d) In welchem Verhältnis stehen Gewährleistungsansprüche und Schadenersatzansprüche zueinander?

e) Welche Besonderheiten enthalten die gewährleistungsrechtlichen Vorschriften für Schadenersatzansprüche?

f) Welche Rechte hat ein Einzelhändler, der seinem Kunden Gewähr leisten muss, wenn die Gewährleistungsfrist gegenüber seinem Verkäufer, dem Großhändler, bereits verstrichen ist?

290b. K kauft bei V Dachpappe für sein Gartenhäuschen, die er sogleich verlegt.
● 5 Monate später bemerkt er, dass es durch das Dach regnet. Bei genauerer Begutachtung zeigen sich feine Risse in der Pappe. K reklamiert sofort bei V; dieser meint schlicht, vermutlich habe K das Material unsachgemäß verlegt. Stehen K Gewährleistungsrechte zu, wenn

a) sich nicht klären lässt, ob die Dachpappe bereits bei Übergabe an K nicht in Ordnung war;

b) K den Mangel erst 7 Monate später bemerkt?

c) Wie im Grundfall, nur reklamiert K erst nach Rückkehr von einem längeren Urlaub und damit erst 7 Monate nach Erhalt der Ware.

291. A hat bei B für seine Party am 31. 12. Brötchen bestellt. Welche Rechte hat A,

a) wenn ein Teil der rechtzeitig gelieferten Brötchen verdorben ist,

b) wenn statt Brötchen Kuchen geliefert wurden,

c) wenn B erst am 1. 1. mit den Brötchen vor der Tür steht?

292. Der sechsjährige Edi möchte sich von seinem Taschengeld in der Süßwarenhandlung des Felix eine Tafel „Suchard“-Vollmilchschokolade kaufen. Da Felix diese Sorte gerade nicht vorrätig hat, schlägt er Edi vor, eine „Bensdorp“-Schokolade zu nehmen. Diese schmecke ohnehin „genauso“. Edi bezahlt mit einem Ein-Euro-Stück, vergisst, sich € 0,20 Wechselgeld herausgeben zu lassen, und verlässt das Geschäft. Als Edi am Abend einen Teil der Schokolade verzehren will, bemerkt er schon beim ersten Biss, dass deutliche Geschmacksunterschiede zu der von ihm bevorzugten „Suchard“-Schokolade bestehen. Edi läuft sofort weinend zu seiner Mutter und erzählt ihr, dass die ihm von Felix eingeredete Schokolade nicht gut sei. Als Edis Mutter am nächsten Tag das Geschäft des Felix aufsucht, um die Angelegenheit zu klären, erklärt dieser, dass er angebissene Ware grundsätzlich nicht zurücknehme. Die 20 Cent habe ihm Edi offenbar geschenkt. Wie ist die Rechtslage?

293. A kauft am 15. 10. in der Tierhandlung des B um € 100 einen jungen Hund, den er sogleich mitnimmt. A und B vereinbaren, dass der Kaufpreis am Ende des Monats zu bezahlen ist. A zahlt aber zum bedungenen Termin mit der Begründung, der Hund sei immer noch nicht stubenrein, nur € 50. Rechte des B?

294. Der Hobbysportler H kauft im Geschäft des Sporthändlers S einen Trainingsanzug Marke „Tennis-Champion“ Größe 48 zum Preis von € 100, den er in einem Prospekt entdeckt hat. Da er die von ihm benötigte Größe genau kennt, probiert er den Anzug nicht an, sondern nimmt ihn gleich in der Originalverpackung mit. Zu Hause bemerkt er, dass sich in der Schachtel ein Trainingsanzug der Größe 40 befindet. Auf seine Reklamation hin erklärt S, dass es ihm zwar Leid tue, der Trainingsanzug aber ein Auslaufmodell sei und er den letzten „Tennis-Champion“ der Größe 48 soeben verkauft habe; in dieser Größe seien nur mehr einzelne Trainingshosen, nicht aber die dazugehörigen Jacken vorhanden. H könne sich auch einen Trainingsanzug einer anderen Marke aussuchen, wobei ihm die geleisteten € 100 in Anrechnung gebracht würden. Das Geld könne er aber keinesfalls zurückerhalten. Wie ist die Rechtslage?

Variante 1: Im Zentrallager des S lagern noch einige unverkaufte „Tennis-Champions“ Größe 48.

Variante 2: In der übergebenen Schachtel befindet sich nur eine Trainingshose Größe 48.

295. ● Kann in den folgenden Fällen Wandlung, Preisminderung, Verbesserung, Nachtrag des Fehlenden oder Austausch geltend gemacht werden?

a) Die Springbrunnenpumpe erbringt statt der angepriesenen Fördermenge von „ca 840 l/h“ nur 800 l/h (nur 700 l/h), was am defekten Steigrohr liegt. Ein solches Steigrohr kann problemlos (kann nicht) ausgetauscht werden.

b) Der Summer der neuen Türsprechanlage aus der Serie „Guest“ funktioniert nicht. Die komplette Serie hat diesen Defekt.

c) Die Kuchenbackformen aus Weißblech, die im Gegensatz zu den dreimal so teuren Email-Backformen im 5-teiligen Set nur € 10 kosten, beginnen nach der ersten Verwendung zu rosten, da sie Hausfrau Elli nicht sofort nach dem Waschen trocknet.

d) Elli verkauft einem Bekannten ein selbstbemaltes Keramik-Speiseservice. Es stellt sich heraus, dass ein Teller einen Sprung hat und das Muster auf der Kaffeekanne geringfügige Abweichungen vom übrigen Dekor aufweist. Sowohl vom Teller wie von der Kanne hat Elli noch Rohlinge (rohe, noch zu bemalende und zu brennende Tonstücke) vorrätig.

e) Fleischhauer Franz hat im Schlachthof St. Marx ein Mastschwein zu 180 kg Lebendgewicht bestellt. Es wiegt vor der Schlachtung jedoch nur 165 kg (ist damit aber noch immer ein Mastschwein).

f) Buchhändler Hans erhält zu Septemberbeginn die neuen Mathematikbücher für die Mittelschule. Der Lieferung fehlen aber die Lösungshefte, die in der Druckerei liegen geblieben sind. Das bemerkt Hans aber erst bei genauerer Kontrolle am Abend des Lieferungstages.

296. Die Hausfrau H kauft im Geschäft des V ein Kaffeeservice. Erst zu Hause bemerkt H, dass die Kaffeekanne einen Sprung hat. Sie will die Kanne daher umtauschen. V erklärt ihr jedoch, dass leider keine Stücke mehr lieferbar sind, da der Produzent seit kurzem insolvent ist. Welche Rechte hat H?

297. Zwei Ehepaare buchen beim Reiseveranstalter R einen Urlaub auf Gran Canaria. Als sie dort ankommen, müssen sie feststellen, dass die zwei bestellten Appartements wegen Überbuchung nicht frei sind. Die Ehepaare müssen daher gemeinsam in einem 4-Personen-Appartement wohnen. Nach der Rückkehr verlangen sie von R ihr Geld zurück. R verweist sie jedoch auf seine allgemeinen Reisebedingungen. Dort steht, dass alle Ansprüche jedenfalls erlöschen, wenn nicht an Ort und Stelle gerügt und Abhilfe erbeten wird. Der Reiseleiter war in der Appartementanlage jedoch nur zweimal knappe 15 Minuten anwesend; zu diesem Zeitpunkt hielten sich die Urlauber am Strand auf. Wie ist die Rechtslage?

298. Die Hausfrau H ist Stammkundin in der Boutique des B. Sie kennt daher die auf den Rechnungen von B aufgedruckte Klausel: „Stornogebühr 20%“. Anlässlich eines Ausverkaufs ersteht H bei B um € 60 einen Pullover. Laut eines großen Schildes ist der Umtausch von Ausverkaufsware ausgeschlossen. H bemerkt erst zu Hause, dass der Pullover an versteckter Stelle ein kleines Brandloch aufweist. B verweigert jedoch sowohl Rücknahme als auch Umtausch. Rechte von H?

299. Folgendes Inserat erweckt die Aufmerksamkeit des A: „Privatverkauf! Mercedes Cabrio, Baujahr 1993, € 20.000.“ A vereinbart mit dem Inserenten B einen Termin und unternimmt eine Probefahrt. Man einigt sich auf einen Preis von insgesamt € 19.000. Davon sind € 10.000 sofort, € 5000 nach sechs Monaten sowie weitere € 4000 nach zwölf Monaten zu bezahlen. Zur Vertragsunterfertigung wird ein Formular des ÖAMTC verwendet, das eine Gewährleistungsausschluss-

klausel enthält. Händisch wird ein Eigentumsvorbehalt eingetragen. Erst nach 30 Monaten stellt sich heraus, dass der Wagen bereits 1991 gebaut wurde. Die Eintragung im Typenschein war kaum erkennbar gefälscht. Überdies war der Verkäufer V Gebrauchtwagenhändler. A ist daher froh, die letzte Rate noch nicht bezahlt zu haben. Rechte von A und V?

Variante: V vereinbart mit A sofortige Barzahlung sowie (nur) eine Verkürzung der gesetzlichen Gewährleistungsfrist auf 12 Monate/6 Monate.

300. In einem Werbespot wird der Käufer eines privat angebotenen PKWs gefragt, ob er denn wahnsinnig sei. Warum? Welche Unterschiede bestehen zwischen einem Kauf vom Privaten und einem Kauf von einem Gebrauchtwagenhändler?

301. Die Hausfrau H kauft im Supermarkt S ein. Erst zu Hause bemerkt sie, dass das empfohlene Aufbrauchdatum der beiden Raviolikonserven bereits abgelaufen ist und dass ihr € 5 zu wenig herausgegeben wurden. An der Kasse des S befindet sich ein Schild, wonach nur sofortige Reklamationen anerkannt werden. Welche Rechte hat H gegen S?

302. Anlässlich einer „Aktion" ersteht die Hausfrau Hedwig im Supermarkt ABC einen
❍ Haarföhn, der üblicherweise um € 30 gehandelt wird, um € 20. Es zeigt sich jedoch bald, dass das Gerät infolge eines Materialfehlers nicht die volle Leistung erbringen kann. Dieser Mangel mindert den Wert des Gerätes um € 7. Als Hedwig bei ABC reklamiert, wird ihr erklärt, dass nach den im Geschäft in großer Zahl aushängenden allgemeinen Geschäftsbedingungen ein Umtausch ausnahmslos ausgeschlossen sei. Wie ist die Rechtslage?

303. Der Einzelhändler E kauft zehn Kaffeemaschinen vom Produzenten P unter
❍ Eigentumsvorbehalt; bei Lieferung zahlt er den halben Preis. E verkauft nun das erste Gerät nach etwa einem Monat an die Kundin K. Diese reklamiert jedoch einige Tage später, da das Wasser infolge eines Herstellungsfehlers nicht richtig heiß wird. Es stellt sich heraus, dass 50% der Serie defekt ist. Dem Gerät liegt eine „Garantiekarte" von P bei. K will nun das Geld von E zurück, P verlangt von E die restliche Hälfte des Kaufpreises. Wie ist die Rechtslage?

304. Der Einzelhändler E kauft vom Großhändler G eine Ladung Konserven. Von den 200 Dosen Marillenkompott öffnet E zu Kontrollzwecken gleich nach Lieferung zwei; sie sind in Ordnung. Von der gleichen Anzahl Birnenkompott zieht er keine Proben. Zwei Monate nach Lieferung wird entdeckt, dass die Hälfte der Lieferung des Birnenkompotts verdorben ist. Rechtsfolgen?

305. Der Einzelhändler K kauft vom Produzenten P 1000 Dosen Hundefutter. Die
❍ meisten davon lagert er ein. 10 Dosen werden sofort an den Stammkunden S weiterverkauft. Zwei Tage später beschwert sich S darüber, dass das Futter in einer Dose total verschimmelt war. E schreibt daraufhin an P, dass die Lieferung nicht in Ordnung war, weshalb er die Rechnung nicht bezahle. Rechte von P, E und S?

306. Was bedeutet „Rügepflicht"? Wann wird sie relevant, was sind die Rechtsfolgen ihrer Unterlassung? Und: Ist der Begriff überhaupt korrekt?

307. Der Frachtführer F kauft für seinen Fuhrpark einen gebrauchten LKW. Der Verkäufer verschweigt ihm bei Vertragsabschluss, dass der Motorblock einen Haarriss aufweist, sodass Öl austritt. Als F den Mangel bemerkt, weist er einen Angestellten an, deswegen gleich den Verkäufer anzurufen. Dieser ist jedoch so beschäftigt, dass er erst 10 Tage später daran denkt. Der Verkäufer schickt zwar gleich seinen Mechaniker zu F, die Reparaturversuche sind jedoch vergeblich. Auf den erbosten Anruf F's antwortet der Verkäufer, dass er überhaupt nicht zur Gewährleistung verpflichtet sei, da F die rechtzeitige Mängelanzeige unterlassen habe. Muss F diesen Einwand gelten lassen?

Variante: Macht es einen Unterschied, wenn der Verkäufer vom Fehler nichts gewusst hat und gleich sagt, dass er nur aus Kulanz komme?

308. Welche Rechte hat der Käufer in folgenden Fällen?

a) Einem kleinen Beisel werden für die Mittagsmenüs Leberknödel statt Milzschnitten geliefert.

b) Statt des bestellten 10-kg-Kartoffelsacks bekommt das Beisel einen Sack mit 10 kg Karotten.

c) Statt 0,3-l-Flaschen Mineralwasser werden 1-l-Flaschen geliefert und berechnet.

Der Beiselwirt schickt sofort Rügebriefe an die Großküche, den Gemüsehändler und den Mineralwasservertrieb. Der Brief an die Großküche geht jedoch verloren.

309. Der Eisenwarenhändler E hat 100 Päckchen Nägel einer bestimmten Größe bestellt; 200 werden ihm geliefert und zwei Wochen später verrechnet. E will nach wie vor nur 100 Päckchen, hat aber auf die Lieferung nicht reagiert. Muss er für alle 200 bezahlen?

310. Der Großhändler G verkauft an den Einzelhändler E 1000 Flaschen eines Rieslings aus dem Jahre 2008. Er wird in Kartons à 6 Stück geliefert. E überprüft einen Karton; der Wein ist in Ordnung. In der Folge verkauft er je einen Karton an die Kunden A und B. A reklamiert nach vier Wochen: Der Inhalt von zwei Flaschen war wegen mangelhafter Korken verdorben. B stellt fest, dass alle Flaschen Jahrgang 2009 sind. A und B haben bereits gezahlt. Welche Rechte stehen ihnen zu? Welche Rechte hat E gegen G?

311. K kauft vom Unternehmer U eine neue Tiefkühltruhe. Drei Monate nach Lieferung zeigen sich Mängel des Kühlaggregats. Diese wären bei genauerer Überprüfung bereits bei Übergabe erkennbar gewesen. U lehnt jegliche Verantwortung ab, da sich in seinen auf der Rückseite der Rechnung abgedruckten AGB ein Gewährleistungsausschluss befindet. Welche Rechte hat K, wenn er

a) die Truhe für sein Fleischereigeschäft angeschafft hat,

b) Privatmann ist?

312. ❍ Der Buchbinder B bestellt beim Ledererzeuger L 10 m² Schweinsleder. L liefert Rindsleder, was A, ein Angestellter des B, nicht bemerkt. Erst vier Tage später entdeckt B selbst den Fehler. Er reklamiert bei L, da Rindsleder zum Binden weniger geeignet ist. Wie ist die Rechtslage?

Variante: Das gelieferte Rindsleder hat einen höheren Wert als das bestellte Schweinsleder.

313. Der Pferdezüchter A will von B die Lipizzanerstute „Theresia M." kaufen. Diese befindet sich in den Sommermonaten auf B's Alm. A betraut seinen Stallmeister C, den er als Pferdeexperten sehr schätzt, mit der Vorbereitung und Abwicklung des Geschäfts in seinem Namen. Drei Tage nach Besichtigung der Stute auf der Alm erscheint C bei B, um den Kauf perfekt zu machen. B, dem der wirkliche Interessent nicht bekannt ist, erklärt sich mit dem von C vorgeschlagenen Kaufpreis in Höhe von € 50.000 einverstanden. Auf C's Frage, ob er die Stute in einer Woche tatsächlich abholen könne, erklärt B, C könne sich hundertprozentig darauf verlassen. Kurz nach diesem Gespräch erhält B einen Anruf von der Alm. Es wird ihm mitgeteilt, dass in der vorigen Nacht ein heftiges Sommergewitter wütete und ein Blitz Theresia M. sowie zwei weitere Pferde getötet hat. B ist darüber so bestürzt, dass er den C davon nicht in Kenntnis setzt. Dieser erfährt vom Unglück erst, als er mit A's Pferdetransporter auf der Alm eintrifft. C fährt daraufhin enttäuscht und mit leerem Transporter nach Hause. Allein die Benzinkosten für Hin- und Rückfahrt betragen für A € 150. Die Stute wäre etwa € 80.000 wert gewesen. Wie ist die Rechtslage?

314. A kauft von B einen Gebrauchtwagen, der als Baujahr 1998 angeboten wurde, um € 2000. Tatsächlich wurde das Auto schon 1995 gebaut. Welche Rechte hat A

a) nach 5 Monaten,

b) nach 2 Jahren,

c) nach 5 Jahren?

7.+8. Kapitel: Vertragsänderungen; Beendigung des Vertragsverhältnisses (LB Rz 552–589)

315. G hat gegen S eine Forderung in Höhe von € 20.000, die noch nicht fällig ist. Da G dringend Geld benötigt, verkauft er diese gegen Barzahlung um € 18.000 an N. Weil S von dieser Übertragung nichts erfährt, zahlt er bei Fälligkeit an G.

a) Welche Rechte hat N gegen S und/oder G?

b) Gilt Besonderes, wenn G die Forderung nicht verkauft, sondern dem N zur Sicherung eines zugleich aufgenommenen Kredites überträgt?

316. ❍ Auf welche Art und Weise erfolgt die Übertragung von Forderungen? Was bedeutet „Sicherungszession"; gilt für diese Zession Besonderes? Liegt auch einer Forderungsübertragung ein Titelgeschäft zu Grunde?

317. Der Unternehmer U benötigt Kredit, die Bank B will Sicherheiten.

a) U überträgt B daher die Kaufpreisforderungen gegen seine Großkunden X und Y. Als U den Kredit nicht zurückzahlt, verlangt B von X und Y Zahlung. X sagt, er habe schon an U bezahlt, Y meint, U habe ihm schlechte Ware geliefert, weshalb er nicht zahle. Überdies höre er erstmals, dass B und nicht U sein Gläubiger sein solle. Welche Rechte hat B?

b) Die Bank verspricht, zwei Großkunden des U zunächst nicht von der Sicherungsabtretung zu verständigen, damit diese nichts von seinen finanziellen Schwierigkeiten merken. Plötzlich wird über das Vermögen von U das Insolvenzverfahren eröffnet. Der Kredit ist zu € 1,5 Mio. noch offen. Wie ist die Rechtslage?

318. Wie ist die Haftung des Erwerbers eines Unternehmens geregelt? Kann diese Haftung durch Vereinbarung beseitigt werden?

319. V veräußert sein gesamtes Unternehmen um € 10 Mio an K und übersiedelt mit dem Geld nach Südamerika. X hat aus Geschäften mit V noch Forderungen in Höhe von € 1 Mio. Er wendet sich mit seinen Ansprüchen nun an K. Muss dieser zahlen?

320. Was verbirgt sich hinter folgendem Inserat? „Kaufvertrag Mercedes 500 SL, Liefe-
❍ rung zum nächsten Ersten, 10% über Listenpreis abzugeben." Geht das so ohne weiteres?

321. Hat in folgenden Fällen eine Zession, eine Schuld- oder Erfüllungsübernahme oder eine Vertragsübernahme stattgefunden?

a) B ist Bürge für A's Kreditschulden gegenüber der Bank B. Da A nicht bezahlt, leistet B aus der Bürgschaft. Was geschieht mit der Forderung der Bank?

b) B kauft von A eine wertvolle chinesische Vase (€ 2500), die sich bei A's Gläubiger G befindet. G hat sie von A für eine Forderung von € 500 als Faustpfand erhalten. B kommt mit A überein, dass A bloß € 2000 erhalten solle, die restlichen € 500 solle B direkt an G leisten. G ist damit einverstanden/nicht einverstanden.

c) Der Künstler Theodor hat sich bei einer Wiener BMW-Vertretung das neueste BMW-Cabrio (€ 43.000) bestellt. Er will es in 36 gleich bleibenden Leasing-Raten bezahlen, stellt aber nach drei Monaten fest, dass er sich damit hoffnungslos übernommen hat. Da das Cabrio in limitierter Stückzahl auf den Markt kommt, gibt es etliche Interessenten für Theodors Wagen. Bald erklärt sich Thomas bereit, das Cabrio zu übernehmen und die Leasing-Raten weiter zu bezahlen. Der BMW-Händler stimmt zu/stimmt nicht zu.

d) (zu c) Der BMW-Händler überlässt die Kaufpreisforderung Theodors Bank, die ihm den Wagen vorfinanziert hat und die Leasing-Raten nun von Theodor begehrt.

322. A und B streiten über die Höhe einer Schuld, die noch von ihren Vätern begründet wurde. Schließlich einigt man sich dahingehend, dass mit der Zahlung von € 15.000 durch B die Angelegenheit erledigt sei. Kurz bevor B das Geld überweisen will, entdeckt er in seinen Unterlagen eine Urkunde. Aus dieser geht hervor, dass die Schuld tatsächlich € 25.000 beträgt, aber auch, dass sie bereits verjährt ist. Rechte von A gegen B?

323. B verbürgt sich für die Kreditforderung von G gegenüber S. S zahlt nicht, erkennt aber das Begehren des Gläubigers in Höhe von € 250.000 ausdrücklich an. Tat-

sächlich hätte S nur € 230.000 zu zahlen gehabt. Welchen Betrag kann G von S, welchen von B verlangen?

324. ❍ Der Jungunternehmer Joe kommt vom Heurigen. Er beherrscht sein Fahrzeug nicht mehr und kollidiert daher mit dem 16-jährigen Radfahrer Rudi. Um Schwierigkeiten aus dem Weg zu gehen, bezahlt er noch an der Unfallstelle an Rudi € 1000 als (angemessenes) Schmerzengeld. Als Rudi wieder hergestellt ist, legt er € 500 auf ein Sparbuch; den Rest verspielt er mit Freunden im Prater. Sein Vater Vinzenz erfährt erst nachträglich davon. Er möchte, dass Joe noch einmal zahlt. Muss Joe?

325. A schuldet seinem Freund B € 100. Da er von C die gleiche Summe zu bekommen hat, erklärt er B: „Ich rechne auf. Hol' Dir die € 100 von C."

a) Hat B seine Forderung gegen A verloren?

b) Welche Voraussetzungen sind zur wirksamen Aufrechnung nötig?

9. Kapitel: Veräußerungsverträge

(LB Rz 590–619d)

326. ❍ A einigt sich mit B, diesem eine gebrauchte Registrierkasse um € 200 zu verkaufen. Die von A später gelegte Rechnung enthält zusätzlich 20% Umsatzsteuer. B will jedoch nur € 200 bezahlen. Wer ist im Recht, wenn

a) B ein Privater ist,

b) beide Beteiligten Unternehmer sind?

327. Angenommen, für Stromanschlüsse besteht eine gesetzliche Preisregelung. Das Energieversorgungsunternehmen X vereinbart mit dem Kunden K einen höheren Preis. Dieser bezahlt und bemerkt die Überhöhung erst später. Rechte von K?

328. ❍ Welche gesetzlichen Bestimmungen regeln den unternehmerischen Warenkauf, welche Abweichungen ergeben sich zum ABGB? Sind diese Regeln auf die folgenden Verträge anwendbar?

a) Die Factor AG erwirbt vom Großhändler B zehn offene Forderungen in Höhe von jeweils € 7000.

b) Die Immobilien AG verkauft dem Unternehmer U eine Liegenschaft, die dieser zu Betriebszwecken nutzen will.

c) Jemand verkauft Geschäftsanteile einer GmbH.

d) Der Unternehmer U lässt sich von der Maschinenbaugesellschaft mbH eine Spezialmaschine anfertigen, wobei die Gesellschaft auch die Materialien zu beschaffen hat.

e) Zwei Briefmarkenhändler tauschen fünf wertvolle Marken, um ihr Sortiment abzurunden.

f) Der Rechtsanwalt A kauft beim Einzelhändler E eine Tafel Schokolade.

329. Der Angestellte A möchte sich einen Neuwagen leisten. Da er jedoch nicht über genügend Bargeld verfügt, will er in Raten zahlen. Damit ist der Verkäufer V aber

nicht einverstanden. V meint jedoch, durch Einschaltung seiner Hausbank H sei das Problem zu lösen. Und so geschieht es auch: H kreditiert A den gesamten Kaufpreis von € 15.000, den sie sofort an V überweist. Eine Anzahlung mit eigenem Geld leistet A nicht. Nachdem er acht Monate lang die vereinbarte Rate von je € 450 überwiesen hat, macht sich beim gekauften Fahrzeug ein produktionsbedingter schwerer Motorschaden bemerkbar. A stellt daraufhin die Ratenzahlungen ein. Rechte von H, V und A?

330. ❍ K kauft beim Antiquitätenhändler A einen massiven Jugendstil-Schreibtisch. Da der Kunde das Stück nicht selbst abholen möchte, wird vereinbart, dass der Transport von X durchgeführt wird, mit dem A öfters zusammenarbeitet. Die Kosten soll jedoch K übernehmen. Während des Transportes zu K wird der Schreibtisch auf Grund eines Unfalls, an dem X völlig schuldlos ist, beschädigt.

a) Wie ist die Rechtslage zwischen K, A und X?

b) Ändert sich etwas, wenn Zustellung vereinbart war und X den Unfall bei vollständiger Aufmerksamkeit hätte vermeiden können?

331. Die A-GmbH in Wien kauft von der X-AG in Salzburg einen größeren Posten Computer. Es wird vereinbart, dass X die Versendung der Ware durch einen Fachmann veranlassen soll. Die Computer werden jedoch auf dem Transport bei einem Unfall zerstört; Ursache war unerwarteter Schneefall auf der Westautobahn. X verlangt trotzdem Zahlung. A will nur nach Zustellung der bestellten Geräte leisten. Wer ist im Recht?

332. ● A kommt zu Monatsbeginn in das Antiquitätengeschäft des B, wo er sich für zwei alte Bilder im Wert von je € 500 interessiert. Da A Angst hat, dass die Bilder an jemand anderen verkauft werden könnten, er aber erst seine Frau befragen möchte, welches der beiden Bilder er nehmen solle, vereinbart er mit B, dass er sich ein Bild bis zum Ende des Monats aussuchen werde. B dürfe über die Bilder inzwischen aber nicht verfügen. Für den Fall eines vereinbarungswidrigen Vorgehens soll € 100 an A bezahlen. Als A am 1. des nächsten Monats noch immer nicht bei B erschienen ist, glaubt dieser, dass A nicht mehr kommen werde, und verkauft und übergibt eines der beiden Bilder um € 600 an den Stammkunden C. Wenige Minuten später betritt A das Geschäft, entschuldigt die Verspätung mit einer Erkrankung seiner Frau und bemerkt mit Entsetzen, dass das von ihm nunmehr ins Auge gefasste Bild nicht mehr vorhanden ist. Rechte des A gegen B?

333. a) Was versteht man unter „Factoring", welche Verträge (Verpflichtung und Verfügung) verbergen sich hinter diesem Überbegriff?

b) Welche Regeln des ABGB sind anwendbar?

c) Welche Hauptzwecke werden damit verfolgt?

334. Unternehmer U verkauft und überträgt fünf offene Forderungen gegen B um zehn Prozent ihres Nennwertes an die Factor AG (F). Er weist diese darauf hin, dass B kurz vor der Insolvenz stehe und bei ihm daher nicht mehr viel zu holen sein werde. F lässt B wissen, sie sei auf solche Fälle spezialisiert; B könne die Angelegenheit als für ihn erledigt betrachten. Als die Insolvenzquote nur fünf Prozent ausmacht, will F die übrigen fünf Prozent von U zurück. Zu Recht?

335. ❍ A kauft beim Warenhaus W vor Weihnachten einen Rollkragenpullover für ihren Ehemann E. Sie geht selbstverständlich davon aus, dass sie ihn umtauschen könne, wenn er E nicht gefallen sollte, und erwähnt an der Kassa daher nichts. Tatsächlich findet E den Pullover geschmacklos. Als A den Pullover umtauschen möchte, lehnt die Verkäuferin des W das ab: es habe sich um ein Sonderangebot gehandelt, das laut Kleindruck auf dem Kassabon vom Umtausch ausgeschlossen sei. Zu Recht?

Varianten:

a) Wie ist zu entscheiden, wenn ein entsprechender Vermerk fehlt?

b) Was, wenn A auf den Geschenkcharakter sowie die Umtauschmöglichkeit hingewiesen und die Verkäuferin das zustimmend zur Kenntnis genommen hat, obwohl ihr solche Vereinbarungen von der Direktion nicht gestattet sind?

336. Eine hübsche Studentin (ein netter Student) des ersten Semesters erzählt Ihnen Folgendes: Ihre (seine) Eltern seien Eigentümer eines Grundstücks und würden es gerne verkaufen. Sie hätten auch schon ein Angebot über € 300.000. Nun sei aber zu Gunsten der Nachbarin ein Vorkaufsrecht im Grundbuch eingetragen; diese wolle nur € 100.000 bezahlen. Die Eltern wüssten nun nicht, was sie tun sollten. Was raten Sie?

337. Der Einzelhändler E ärgert sich, dass Gelegenheitskunden, die sonst ihre Einkäufe im nahe gelegenen Supermarkt erledigen, immer wieder große Mengen an Leergut wegen des kürzeren Weges bei ihm abgeben. Eines Tages bringt A zwanzig Flaschen vorbei, von denen zehn erkennbar bei E, die anderen jedoch im Supermarkt gekauft wurden. E will keine der Flaschen annehmen. Zu Recht?

338. ● Der Schreibwarenhändler A aus Österreich steht in ständiger Geschäftsverbindung mit dem Füllfedererzeuger B in Deutschland. Eines Tages bestellt A eine teure Spezialanfertigung, wobei er die Bestellung auf Geschäftspapier abschickt. Nach Zusendung behält A die Feder jedoch für seinen privaten Gebrauch. Als A, in Geldnöte geraten, das Schreibgerät nicht bezahlen kann, klagt B vor dem örtlich zuständigen österreichischen Gericht. Welches Recht kommt zur Anwendung?

339. ❍ Der Käsefachhändler H in Wien erwartet im Sommer 2009 von der schweizerischen Käserei K eine größere Lieferung einer Rohmilchkäsespezialität. Durch ein Versehen schickt K jedoch vollreifen, für einen Händler in ihrer unmittelbaren Nachbarschaft bestimmten Käse an H. H erkennt ohne großen Aufwand, dass der Käse nicht dem bestellten entspricht und beanstandet dies sofort schriftlich. Sein Schreiben geht jedoch verloren, da auch die Schweizer Post in den Sommermonaten auf Aushilfskräfte zurückgreift. Als H einen Monat später nachfragt, ist K nicht mehr zur Nachlieferung bereit.

a) Wie ist die Rechtslage?

b) wie a), nur handelt es sich bei K um einen in Österreich ansässigen Bauern, der Milch aus eigener Produktion zu Käse verarbeitet.

340. ● Der Unternehmer U aus Bregenz bestellt beim Partyservice P in Lindau (Deutschland) tausend belegte Brötchen zum Gesamtpreis von € 1500 für das fünfzigjährige Firmenjubiläum. U weist darauf hin, dass zur Feier auch wichtige Geschäftspartner seines Unternehmens eingeladen seien und er daher mit pünktlicher Lieferung am 13. 3., 16 Uhr, rechne. P's Telefonistin verhört sich jedoch, sodass die Lieferung erst am 30. 3. bei U einlangt. U weigert sich zu bezahlen.

a) Welches Recht ist anwendbar?

b) Wie ist die Rechtslage nach UNK, wie nach ABGB und wie nach UGB?

340 a. ● Prüfen Sie, ob folgende Kaufverträge vom Anwendungsbereich des UNK erfasst sind! (Gehen Sie dabei davon aus, dass das UNK in den genannten Ländern in Kraft steht.)

a) Der Deutsche Müller kauft zur Errichtung eines Hotels in Tirol ein Grundstück.

b) Der Österreicher Berger kauft in einem deutschen Supermarkt eine Tafel Schokolade.

c) Der Grazer Modeboutiquebesitzer Thaler kauft beim italienischen Großhändler Pasquale Ware im Wert von € 300.000.

d) Ein ehemaliges Mitglied des englischen Königshauses gibt sich, um beim selben Großhändler einkaufen zu können, als britische Kleiderhändlerin aus und kauft für die nächsten Bälle um die gleiche Summe 25 Abendroben.

e) (Variante zu d): Die Angestellte des Großhändlers, die den Verkauf durchführte, verschlingt regelmäßig jede Frauenzeitschrift in Reichweite, weshalb sie die (Ex-)Hoheit sofort erkennt.

340 b. ● Eine reiche englische Erbin kauft in Graz gegen Barzahlung die halbe Kollektion einer österreichischen Jungdesignerin. Um Rabatte herauszuschlagen (was ihr auch gelingt) tritt sie dabei als Inhaberin einer Londoner Nobelboutique auf und stellt Folgegeschäfte in Aussicht. Nach einmaligem Tragen gefallen ihr die Kleider nicht mehr; sie möchte sie zurückgeben. Da die Verkäuferin damit nicht einverstanden ist, bringt der Anwalt der Erbin in Österreich eine Klage auf Rückzahlung des Kaufpreises ein. Ein Psychiater diagnostiziert bei der Engländerin „pathologische Kaufsucht". Nach welchem Recht entscheidet sich, ob der Vertrag gültig zustande kam?

340 c. ● Herr Zucker produziert Süßwaren in Wien. Für die Produktion von Osterhasen bestellt Herr Zucker bereits im Dezember 20 Tonnen Kakao à € 1000, was vom chilenischen Partner Gonzalez per Fax bestätigt wird; als spätester Liefertermin wird der 1. Februar zugesagt. Als Zucker am 2. Februar telefonisch nachfragt, antwortet Gonzalez, dass die Firma in Geldnöten sei und daher die ganze Produktion einem Deutschen für € 1100 pro Tonne verkauft und bereits geliefert hätte. Zucker solle doch schnell woanders kaufen. Zucker kauft die begehrte Menge in Brasilien um € 1300. Das Angebot eines anderen (€ 1200 pro Tonne) lehnt er ab, denn sonst hätten „die Chilenen", so meint Zucker, zu wenig an Schadenersatz zu zahlen. Auf Grund der zu spät kommenden Lieferung an Kakao versäumt Zucker die ersten Verkaufstage, wodurch ihm ein Profit von € 50.000 entgeht. Wie ist die Rechtslage?

341. Anlässlich eines familiären Abendessens sagt der Onkel O zu seiner Nichte N, die kurz vor der Matura steht: „Wenn Du die Matura schaffst, bekommst Du von mir ein Fahrrad.“ N besteht zwar die Mathematikprüfung erst im zweiten Anlauf, erlangt aber noch vor Semesterbeginn die Hochschulreife. Kann sie von O das Fahrrad verlangen, wenn dieser es sich inzwischen anders überlegt hat?

342. Welche Vertragstypen liegen in den folgenden Fällen vor?

a) Das Frühjahrsangebot eines Fiat-Autohändlers lautet: „Für jeden alten Fiat Uno erhalten Sie gegen Aufzahlung von € 10.000 den neuen Fiat Punto!“ A nimmt dieses Angebot wahr.

b) A erklärt seiner Tochter, dass er ihr zur Sponsion den neuen Fiat Punto kaufen wird. Sie fällt ihrem Vater um den Hals.

10. Kapitel: Gebrauchsüberlassungsverträge
(LB Rz 620–644)

Fortsetzung von 342

c) Ein Arzt benötigt für seine Praxis Räume und erklärt sich gegenüber dem Hauseigentümer H bereit, diesem monatlich € 1000 für drei schöne Zimmer im Erdgeschoß zu bezahlen.

d) (zu c) Macht es einen Unterschied, wenn statt des Arztes die Gastwirtin G ihr Lokal in den Räumen eröffnen will? Wenn Fritz mit seiner Familie zu Wohnzwecken dort einziehen will? Wenn der Facharzt die Praxisräume seines Vorgängers übernimmt?

e) A benötigt einen Großcomputer und vereinbart mit dem Verkäufer, über zwei Jahre monatlich € 200 zu bezahlen: Den Computer bekommt er sofort ausgehändigt, damit geht vereinbarungsgemäß auch die Gefahr des zufälligen Unterganges des Gerätes auf ihn über. Nach Ablauf der zwei Jahre hat A das Recht, den Computer gegen Zahlung von weiteren € 1000 in sein Eigentum übertragen zu bekommen.

f) R geht zum „Bootsverleih“ und bekommt gegen Bezahlung von € 7 ein Ruderboot für eine Stunde überlassen.

343. Student S ist auf Wohnungssuche. Endlich findet er eine kleine Einzimmerwohnung unter dem Dach mit Kohlenofen und WC am Gang. Des Suchens müde, ist er bereit, dafür monatlich € 270 ohne Betriebskosten zu bezahlen. Für die Einrichtung hat er 2 Monatsmieten Ablöse zu leisten. Als sich nach einiger Zeit Regenwasserflecken an der Decke abzeichnen, meldet er dies dem Vermieter; da dieser aber keine Sanierungsarbeiten vornehmen lässt, beauftragt S selbst einen Dachdecker. Die bezahlten Reparaturkosten von € 300 zieht S von seinen nächsten Mietzahlungen ab. Als der Vermieter von S aber die ganze Miete verlangt, wendet sich dieser an die Mieterschutzvereinigung: Ihm erscheint die Ablöse nicht gerechtfertigt, die Miete zu hoch, und er will die Dacharbeiten nicht zweimal bezahlen. Was raten Sie ihm?

344. ❍ Trotz des Untervermietverbotes im Mietvertrag vermietet Mieter M seine Wohnung an seinen Freund F weiter. Der Hauseigentümer will M daraufhin kündigen. Zu Recht? Wie müsste die Kündigung erfolgen?

345. Die Hauseigentümerin H vermietet eine Wohnung auf drei Jahre an M. Nach Ablauf dieser Frist wird der Mietvertrag nochmals um drei Jahre verlängert. Nach sechs Jahren weigert sich M, die Wohnung zu verlassen. H schreibt ihr nun, wenn sie nicht sofort ausziehe, erhöhe sich die Miete auf das Doppelte. M reagiert nicht. Rechte der H?

346. Wodurch unterscheidet sich die Pacht von der Miete?

347. Gilt das MRG für die
a) Miete eines Geschäftslokals;
b) Übernahme einer florierenden Zahnarztpraxis;
c) Miete einer Wohnung durch den Zahnarzt?

348. Wann sind Leasingverträge nach Mietrecht, wann nach Kaufrecht zu beurteilen?

349. A überlässt seinem Freund F über das Wochenende sein Fahrrad. F bringt es am Montag pünktlich, aber mit beschädigtem Vorderreifen zurück. Muss F den Reifen reparieren bzw die Reparaturkosten bezahlen, wenn
a) ein Unbekannter den Reifen mit einem Messer aufgeschlitzt hat, während F beim Heurigen saß;
b) der Schaden beim Fahren auf einer asphaltierten Landstraße auftrat;
c) F das Rad als „Mountainbike“ zweckentfremdete?

350. ❍ Eine Bausparkasse rechnet auf Grund eines Computerprogrammfehlers auch das Jahr 2005 noch nach den ursprünglichen Bausparbedingungen ab, wonach die Zahlungen zwar monatlich geleistet werden müssen, aber erst zum Quartalsende gutgebucht werden. Rechtsfolgen?

Ergänzung: Der Kunde K erhält am 10. 1. 2006 den Kontoabschluss zugesandt. In diesem wird – wie auch schon in den AGB vorgesehen – darauf hingewiesen, dass der Abschluss als genehmigt gilt, wenn der Kunde nicht binnen 4 Wochen widerspricht. K erfährt jedoch erst im März 2006 von den geänderten Abrechnungsvorschriften, weshalb er erst dann Protest erhebt.

350 a. August hat sein neues Auto in leicht alkoholisiertem Zustand beschädigt und bittet seine Oma Ottilie, ihm für die Reparatur € 2.000 zu leihen. Er werde ihr das Geld spätestens nach 6 Monaten auf Heller und Pfennig zurückzahlen. Wegen Augusts Verzweiflung willigt Ottilie ein. Aber bald kommen ihr Bedenken und sie erklärt ihrem Enkel, dass er das Geld von ihr doch nicht bekomme, da er sonst ja nie vernünftig werde.
a) Hat August einen durchsetzbaren Anspruch gegen seine Oma?
b) Was gilt, wenn Ottilie ihrem Neffen bereits € 500 als „Vorschuss“ gegeben hat?
c) Ändert sich etwas, wenn eine Rückzahlung mit 2% Zinsen vereinbart wurde? Auf welche Summe hätte Ottilie in diesem Fall nach 6 Monaten Anspruch?

350 b. ❍ Herta hat zwecks Renovierung ihrer Wohnung bei der B-Bank einen Kredit in Höhe von € 50.000 aufgenommen, der in 24 Monatsraten zu einem Zinssatz von 6,5% zurückzuzahlen ist. Drei Monate nach Kreditaufnahme gewinnt sie eine hohe Summe im Lotto, weshalb sie der Bank die sofortige Tilgung ihres Kredits anbietet. B lehnt jedoch ab, das sie den guten Zinssatz bis zum Ende der vereinbarten Kaufzeit lukrieren möchte? Ist Herta eine begünstigte vorzeitige Rückzahlung möglich?

351. Was versteht man unter „Franchising“?

11. Kapitel: Dienstleistungsverträge

(LB Rz 645–693)

352. Welchen Vertragstypen unterliegen folgende Leistungen? Nach welchen Rechtsquellen sind sie zu beurteilen?

a) Leitung eines Sekretariats durch Kanzleiangestellte,

b) Unternehmensbetreuung durch Steuerberater,

c) Urteilsfällung eines Richters,

d) einmalige Projektstudie eines Marktforschers,

e) Reisebericht eines freien Journalisten für die Wochenendbeilage einer Zeitung.

353. Ein Student wird verpflichtet, für ein großes Unternehmen wöchentlich einen Pressespiegel zusammenzustellen.

Überlegen Sie, unter welchen zusätzlichen Bedingungen ein Werk-, Dienst- oder freier Dienstvertrag vorliegen könnte.

354. Erläutern Sie das Merkmal der persönlichen Abhängigkeit eines Arbeitnehmers.

355. Welche Funktionen kommen einem Betriebsrat zu?

356. ● In einem Dienstvertrag wird eine wöchentliche Arbeitszeit von 39 Stunden vereinbart, obwohl der einschlägige Kollektivvertrag nur $38^1/_2$ Stunden vorsieht. Nach dem Arbeitszeitgesetz sind 40 Stunden erlaubt. In welchem Zusammenhang stehen diese Regelungen zueinander? Und wie lange muss nun tatsächlich gearbeitet werden?

357. ● Max arbeitet 30 Stunden pro Woche als Maler für Meister Bunt. Zusätzlich betätigt er sich 10 Stunden als Maurer bei einer Baufirma.

a) Darf er das?

b) Was gilt, wenn Max bei Bunt 40 Stunden zu arbeiten hätte?

c) Was, wenn er in der Baufirma auch als Maler tätig wäre?

358. ● Der Angestellte Karl hat im Geschäft Waren entwendet und wird deswegen entlassen. Dennoch möchte er, dass ihm sein Chef eine Abfertigung bezahlt. Zu Recht?

359. ● Der Bauarbeiter Fritz meldet sich bereits am dritten Tag seiner neuen Arbeit krank.

a) Ist ihm sein Lohn fortzuzahlen?

b) Was gilt, wenn Fritz Buchhalter ist?

360. ❍ Der Bauarbeiter Fritz und seine Kollegen werden frühmorgens vom Baustellenleiter Ing. Trunk zur Stärkung auf eine Runde Bier eingeladen. Als um 10 Uhr der Bauunternehmer erscheint und sieht, dass die Baustelle noch immer nicht eröffnet ist, spricht er der gesamten Partie die Entlassung aus. Rechtsfolgen?

361. ❍ Fritz ist mittlerweile Lagerarbeiter. Er verbringt seinen vierwöchigen Sommerurlaub auf den Seychellen (eine Woche war er bereits im Februar Schifahren). Nach zehn Tagen erkrankt Fritz an Darmgrippe, weswegen er eine Woche im Bett liegen muss. Am Jahresende möchte er daher nochmals 7 Tage Urlaub nehmen. Zu Recht?

362. Ist A Handelsvertreter, Arbeitnehmer, Makler, Vertragshändler oder Kommissionär?

a) A verkauft Autos der D-AG im eigenen Namen, ist jedoch verpflichtet, daneben keine anderen Marken zu verkaufen sowie seine Auslage nach einem von D vorgegebenen Muster zu gestalten.

b) A führt der Hausverwaltung H, ohne dazu verpflichtet zu sein, immer wieder Mieter zu und verlangt bei Vertragsabschluss von beiden Seiten drei Monatsmieten.

c) A hat sich dem Bürstenerzeuger B verpflichtet, täglich von 9 bis 17 Uhr von Haustür zu Haustür zu gehen und in dessen Namen Bürsten zu verkaufen. Er erhält ein Grundgehalt von € 1000 im Monat sowie für jeden Vertragsabschluss einen bestimmten Prozentsatz der Kaufsumme.

d) wie c), nur erhält A kein fixes Gehalt, kann sich dafür aber aussuchen, an welchen Tagen er wann arbeitet.

e) Die Supermarktkette S verpflichtet sich, mit Herstellern, die ihr A zuführt, Kaufverträge über größere Warenmengen abzuschließen, sofern es sich bei den Waren um günstig abzugebende Restposten handelt.

f) Der Antiquitätenhändler A ist damit betraut, die Sammlung des B stückweise zu verkaufen. B möchte aber nach außen keinesfalls in Erscheinung treten, da er die Schadenfreude seiner Mitmenschen fürchtet.

Welche Rechtsnormen sind jeweils einschlägig?

363. a) Das Model M verpflichtet sich gegenüber der Agentur A, bei Modeschauen in westösterreichischen Kleinstädten an mehreren Abenden Kleidungsstücke vorzuführen. Dafür soll M € 2000 erhalten; Zeit und Ort werden ihm vorgegeben. Nach Meinung des Veranstalters sieht M an den Abenden jedoch nicht fröhlich genug aus; ein munteres Auftreten sei in Westösterreich aber nun einmal üblich. Darauf zahlt die Agentur nur € 1000.

b) wie a), nur verpflichtet sich M diesmal, an der Herstellung eines Kataloges unter Leitung des Fotografen P mitzuwirken. Viele der Fotos misslingen, woran die Agentur dem sich redlich bemühenden M die Schuld gibt.

Liegt jeweils ein Dienst- oder ein Werkvertrag vor? Warum ist die Unterscheidung im konkreten Fall bedeutsam?

364. ❍ Erwirbt ein Makler bzw ein Handelsvertreter durchsetzbare Provisionsansprüche, wenn er den von seinem Auftraggeber gewünschten Vertrag mit einem Dritten vermittelt, der Dritte aber mit der Vertragserfüllung in Verzug gerät?

365. ❍ A bringt sein Auto wie gewohnt in die Werkstatt des W zum alljährlichen Service. Der Geselle G ist nun der Meinung, der Auspuff sei schon ziemlich schlecht, weshalb er ihn austauscht. Als A auch diesen Kostenpunkt in der Rechnung vorfindet, will er nicht bezahlen. Welche Rechte hat W?

366. ● A beauftragt den Tapezierer T mit der Tapezierung von zwei Zimmern. T hat viel zu tun, deshalb bittet er den befreundeten Tapezierer X, die Arbeit zu übernehmen. X tapeziert und legt Rechnung. Muss A an X zahlen?

367. Frau F möchte das Wohnzimmer neu tapezieren lassen. Sie fragt daher beim Tapezierermeister M an, was die Arbeiten in etwa kosten werden. M übersendet daraufhin eine näher aufgeschlüsselte Aufstellung der zu erwartenden Kosten, die insgesamt € 1000 betragen. M verrichtet die Arbeiten ordnungsgemäß, legt dann aber Rechnung in Höhe von € 1200. Auf Nachfragen erklärt er, die Arbeiten seien doch zeitaufwändiger gewesen als zunächst angenommen. Außerdem habe er für die Ausarbeitung des Kostenvoranschlags € 100 in Rechnung gestellt.

a) Muss F die gesamten € 1200 bezahlen?

b) Was würde sich ändern, wenn M der F schon während der Arbeit mitteilt, dass infolge unerwarteter Schwierigkeiten mit den sehr unregelmäßigen Wänden die gesamten Arbeiten doch € 1200 kosten werden?

368. Die Hausfrau H möchte ihre alte Wohnzimmergarnitur verkaufen. Sie gibt daher bei einer Tageszeitung ein entsprechendes Inserat auf, wofür sie € 54 bezahlt. Das Inserat erscheint jedoch nun nicht wie gewünscht in der Samstag-, sondern in der Dienstag-Ausgabe. Überdies ist die abgedruckte Telefonnummer fehlerhaft, weshalb sich kein Interessent melden kann. Rechte von H?

369. Sind die Sondervorschriften des KSchG über den Reiseveranstaltungsvertrag anzuwenden, wenn

a) der Reisende für sich und seine Mutter eine Fahrt nach Prag bucht,

b) der Reisende ein Hotelzimmer bucht, selbst mit der Bahn anreist und sich dann am Zielort beim selben Veranstalter einen Kleinwagen mietet,

c) ein Geschäftsreisender Flug und Quartier zugleich bucht,

d) ein Ehepaar vom Veranstalter ein Appartement auf Gran Canaria und täglich zwei Tennisstunden bucht,

e) sich eine Familie im Reisebüro ein günstiges Angebot erstellen lässt, wobei der Flug direkt bei „Berger-Air“ und das Appartement bei „Sonnenland“ bestellt werden?

370. ● Karl ist beim exzentrischen Musikexperten Otto als Privatsekretär angestellt und hat in dieser Eigenschaft auch alle anfallenden Wünsche Ottos zu befriedigen. Eines Tages ersucht Otto den Karl, für ihn die Büste eines weithin unbekannten Komponisten, die er beim Trödler Abraham entdeckt habe und die für seine

Sammlung besonders interessant sei, zu erwerben. Karl könne bis zu € 5000 bieten. Wenig später betritt Karl das Geschäft des Abraham und erklärt diesem, dass er sich für die betreffende Büste interessiere. Nach einigem Feilschen wird der Kaufpreis mit € 4000 festgesetzt, den Karl sogleich mit eigenem Geld begleicht. Da sich die Büste nach seiner Ansicht in seinem eigenen Musikzimmer ganz ausgezeichnet macht, beschließt Karl, sie zu behalten. Dem Herausgabeverlangen Ottos hält Karl entgegen, er habe mit eigenem Geld bezahlt. Zu Recht?

371. a) Was ist ein Kommissionsgeschäft?

b) Welche Vorschriften sind heranzuziehen, wenn das Kommissionsrecht des UGB ein Rechtsproblem nicht regelt?

c) Wodurch unterscheidet sich ein Kommissionär vom Stellvertreter?

372. A gibt dem Juwelier J eine Brosche zum Verkauf. Er soll mindestens € 2000 erlösen. Nach drei erfolglosen Monaten ändert der Juwelier das Preisschild im Schaufenster von € 2100 auf € 1900. Der Kunde K kauft das Schmuckstück und zahlt sofort in bar.

a) Wie ist die Rechtslage?

b) Ändert sich etwas, wenn die Brosche gar nicht A, sondern seiner Frau F gehört hat?

Variante: J verkauft die Brosche im Namen des A.

373. Der Reisende R will im Hotel des H übernachten. Nachdem er seine Sachen aufs Zimmer gebracht hat, genießt er noch das Nachtleben der Stadt. Als er zurückkommt, bemerkt er, dass ihm sein Notebook im Wert von € 1800 gestohlen wurde. Am beschädigten Fenster erkennt er, dass sich der Dieb auf diesem Wege Zugang zum Zimmer verschafft haben muss. Als er von H Ersatz verlangt, wird er auf ein an der Rezeption hängendes Schild verwiesen: „Eine Haftung für im Zimmer liegen gelassene Wertsachen ist ausgeschlossen!"

Variante: Was würde sich ändern, wenn das Notebook von einer nunmehr verschwundenen Putzfrau mitgenommen wurde?

374. a) Welche Verträge fallen unter das „Transportrecht"? Wie sind sie definiert, welche Hauptpflichten bestehen?

b) Zu welchen Vertragstypen des ABGB stellen sie Sonderfälle dar?

c) Was versteht man unter dem Selbsteintrittsrecht des Spediteurs?

375. Welche Verträge liegen vor?

a) A nimmt eine Lieferung von B entgegen, die zehn Tonnen Weizen und eine größere Menge an fertigem Spezialmüsli für die Slowakei enthält. A entschließt sich, den Getreidetransport mit seinen eigenen LKW auszuführen; das Müsli lässt er durch die Transdonau AG stromabwärts nach Bratislava bringen.

b) A ist Privatsekretär bei B, der Briefmarken sammelt. B übergibt ihm regelmäßig Briefmarken, die er anderen Sammlern zu Ansichts- und Tauschzwecken vorbeibringen soll. Damit betraut A dann stets seinen sechzehnjährigen Sohn, einen begeisterten Pedalritter, der dafür von seinem Vater jeweils € 5 erhält, die B erstattet.

c) A bewahrt in seinem Lager die Getreidelieferungen der Bauern aus der Umgebung einige Zeit auf. Ist die Menge groß genug, lässt er das Getreide auf die Bahn zum Transport verladen.

d) A ist Eigentümer von zehn LKW, mit denen er sich je nach Bedarf für einzelne Transporte an Großunternehmen verdingt.

12., 13., 15. Kapitel: Bank- und Börsenverträge; Sicherungsverträge; Versicherungsverträge

(LB Rz 694–724, 727–744)

376. Was ist ein Kontokorrentverhältnis? Warum wird es vereinbart?

376a. ❍ G setzt sich nach einigen Gläsern Bier noch spätabends an seinen PC, um aktuelle E-mails zu lesen. Eine Anfrage seiner Bank beantwortet er sofort und gibt dabei auch seine Kontozugangsdaten preis. Natürlich war das E-mail gefälscht und schon am nächsten Tag muss G, wieder nüchtern, feststellen, dass von seinem Konto € 3.500 auf ein Konto ins Ausland überwiesen wurden. Die Täter bleiben unerkannt. Welche Rechte hat G gegen seine Bank und umgekehrt?

377. ❍ Die Weinhändler A und B stehen in ständiger Geschäftsverbindung. Die wechselseitigen Forderungen werden vereinbarungsgemäß zweimal im Jahr summiert, dann wird ein Saldo gebildet.

a) Als A in B's unmittelbarer Umgebung eine Filiale eröffnet, zerbricht die Verbindung. B durchforstet darauf sein Archiv und entdeckt Unterlagen, durch die er nachweisen kann, dass zwei seiner Forderungen bei der letzten Saldofeststellung durch einen Buchungsfehler zu niedrig angesetzt waren. Kann B die Differenz noch verlangen?

b) A erkennt, dass B in wirtschaftliche Schwierigkeiten gerät. Deswegen lässt er sich eine Lieferung im Wert von € 100.000 durch eine Bürgschaft von B's Hausbank H sichern. Die nächste Saldofeststellung ergibt auf Seiten des A € 1,2 Mio, auf Seiten des B € 1,15 Mio. Außer der genannten ist keine Forderung besichert. B kann die Differenz schon nicht mehr begleichen und meldet Insolvenz an. Rechte des A gegen H?

378. F muss wegen mehrfachen schweren Betruges vor Gericht. Er ist völlig vermögenslos, möchte aber dennoch vom berühmten Strafverteidiger S verteidigt werden. Dieser übernimmt das Mandat, als die Mutter von F, M, mündlich erklärt, für die Verteidigerkosten einzustehen. Kann S sein Honorar nun auch von M einfordern?

379. ● B, ein Bauunternehmer, soll seinem Geschäftsfreund G mit einer Bürgschaft helfen. B erklärt nun per Telefax die Übernahme einer Bürgschaft bis zum Betrag von € 500.000. Der von X gewährte Kredit beläuft sich auf € 1 Mio. G wird insolvent, X verlangt nun von B Zahlung. Zu Recht?

380. Um einen Freund des Kreditsuchenden zur Übernahme einer Bürgenhaftung zu veranlassen, sagt die Bank B dem F, die Bürgschaft sei eine bloße Formalität, es bestehe keine Gefahr, dass der Kreditnehmer das Darlehen nicht zurückzahle. B weiß jedoch, dass der Kreditnehmer finanziell äußerst unsicher ist. F erklärt wegen B's Auskunft die Bürgschaftsübernahme. Infolge Insolvenz des Kreditnehmers verlangt B nun Zahlung von F. Stehen F Einreden gegen die Forderung der B zu?

381. Die Modehändlerin M nimmt bei der Bank B einen Kredit in Höhe von € 7000 auf. Zur Sicherheit verpfändet sie ein wertvolles Schmuckstück, ihr Angestellter A übernimmt überdies die Bürgenhaftung für die Rückzahlung. In der Folge zahlt A die Darlehenssumme einschließlich Zinsen zurück. Welche Rechte hat er nun?

382. ● B hat zu Gunsten von A eine Bürgschaft übernommen. Zwei Jahre später erklärt der Gläubiger G gegenüber B, dass A in Verzug geraten sei, € 100.000 seien noch offen. B zahlt nun diesen Betrag an G. Später stellt sich heraus, dass tatsächlich nur noch € 55.000 zu zahlen waren. Rechte des B?

383. ❍ Der finanzschwache Architekt A benötigt zur Fertigstellung seines Lebenstraums, einer hochmodernen Bio-Wohnsiedlung, einen Kredit in Millionenhöhe. Die Bank B ist dazu nur gegen Gewährung von Sicherheiten bereit. A überredet daher seine 20-jährige Tochter T, eine Studentin der Veterinärmedizin, für ihn zu bürgen. Tatsächlich ist A in der Folge außer Stande, den Kredit zurückzuzahlen.

a) Kann T von B in Anspruch genommen werden?

b) Kann T geholfen werden, wenn sie (auch) auf Grund eines ihre Verhältnisse massiv übersteigenden Lebenswandels stark überschuldet ist?

384. Die Bank B übernimmt für ihren Kunden K eine Garantie auf erstes Anfordern über € 1 Mio für den Ankauf von Spezialmaschinen in Großbritannien. Es stellt sich jedoch heraus, dass die Maschinen österreichischen Sicherheitsnormen nicht entsprechen, obwohl dies vom Verkäufer V ausdrücklich zugesagt worden ist. K, für den die Maschinen unbenutzbar sind, erreicht daher die Aufhebung des Kaufvertrags. Dennoch verlangt V von B Zahlung.

a) Muss B zahlen?

b) Welche Möglichkeiten hat B sonst?

c) Wie wären a) und b) zu lösen, wenn B eine Bürgschaft übernommen hätte?

385. a) Welche zentralen Rechte und Pflichten resultieren aus dem Abschluss eines Versicherungsvertrages?

b) Was versteht man unter „Versicherungsfall"?

c) Welche Sonderregeln kennt das VVG für die Bindung des Versicherungsnehmers an seinen Antrag? Unter welchen besonderen Voraussetzungen kann sich ein Versicherungsnehmer vom Vertrag wieder lösen? Gelten diese Regeln jeweils für alle Versicherungsnehmer?

d) Wann beginnt der Versicherungsschutz?

386. A lässt sein Fahrrad bei V gegen Diebstahl versichern. Als er den ersten Zahlschein erhält, ist es ihm aber um das Geld leid. Im Diebstahlsfalle, so meint er, könne er die Raten noch immer bezahlen; auch bezahlt A seine Rechnungen prinzipiell nie vor der ersten Mahnung. Als A's Fahrrad tatsächlich gestohlen wird, verweigert V die Zahlung.

a) Zu Recht?

b) Ändert sich etwas, wenn A erst nach einem Jahr keine Versicherungsprämie bezahlt hat?

❍ *c)* Was gilt, wenn A die erste Prämienzahlung erst eine Woche nach Fälligkeit leistet?

❍ *d)* Wie ist die Rechtslage, wenn er erst eine Woche nach Mahnung durch den Versicherer zahlt, der Versicherungsfall aber bereits zwei Tage nach der Mahnung eingetreten ist?

387. E hat seinen Oldtimer bei V auf € 30.000 versichern lassen. Tatsächlich ist er € 60.000 wert. Bei einem Brand in der Garage wird das Auto schwer beschädigt. Die Reparaturkosten belaufen sich auf € 20.000. Bekommt E diesen Betrag von V voll ersetzt?

388. ❍ a) A ist bei der Versicherung V haftpflichtversichert. Er verschuldet durch geringe Unachtsamkeit mit seinem Motorboot einen Unfall, bei dem G schwer verletzt wird; G's Sach- und Personenschaden beläuft sich auf € 100.000. Daraufhin setzt A sich unerreichbar ins Ausland ab; über sein inländisches Vermögen wird das Insolvenzverfahren eröffnet.

b) A, der in der Fabrik des G gefährliche Maschinen bedient, hat sich wegen allfälliger Ersatzpflichten bei V versichern lassen. Nach einem Streit mit G beschädigt er absichtlich eine der wertvollen Maschinen (Sachschaden € 100.000).

Von wem kann G Zahlung verlangen? Muss V die Schäden decken?

389. A fährt bei Grün in eine Kreuzung ein, wird dabei aber vom Wagen des B „abgeschossen". B ist bei V haftpflichtversichert. Rechte von A?

Variante: B ist mit einem nicht angemeldeten Fahrzeug und mit gefälschten Kennzeichentafeln unterwegs.

4. Abschnitt: Gesetzliche Schuldverhältnisse

2. Kapitel: Schadenersatz

(LB Rz 747–810)

390. a) Was sind die wichtigsten Voraussetzungen einer Schadenersatzpflicht?

b) Gibt es auch eine Schadenersatzpflicht ohne Verschulden?

c) Was sind die wichtigsten Grundsätze der Verschuldenshaftung?

391. Liegt in folgenden Fällen ein Schaden vor; wenn ja, welcher; glauben Sie, dass eine Ersatzpflicht in Betracht kommt?

a) M wird von seiner Frau verlassen. Statt fernzusehen muss er nun am Abend kochen und putzen.

b) wie a), nur stellt M eine Bedienerin an, die pro Stunde € 10 bekommt.

c) Der Rechtsanwalt R wird auf einer Schipiste von S niedergestoßen. R erleidet eine leichte Gehirnerschütterung. Er kuriert sich nicht aus, sondern arbeitet die nächsten 10 Tage unter starken Kopfschmerzen.

d) D bricht in die Villa des E ein und stiehlt dabei eine alte Uhr, ein Familienerbstück. Er beschädigt sie beim Abtransport.

e) A verliert sein Sparbuch mit einem Einlagestand von € 50.000. Dafür hatte er mit der Bank Sonderkonditionen ausgehandelt. Da er diese Vereinbarung im Augenblick nicht beweisen kann, muss er für weitere € 5000 ein neues Sparbuch eröffnen; dafür erhält er 1% weniger an Zinsen.

f) E will am Abend mit seiner neuen Flamme in die Oper gehen. Er findet seine goldene Uhr nicht und muss eine „Swatch" umbinden. Seine Begleiterin findet das unpassend und lehnt deshalb die Einladung zum anschließenden Abendessen ab. E speist daher allein (und mangels Appetits nur eine kleine Portion). Am nächsten Tag stellt sich heraus, dass E's Bedienerin die Uhr falsch eingeräumt hat.

g) Der ungeschickte Besucher B beschädigt die ihm von E stolz vorgelegte Briefmarke. Ihr Katalogwert beträgt € 1000; A hatte E zuletzt € 900 geboten. E hoffte aber, die Marke gegen eine andere des A im Wert von € 1100 eintauschen zu können.

h) Der erholungsbedürftige U hat einen 14-tägigen Pauschalurlaub in der Türkei gebucht. Entgegen den Angaben im Katalog wird er jedoch nicht direkt am Meer, sondern 30 km von der Küste entfernt im Landesinneren untergebracht. Zwar fährt täglich um 9.00 Uhr ein Gratis-Bus zum Strand, der die Hotelgäste am späten Nachmittag auch wieder zurückbringt. Da U jedoch gerne lange schläft und die Fahrten wegen fehlender Klimaanlage und der schlechten Straße wenig angenehm sind, macht er von diesem Angebot nur zweimal Gebrauch. Ansonsten bleibt er am kleinen, überlaufenen hoteleigenen Pool.

392. Handelt A in folgenden Fällen rechtswidrig?

❍ a) Er sticht die Reifen von G's Auto auf;

b) er schießt einen Einbrecher nieder;

c) er wischt im Schlaf bei wilden Träumen die Vase seiner Frau vo Nachtkästchen;

d) er erschlägt einen streunenden Hund, der seinen Zwergdackel anfällt;

e) er erzählt seinen Eltern, die Völkerrechtsprüfung geschafft zu haben, obwohl er gar nicht angetreten ist;

f) er verkauft als Einzelhändler originalverpackte Ware, die auf Grund eines Fehlers beim Käufer Schäden verursacht.

g) B hat A erlaubt, sein altes Auto auszuschlachten. Als A Zeit findet, baut er den Motor aus. Er weiß allerdings nicht, dass B wenige Tage vorher den Wagen einem Freund geschenkt und übergeben hat; es steht nach wie vor im Hof der Familie des B.

h) A trinkt am Abend zu Hause einige Gläser Bier. Plötzlich beginnen bei seiner Frau viel zu früh die Wehen. Da das Ehepaar einschichtig und ohne Telefon lebt, setzt sich A hinter das Steuer. Bei der Fahrt ins Krankenhaus beschädigt er auf Grund seiner Alkoholisierung einen Gartenzaun.

393. Was bedeutet Rechtswidrigkeitszusammenhang, was rechtmäßiges Alternativverhalten? Bilden Sie je ein Beispiel.

394. ● Der Warenhausdetektiv W verfolgt den Dieb D. Auf einer nassen Wiese kommt er zum Sturz und bricht sich ein Bein. D wird schließlich von Passanten gefasst. W verlangt nun von D Schmerzengeld, die Kosten seiner Heilung und Ersatz des entgangenen Verdienstes, das Warenhaus einen Teil des dem Detektiv bezahlten Monatsgehaltes, da dieser nur wegen der Diebe angestellt worden sei. Zu Recht?

395. A fährt mit seinem Auto im Ortsgebiet mit 58 km/h. Plötzlich springt von links eine Frau auf die Straße, die von ihrem eifersüchtigen Freund verfolgt wird. A's Auto erfasst sie trotz sofortiger Vollbremsung. Sie erleidet schwere Verletzungen. Welche Rechte hat die verletzte Frau?

396. ❍ X geht nächtens durch einen dunklen Park und hört unterdrückte Schreie: G versucht gerade, die Studentin S zu vergewaltigen. X nimmt einen Stein und schlägt damit ohne Vorwarnung auf G ein. Dieser ergreift blutüberströmt die Flucht. Muss X G Schadenersatz leisten?

397. Der Tourenschifahrer T gerät völlig unerwartet in dichten Nebel. Wegen der einbrechenden Dunkelheit muss er befürchten, während der Nacht zu erfrieren. Seine letzte Rettung ist die Almhütte des B, die er zufällig findet. Er bricht einen Fensterladen auf und schlägt eine Scheibe ein, zündet ein Feuer an und tut sich an den Vorräten aus der Speisekammer gütlich. Am nächsten Tage kann er bei gutem Wetter abfahren. B hat durch T's Verhalten einen Schaden von € 300 erlitten. Muss T diesen ersetzen? Ändert sich etwas, wenn T die Tour trotz präziser Wettervorhersage und gegen die Warnung von Einheimischen gewagt hat?

398. ❍ A fährt mit seinem Auto in einer Einbahnstraße. In einer Kurve erfasst er den Radfahrer R, der glaubt, nach einer Novelle der StVO auch gegen die Einbahn radeln zu dürfen. Dies gilt aber nur in Straßen mit besonderer Markierung. R wird verletzt, sein Fahrrad wird beschädigt. Welche Rechte hat R gegen A?

399. Welche Formen des Verschuldens gibt es? Welche Bedeutung haben sie im Schadenersatzrecht?

400. Schädigt A vorsätzlich, (grob oder leicht) fahrlässig oder schuldlos?

a) wie Fall 392 a)–h);

b) er fährt bewusst im Ortsgebiet 60 km/h und stößt ein Kind nieder, das plötzlich zwischen parkenden Autos auf die Fahrbahn springt;

c) er ist geisteskrank und zündet den Stall des Nachbarn an, weil dieser ihn öfters beschimpft hat;

d) er liest in der Fußgängerzone während des Gehens die Schlagzeilen von „Nichts Neues“ und stößt dabei einen älteren Herrn nieder, der mitten im Getümmel sein Schuhband bindet;

e) er tätigt als Geschäftsführer einer GmbH als äußerst riskant bekannte Geschäfte, die kurze Zeit gut, dann aber vollständig schief gehen;

f) er wirft einen schweren Aschenbecher in seinen Fernsehapparat, weil sein Lieblingsclub auf Grund einer Schiedsrichterfehlentscheidung verloren hat.

401. ❍ Ist folgende Klausel aus den AGB eines Handwerkers wirksam? „Für von Hilfspersonen des Unternehmers verursachte Schäden wird nur bei vorsätzlichem Verhalten gehaftet.“

402. Nach durchzechter Nacht kommt A mit einem Restalkohol von 1,2 Promille an seinen Arbeitsplatz bei B. Nach einer Stunde beschädigt er durch einen Bedienungsfehler eine Maschine schwer. Der Schaden beträgt € 50.000. A erleidet überdies eine leichte Verletzung an der rechten Hand. Rechte zwischen A und B?

403. Der an sich sehr geschickte Kellner Balduin hat starke Kopfschmerzen. Eine Stunde vor Dienstschluss rutscht ihm ein volles Glas Sekt vom Tablett und beschmutzt den Anzug eines Gastes. Hat Balduin für diesen Schaden aufzukommen? Oder muss der Inhaber des Lokals die Reinigung bezahlen und kann sich dieser anschließend an Balduin schadlos halten?

404. ❍ Die Fahrzeuge von A und B kollidieren auf einer Kreuzung, weil A gerade eine Kassette einlegen wollte und daher den Nachrang nicht beachtet und B die zulässige Höchstgeschwindigkeit um 10 km/h überschritten hat. Am Wagen des A entsteht ein Schaden in Höhe von € 1500. Kann A diesen Betrag von B fordern, wenn

a) der Zusammenstoß nicht erfolgt wäre, hätte B die Geschwindigkeitsbegrenzung eingehalten,

b) der Unfall auch dann erfolgt wäre?

405. Was ist bei Verletzung, was bei Tötung eines Menschen, was bei sexuellem Missbrauch zu ersetzen? Macht es einen Unterschied, ob eine gegen ihren Willen zu sexuellen Handlungen gezwungene Frau mit dem Täter verheiratet ist?

406. Haftet H für das Verhalten seines Dienstnehmers G, wenn

a) G bei Lieferung von Ware im Lager von H’s Kunden X eine Maschine beschädigt;

b) G beim Beladen des Lieferfahrzeuges einen Passanten zu Fall bringt;

c) G beim Entladen im Hof des X das Fahrzeug von dessen Betriebsleiter B beschädigt;

d) G regelmäßig alkoholisiert zur Arbeit kommt und eines Tages aus diesem Grund bei Bauarbeiten in der Nähe spielende Kinder mit einem Betonrohr, das ihm aus der Hand fällt und davonrollt, verletzt?

407. Greifen die Regeln der Gehilfenhaftung ein, wenn G als

❍ a) Geschäftsführer/Angestellter der H-GmbH einen Geschäftspartner schädigt;

b) gesetzlicher Vertreter des minderjährigen H einem Vertragspartner schuldhaft Schaden zufügt?

c) wie a), nur verletzt G auf einer Dienstfahrt einen Fußgänger.

408. Unterscheiden Sie Erfüllungs- und Besorgungsgehilfen mit Hilfe eines Beispiels.

409. Die Hausfrau H beauftragt den Installateur I, ihre kaputte Waschmaschine instand zu setzen. I schickt seinen Angestellten A, der zwar ordentlich repariert, den Schlauch aber schlecht anschließt. Als H die nächste Waschladung wäscht und zugleich einige Besorgungen macht, kommt es zur Überschwemmung. Sowohl in der Wohnung von H als auch in der darunter liegenden ihrer Nachbarin N kommt es zu größeren Schäden. Wie ist die Rechtslage?

410. Der Baumeister B weist den bei ihm beschäftigten Arbeiter A an, nach Arbeits-
❍ schluss die Baugrube abzusichern. A hat jedoch wieder einmal dem Bier reichlich zugesprochen, weshalb er um die Grube bloß eine dünne Schnur spannt. In der Dämmerung stürzt der 15-jährige X, der nicht auf den Weg achtet, beim Spiel mit Freunden in die Grube und verletzt sich schwer.

a) Von wem kann X Schadenersatz verlangen?

b) Welche Schäden könnte X geltend machen?

411. Durch eine kleine Unachtsamkeit streicht der Lehrling L nicht nur den Fensterstock, sondern auch einen Teil des Vorhangs. Da sich die Wohnungseigentümerin W darüber furchtbar aufregt, ersetzt ihr L sogleich den Schaden. Kann er sich das Geld von seinem Meister M zurückholen, der von W mit den Malerarbeiten beauftragt wurde?

412. Unter welchen Voraussetzungen kann der Geschädigte unmittelbar vom Gehilfen Ersatz verlangen?

413. Der Passant P wird beim vorschriftsmäßigen Überqueren einer Kreuzung von einem zu schnell fahrenden Polizeiauto erfasst und getötet. Können seine Hinterbliebenen Ansprüche gegen den Lenker des Wagens, die Republik Österreich oder beide geltend machen? Welche Ansprüche kommen in Betracht?

414. A geht mit einem Rechtsproblem zum Rechtsanwalt Dr. R. Dieser lässt sich den
● Sachverhalt schildern, überlegt kurz und rät dann zur Einbringung einer Klage. Der Prozess geht allerdings verloren, da der Oberste Gerichtshof vor zwei Jahren in einem ganz ähnlich gelagerten Fall bereits in diesem Sinn entschieden hat; der Fall war auch in der verbreiteten Fachzeitschrift „Juristische Blätter" veröffentlicht worden. Dr. R kannte diese Entscheidung nicht. Er sendet A eine Honorarnote in Höhe von € 1100. Die Prozesskosten von insgesamt € 1800 muss A ebenfalls tragen. Welche Ansprüche bestehen zwischen A und R?

415. Die „X-Zeitung" berichtet über das angeblich anrüchige Privatleben der wegen
❍ Mordverdachtes inhaftierten W. Sie verwendet dabei Bezeichnungen wie

„Schweinchen, mache alles". Einige Zeit später findet sich der Chefredakteur und Herausgeber C in der „Y-Zeitung" mit Schweinsohren in der gedrungenen Form eines Schweinskopfes mit seinen Gesichtszügen wieder. Überschrieben ist dies mit der von der „X-Zeitung" in Hinblick auf W gebrauchten Wendung. C verlangt von Y Schadenersatz. Zu Recht?

416. Kann S vom Geschädigten G heute noch zur Verantwortung gezogen werden, wenn er im Jahre 2006

a) durch Unachtsamkeit dessen Fahrzeug beschädigt und G sofort davon Mitteilung gemacht hat;

b) einen Einbruch begangen hat?

c) wie a), nur erfuhr G erst Anfang 2010, dass S der Schädiger war.

417. a) Was heißt „Gefährdungshaftung"?

b) Welche Gesetze sehen eine Schadenersatzpflicht auch ohne schuldhaftes Verhalten des Schädigers vor?

418. F fährt mit dem Auto ihres Mannes M, der ihr den Gebrauch gestattet hat, in den Nachbarort. Nach einer Kurve gerät ihr Auto auf einem nicht rechtzeitig erkennbaren Ölfleck ins Schleudern und beschädigt das Garagentor des G.

a) Kann G von F Ersatz des Schadens verlangen?

b) Haftet eventuell M?

419. ❍ A fährt mit seinem PKW auf einer Landstraße. Als plötzlich ein Reh die Fahrbahn überquert, verreißt er das Lenkrad und stößt deshalb mit dem Wagen des B zusammen. B stirbt nach längerem Leiden und hinterlässt eine Frau sowie ein kleines Kind. Können die Hinterbliebenen Ansprüche gegen A (oder dessen Versicherung) geltend machen?

420. a) Was sind die Grundprinzipien des Produkthaftungsgesetzes?

❍ b) Welche wichtigsten Unterschiede bestehen zwischen der allgemeinen Verschuldenshaftung des ABGB, den Schadenersatzregeln des EKHG (Eisenbahn- und Kraftfahrzeug-Haftpflichtgesetz) und des PHG (Produkthaftungsgesetz)?

421. ❍ A geht mit seinem Hund spazieren. Auf Grund eines Produktionsfehlers reißt die Leine; der Hund läuft vor das Rad des B, der auf dem Fußweg verbotenerweise fährt. B kommt zum Sturz und erleidet schwere Dauerschäden. Die Leine wurde in Taiwan produziert, von I nach Österreich importiert und vom Einzelhändler E an A verkauft. Welche Rechte hat B?

3.+4. Kapitel: Ungerechtfertigte Bereicherung; Geschäftsführung ohne Auftrag

(LB Rz 811–824)

422. Welche Rechte hat Z, wenn er € 10.000 an G zahlt,

❍ a) weil er glaubt, dass er bei G einen Schaden in dieser Höhe verursacht hat, während tatsächlich X der Übeltäter war;

b) weil er zwar weiß, dass X das Geld schuldet, er diesen aber vor einem Prozess bewahren will;

c) weil er nicht weiß, dass G seine Forderung gegen ihn inzwischen an X abgetreten hat;

d) obwohl er weiß, dass die Forderung bereits verjährt ist?

e) wie b), nur will Z verhindern, dass das von ihm bestellte Pfand verwertet wird.

423. A borgt sich das Fahrrad seines gerade abwesenden Nachbarn B und erledigt damit kleinere Einkäufe. Er ist der Meinung, B, mit dem er sich sonst gut versteht, werde schon nichts dagegen haben. Welche Ansprüche hat B, wenn

a) A sich dadurch den Preis eines Straßenbahnfahrscheines erspart hat;

b) er selbst wegen des Fehlens des Fahrrades ein Taxi nehmen muss, um noch rechtzeitig bei seiner Freundin zum Abendessen einzutreffen?

424. A stiehlt dem B ein Gemälde im Wert von € 35.000. Auf Grund seiner guten Kontakte zu Sammlern gelingt es ihm, dieses um das Zweifache zu verkaufen. B verlangt nun den gesamten Erlös. Zu Recht?

425. Herr Berger kauft sich im nahe gelegenen Supermarkt eine Packung Knusperriegel um € 1,45. Als er abends nach der Arbeit nach Hause kommt, stellt er entsetzt fest, dass sein mit ihm wohnender Schwager S, der die meiste Zeit des Tages zu Hause verbringt, die gesamte Packung aufgegessen hat. S meint nur, das sei unter Verwandten eben so üblich; er habe immer wieder von Bergers Vorräten gezehrt, was dieser wohl gewusst habe, ohne sich je zu äußern. Außerdem bekäme man die Riegel anderswo um € 1,09. Nun ruft Berger bei Ihnen an und fragt Sie, was er tun könne. Was meinen Sie?

426. ❍ B hat sich gegenüber dem Gläubiger G telefonisch bis zur Höhe von € 100.000 verbürgt. Als G einige Zeit später energisch auf Zahlung drängt, überweist B € 50.000. Weitere Zahlungen lehnt B jedoch ab. Rechte von G bzw B?

427. A stellt sein Fahrzeug auf einem Parkplatz ab. Dabei sieht er, dass aus dem Motorraum von B's neuem Mercedes Rauchschwaden aufsteigen. Er nimmt seinen Feuerlöscher und erstickt den Schwelbrand. Das Neubefüllen des Geräts kostet € 50.

a) Muss B diese Kosten ersetzen?

b) Was gilt, wenn der Löschversuch erfolglos war?

c) Was ändert sich, wenn A den Feuerlöscher aus dem Cabrio des C genommen hat?

428. ❍ F sieht, dass nach einem Sturm beim Nachbarn N, der sich auf einer längeren Urlaubsreise befindet, mehrere Dachschindeln heruntergefallen sind. Für die nächsten Tage ist Regen angesagt. F beauftragt daher den Dachdecker D, das Erforderliche zu unternehmen. D tut dies ordnungsgemäß und sendet F eine Rechnung in Höhe von € 1600. Welche Ansprüche bestehen?

429. A lässt den Gehsteig vor seinem Haus asphaltieren. Er beauftragt B, diese Arbeiten durchzuführen. B asphaltiert irrtümlich auch vor dem Grundstück des Nachbarn C. Kann B für diese zusätzlichen Arbeiten Entgelt verlangen? Von wem?

Variante: Auf Grund einer Verordnung der Gemeinde sind alle Hauseigentümer verpflichtet, die Gehwege vor ihren Grundstücken asphaltieren zu lassen.

3. Teil: Wertpapierrecht

(LB Rz 825–905)

430. a) Was ist ein Wertpapier? Inwiefern unterscheidet es sich von sonstigen Forderungen?

b) Welche Zwecke verfolgt man mit der Verwendung von Wertpapieren?

c) Was ist das rechtlich Besondere an den Wertpapieren?

431. Warum ist es für einen Verkäufer, der gegen Stundung des Kaufpreises leistet, günstig, sich vom Käufer ein Wertpapier (zB einen Wechsel) geben zu lassen? Genügt nicht der schriftliche Kaufvertrag?

432. ❍ E hat in seinem Schreibtisch folgende Papiere liegen: einen von S unterfertigten Schuldschein über € 50.000; Aktien der A-AG im Wert von € 200.000; einen von S gezeichneten Scheck über € 50.000; ein von der B-Bank ausgestelltes Inhabersparbuch (Einlagestand € 300.000); eine Kaufvertragsurkunde, in der er als Verkäufer und X als Käufer aufscheint (Kaufpreisanspruch € 100.000). Bei einem Zimmerbrand werden Schreibtisch und Papiere völlig zerstört.

a) Hat E alle seine Forderungsrechte verloren?

b) Was kann er tun?

433. ● Wie 432, nur verbrennt nichts. S bringt vor, Schuldschein und Scheck betreffen dieselbe Werklohnschuld. E habe aber mangelhaft geleistet, weshalb er nicht zahlen müsse. E legt die Papiere im Prozess vor. Wird S verurteilt, wenn die Mangelhaftigkeit der Werkleistung bewiesen wird?

434. ● S bezahlt die Schuld an E, verabsäumt aber, sich zugleich die Urkunden zurückgeben zu lassen. E tritt in der Folge die Werklohnforderung bei gleichzeitiger Übergabe des Schuldscheins an Z ab. Den Scheck behält er. Rechte von

a) Z gegen S;

b) Z gegen E;

c) E gegen S bzw S gegen E?

435. Wodurch unterscheiden sich Namens-, Inhaber- und Orderpapiere?

436. Handelt es sich in den folgenden Fällen um Wertpapiere? Wenn ja, liegt jeweils ein Rekta-, ein Order- oder ein Inhaberpapier vor?

a) eine Garderobenmarke aus Plastik;

b) ein Mensenbon;

c) ein weißes Blatt Papier mit einer Unterschrift auf einer Seite;

d) das gleiche Blatt Papier, nachdem F es auf der Straße gefunden hat und die notwendigen Bestandteile eines Wechsels fein säuberlich neben die Unterschrift gesetzt hat;

e) wie c), nur geschieht die Vervollständigung mit Zustimmung des Zeichners;

f) ein Sparbuch, wobei die Auszahlung des Geldes neben der Vorlage desselben an die Mitteilung des Losungswortes „Krimi" geknüpft ist;

g) ein ausgefüllter Euroscheck;

h) ein Scheck, zahlbar an Herrn Michael Mayer;

i) wie h), nur enthält der Scheck einen Vermerk „nicht an Order";

j) eine vinkulierte Namensaktie;

k) der Geschäftsanteil einer GmbH;

l) eine schriftliche Bürgschaftserklärung;

m) der Ladeschein.

437. Kann man sagen: Bei Inhaberpapieren stehen die Rechte aus dem Wertpapier immer dem jeweiligen Inhaber zu?

438. ❍ Welche Rechtsfolgen greifen ein, wenn die Bank B als Schuldnerin das Guthaben nach dem Diebstahl eines Inhabersparbuchs

a) an den Dieb D auszahlt, der das Buch vorlegt;

b) an die bestohlene Pensionistin P auszahlt, die sie gut kennt?

439. Nennen Sie je ein Beispiel für ein kausales, deklaratorisches Inhaberpapier und ein abstraktes, konstitutives Rektapapier.

440. Kann A bereits Rechte ausüben, bevor

a) ihm die Aktien übergeben werden;

b) ihm der Wechselschuldner den unterschriebenen Wechsel übergibt;

c) er eine Ausfertigung des schriftlichen Kaufvertrages erhält;

d) der Kreditvertrag unterfertigt wurde, den der ihm bereits ausgehändigte Wechsel sichern soll?

441. S hat Schulden bei G. G weist ihn bei Fälligkeit an, den geschuldeten Betrag an X zu leisten.

a) Muss S an X zahlen?

b) Kann X von S Zahlung fordern?

c) Welche Rechtsfolgen greifen ein, wenn S an X leistet?

442. Welche kaufmännischen Wertpapiere kennen Sie? Welche Bedeutung haben die so genannten Transportpapiere?

443. Was sind die wesentlichen Bestandteile eines Wechsels?

444. Sind folgende Wechsel gültig ausgestellt?

❍ a)

Wien, den 4.1.2002
Ort und Tag der Ausstellung (Monat in Buchstaben)
Gegen diesen Wechsel – erste Ausfertigung – zahlen Sie am 4.3.2002
Monat in Buchstaben
an Frau Roswitha GRUBER EURO =10.000,–
Währung/Betrag in Worten
in Buchstaben
Bezogener: Hans Schulz
Friedhofstraße 3
in 2340 Mödling
Ort und Straße (genaue Adreßangabe)
Zahlbar bei
in
Diesen Raum nur für Zahlstellenvermerke benützen
Peter Müller
Unterschrift, Adresse und Firmenstempel des Ausstellers
Angenommen:
Unterschrift des Akzeptanten

b)

Wien, den 26. März 2002
Ort und Tag der Ausstellung (Monat in Buchstaben)
Gegen diesen Wechsel – erste Ausfertigung – zahlen Sie am
Monat in Buchstaben
an Frau Roswitha GRUBER EURO =30.000,–
Währung/Betrag in Worten dreißigtausend
in Buchstaben
Bezogener: Hans Schulz
Friedhofstraße 3
in 2340 Mödling
Ort und Straße (genaue Adreßangabe)
Zahlbar bei
in
Diesen Raum nur für Zahlstellenvermerke benützen
Peter Müller
Unterschrift, Adresse und Firmenstempel des Ausstellers
Angenommen: Mödling, 27.3.02 Schulz Hans
Unterschrift des Akzeptanten

c)

Wien, den 28.2.2002
Ort und Tag der Ausstellung (Monat in Buchstaben)
Gegen diesen Wechsel – erste Ausfertigung – zahlen Sie am 1. Juli 2002
Monat in Buchstaben
an Herrn Peter Müller EURO =50.000,–
Währung/Betrag in Worten fünfzigtausend
in Buchstaben
Bezogener: Hans Schulz
Friedhofstraße 3
in 2340 Mödling
Ort und Straße (genaue Adreßangabe)
Zahlbar bei
in
Diesen Raum nur für Zahlstellenvermerke benützen
Peter Müller
Unterschrift, Adresse und Firmenstempel des Ausstellers
Angenommen: am 3.3.2002 Schulz Hans
Unterschrift des Akzeptanten

d)

Wien, den 1.4.2002
Ort und Tag der Ausstellung (Monat in Buchstaben)
Gegen diesen Wechsel – erste Ausfertigung – zahlen Sie am 1. April 2003
Monat in Buchstaben
an ALLFINANZBANK AG, Salzb. EURO
Währung/Betrag in Worten
in Buchstaben
Bezogener: Elisabeth Müller
Wollzeile 3/12
in 1010 Wien
Ort und Straße (genaue Adreßangabe)
Zahlbar bei Allfinanzbank AG
Mozartplatz 1
in Salzburg
Diesen Raum nur für Zahlstellenvermerke benützen
Peter Müller
Unterschrift, Adresse und Firmenstempel des Ausstellers
Unterschrift des Akzeptanten
Angenommen: Wien, 1.4.2002 Elisabeth Müller

445. Welche Rechtsfolgen knüpfen sich an die Fälschung eines Wechsels? Besteht ein Unterschied zwischen der Fälschung einer Unterschrift und der Verfälschung sonstiger Bestandteile des Wechsels? Welche Bedeutung hat die Unterschriftsfälschung nach allgemeinem Zivilrecht?

446. Wie 444 b), nur hat Müller die Unterschrift von Herrn Schulz gefälscht. Von wem und wann kann Frau Gruber die Zahlung der Wechselsumme fordern?

447. Wie 444 a), nur setzt Frau Gruber geschickt eine „1“ vor die Summe.

❍ a) Könnte sie von Herrn Müller nun € 11.000 fordern?

b) Könnte die Bank B diesen Betrag verlangen, die den Wechsel von Frau Gruber erworben hat?

c) Wie wäre die Rechtslage für B, wenn Frau Gruber die Summe unverändert gelassen und bloß in den freien Raum in Buchstaben „einhunderttausend“ geschrieben hat?

448. Wie entsteht eine Wechselforderung? Welche Personen sind an einem dreipersonalen Wechselverhältnis beteiligt? Wer schuldet wem?

449. ● Herr Moser hat folgendes Wechselformular in Händen (die Daten sollen keine Rolle spielen)

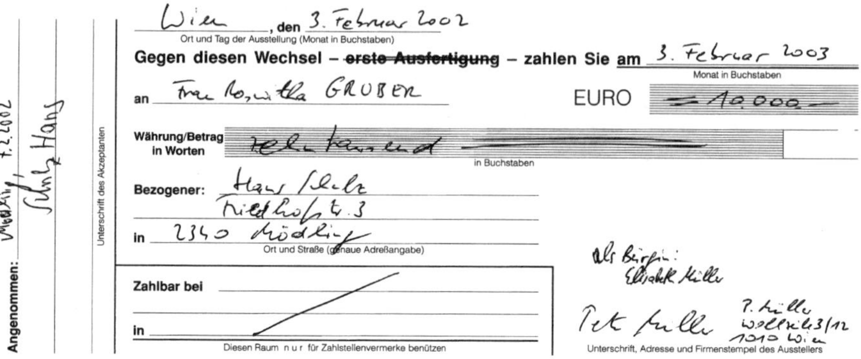

Wien, den 3. Februar 2002
Ort und Tag der Ausstellung (Monat in Buchstaben)

Gegen diesen Wechsel – ~~erste Ausfertigung~~ – zahlen Sie am 3. Februar 2003
Monat in Buchstaben

an Frau Roswitha GRUBER EURO =10.000,–

Währung/Betrag in Worten zehntausend
in Buchstaben

Bezogener: Hans Schulz
Friedhofstr. 3
in 2340 Mödling
Ort und Straße (genaue Adreßangabe)

Zahlbar bei
in
Diesen Raum nur für Zahlstellenvermerke benützen

Angenommen: Mödling, 7.2.2002 Schulz Hans

Unterschrift des Akzeptanten

Als Bürgin: Elisabeth Müller

Petr Müller P. Müller Wollzeile 3/12 1010 Wien
Unterschrift, Adresse und Firmenstempel des Ausstellers

Rückseite:

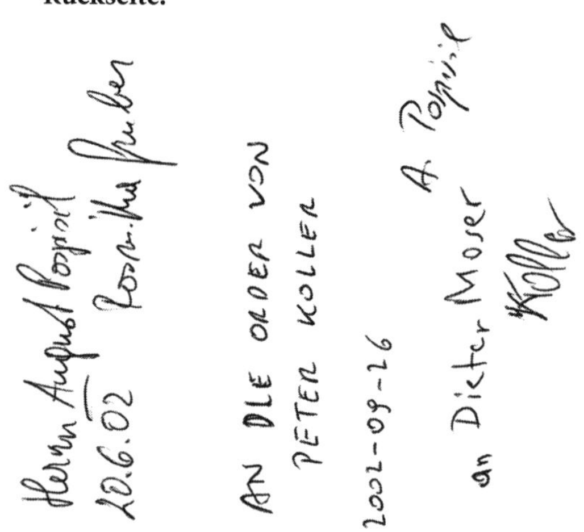

a) Von wem kann Herr Moser als letzter Wechselnehmer Zahlung fordern?

b) Was gilt, wenn zwischen Pospisil und Koller die Übertragung des Wechsels durch Abtretung erfolgte, das zweite Indossament also fehlt?

c) Was gilt, wenn bei der Wechselübertragung an Pospisil Frau Gruber geschäftsunfähig war; was, wenn das Gleiche bei der Übertragung an Moser für Koller gilt?

d) Rechte von Moser, wenn Koller auf der Rückseite des Wechsels nur unterschrieben hat?

e) Moser erhält von Frau Müller Zahlung. Welche Rechte hat sie?

f) Moser hat gekonnt die Unterschrift von Koller gefälscht und legt den Wechsel Herrn Schulz vor. Dieser bezahlt. Rechtsfolgen? Was, wenn Koller Schulz kurz vorher mitgeteilt hat, ihm sei der Wechsel im Wirtshaus gestohlen worden?

g) Was gilt, wenn Schulz zahlt, dieser das Akzept aber nur über Ersuchen von Herrn Müller übernommen hat, da dieser ansonsten den für ein Jahr benötigten Kredit von Frau Gruber nicht erhalten hätte?

450. A kauft von B Waren im Werte von € 40.000. Statt Barzahlung übergibt er einen Wechsel, den er jedoch irrtümlich über € 44.000 ausgestellt hat. B benötigt das Geld eilig, weshalb er den Wechsel an C weitergibt. Dieser verlangt bei Fälligkeit von A € 44.000. A wendet ein, einerseits sei er bloß € 40.000 schuldig und andererseits sei die gelieferte Ware mangelhaft. Rechte des C?

451. ● Die Bank B gewährt dem U Kredit. Der Geschäftsfreund G akzeptiert „zur Sicherheit" zwei von U ausgestellte Wechsel à € 500.000, die B erhält. Einen Wechsel diskontiert B vor Fälligkeit der Kreditforderung ohne Hinweis auf die Sicherungsfunktion bei der Nationalbank. U zahlt bis auf € 300.000 alles zurück. Nun fordert B von G die restlichen € 300.000 und die Nationalbank von G € 500.000. Zu Recht?

452. A gibt seinem Geschäftsfreund G zur Sicherung eines Kredits von € 1 Mio zuzüglich Zinsen und Gebühren einen Blankowechsel. P, der Prokurist des G, nimmt die Urkunde an sich, setzt € 5 Mio ein, fälscht G's Unterschrift und diskontiert den Wechsel bei einer Bank. Die Bank fordert nun von A Zahlung. Wie ist die Rechtslage?

453. Wie 444 d). Herr Pfoser, Prokurist der Allfinanzbank, setzt € 50.000 als Wechselsumme ein. Kann die Bank von Frau und Herrn Müller Zahlung verlangen?

454. ❍ Der Wechselinhaber legt das Papier dem Bezogenen drei Wochen vor Fälligkeit zur Annahme vor. Dieser weigert sich, zu unterschreiben. Rechte des Inhabers?

455. Der Bezogene weigert sich, den Wechsel bei Fälligkeit zu honorieren.

a) Was muss der Inhaber tun, um die Zahlung von anderen Wechselschuldnern fordern zu können?

b) Spielt es eine Rolle, ob der Bezogene den Wechsel vor Fälligkeit bereits akzeptiert hatte?

456. ❍ Welche Rechte hat ein Verkäufer, der vom Käufer statt Bargeld einen Scheck nimmt?

457. Wer ist beim Scheck der Bezogene? Kann er vom Schecknehmer auf Zahlung verklagt werden?

458. M erhält von seinem Vermieter V eine Rückzahlung zu viel bezahlter Betriebskosten in Höhe von € 500 per Scheck. Auf dem Scheck findet sich der Vermerk „Nur zur Verrechnung". M geht sofort zur nächsten Filiale ihrer Bank und möchte die € 500 bar ausbezahlt haben. Wie wird sich der Bankangestellte verhalten?

459. Kann der Aussteller eines Schecks von seiner Bank verlangen, dass sie von ihm begebene Schecks honoriert?

460. K bezahlt seinen Einkauf im Geschäft des V mit einem Scheck, den er auf € 250
❍ ausstellt. Er legt dabei seine Bankomatkarte vor. Muss die Bank an V zahlen,

a) wenn sich das Konto des K deutlich im Minus befindet;

b) wenn K Schecks und Bankomatkarte gestohlen hat und die Unterschrift des Berechtigten geschickt fälscht?

461. Wie funktioniert die Bezahlung mittels Kreditkarte?

462. A kauft von X Straßenbauanleihen der Republik Österreich. Kann er die darin
❍ verbrieften Zahlungsansprüche geltend machen, wenn sich später herausstellt, dass

a) X die Urkunden auf Grund eines Musters täuschend echt nachgemacht hat;

b) X die Anleihen bei einem Einbruch erbeutet hat;

c) bereits ein Kraftloserklärungsverfahren eingeleitet wurde?

d) Wer muss dem Anleiheerwerber jährlich die Zinsen zahlen: die Bank, bei der die Anleihe erworben wurde, oder die Republik?

463. Welche Arten von Aktien gibt es? Was sind die wichtigsten Unterschiede?

464. Welcher Unterschied besteht zwischen Kurswert und Nennwert einer Aktie?

465. Die Pensionistin P hat ein Sparbuch mit einer Einlage von € 7500 zu Hause. Da sie vergesslich ist, hat sie kein Losungswort vereinbart. In der Familie hat sie schon des Öfteren gesagt, sie spare das Geld für ihren Enkel E. Bei einem Einbruch fällt das Sparbuch dem Dieb D in die Hände. Dessen Freundin F legt das Sparbuch bei der Bank B vor und hebt das gesamte Geld ab. Rechte von P und E?

466. Was sind Sparvertrag und Sparbuch rechtlich? Wie kann über das Guthaben an
❍ einem Sparbuch disponiert werden?

4. Teil: Gesellschaftsrecht

1. Kapitel: Allgemeiner Teil

(LB Rz 906–939)

467. Sind folgende Gebilde Gesellschaften? Wenn ja, welche?

a) die Gemeinschaft der Miteigentümer eines Zinshauses;

b) die Großfamilie, die gemeinsam zu Erholungszwecken ein Bauernhaus ankauft, renoviert und bewohnt;

c) mehrere Unternehmer, die sich an einem Großbauprojekt beteiligen;

d) drei Rechtsanwälte, die in einer Kanzlei zusammenarbeiten und sich die Arbeit nach Spezialgebieten aufteilen;

e) die nicht eheliche Lebensgemeinschaft;

f) wie e), wenn die Lebensgefährten Aufgaben und finanzielle Beträge näher besprochen und aufgeteilt haben;

g) zwei HTL-Absolventen legen Geld, Fähigkeiten und Arbeitskraft zwecks Entwicklung und Vermarktung eines solarbetriebenen Minigrillers zusammen;
h) wie g), nur verkaufen sie nunmehr die Griller bereits in großen Mengen;
i) der Unternehmer U nimmt den Privatier P, der dafür eine größere Summe flüssig macht, als „Teilhaber“ auf;
j) drei Bauern arbeiten eng miteinander zusammen, um vor allem bei Ein- und Verkauf bessere Konditionen zu erhalten.

468. A und B wollen eine Personengesellschaft gründen, bei der beide für Gesellschaftsschulden nur mit ihrer Einlage haften. Geht das?

469. Größere Bauvorhaben werden häufig von einer Arbeitsgemeinschaft (ARGE) durchgeführt. Welche Gesellschaftsform verbirgt sich dahinter?

470. Was sind die wichtigsten Unterschiede zwischen GmbH, KG und OG?

471. Was ist eine OG? Wie entsteht sie, wie wird sie beendet?

472. ❍ Hat es Konsequenzen für die zunächst gewählte Rechtsform, wenn eine OG mit dem Unternehmensgegenstand „An- und Verkauf von Waren aller Art“ im Firmenbuch eingetragen ist, nach einiger Zeit aber tatsächlich nur mehr als Unternehmensberaterin tätig ist?

473. Was ist eine GmbH & Co KG?

474. ❍ Das Schild einer Kanzlei lautet „Rechtsanwälte Dr. X & Partner“. Was könnte sich dahinter verbergen? Ist diese Firma korrekt?

475. Welche Gesellschaftsform außer AG und GmbH kann zum Betrieb folgender Tätigkeiten gewählt werden?
a) Rechtsanwaltskanzlei;
b) Wirtschaftsprüfungs- und Steuerberatungsunternehmen;
c) Landwirtschaft;
d) Würstelstand;
e) Ex- und Import von Gemüse;
f) Maler- und Tapezierergewerbe;
g) Fischzucht;
h) Bergbau;
i) Bauunternehmen;
j) Hotel;
k) Frühstückspension;
l) Kleintransporte.

476. Was bedeutet die Abkürzung „EWIV“? Von wem und zu welchen Zwecken kann sie gegründet werden? Welche Rechtsnormen regeln die EWIV?

477. Was sind die Begriffsmerkmale einer GmbH? Welche Unterschiede bestehen zur OG oder zur KG?

478. Sind auf Genossenschaften die Vorschriften des UGB anzuwenden?
❍

479. Kann ein Kommanditist von den übrigen Gesellschaftern nach Zahlung von
❍ € 1500 von weiteren Leistungen freigestellt werden, obwohl seine im Firmenbuch eingetragene Haftsumme € 7000 beträgt? Mit welchen Folgen?

2. Kapitel: Gründung

(LB Rz 940–976)

480. A und B planen, ein Computerunternehmen zu betreiben. Sie haben von Vorteilen der GmbH gehört. Welche sind das? Wie wird eine GmbH gegründet?

481. A und B wollen einen kleinen Schnellimbiss aufmachen; sie haben aber wenig Bargeld und dennoch Angst vor weit reichenden Haftungsfolgen für den Fall des Scheiterns ihres Projekts. Welche Gesellschaftsform könnten sie wählen?

482. Ist es möglich, dass eine GmbH bloß einen einzigen Gesellschafter hat? Wenn ja: Wie kann es dazu kommen?

483. Ist eine AG, deren Aktien zu 100% im Eigentum der Republik Österreich stehen,
❍ nach öffentlichem Recht oder nach Privatrecht zu behandeln?

484. Warum verlangt das GmbH-Gesetz, dass die Firma der Gesellschaft die Bezeich-
❍ nung „GmbH“ enthalten muss?

485. Wer kann wirksam eine Gesellschaft gründen? Auch eine Person alleine?

486. A und B möchten einen Großhandel mit gebrauchten PC's aufziehen. Welche Gesellschaftsform können sie wählen, wenn sie

a) nur ein Kapital von € 20.000 aufbringen können;
b) B daneben noch einen LKW im Wert von weiteren € 20.000 besitzt;
c) A und B je € 20.000 in bar beisteuern und ein LKW im Wert von € 40.000 existiert?

487. A, B und C schließen unter notarieller Beteiligung einen Gesellschaftsvertrag zur
❍ Errichtung der X-GmbH. Noch vor Anmeldung zur Eintragung in das Firmenbuch mietet A im Namen der X-GmbH ein Büro an.

a) Ist ein Mietvertrag zustande gekommen? Wenn ja, mit wem? Von wem könnte der Vermieter den Mietzins (oder ein sonstiges Benutzungsentgelt) verlangen?
b) Wie wäre die Rechtslage bei einer AG, wenn die Eintragung im Firmenbuch erfolgt bzw unterbleibt?

488. Entsteht eine OG

a) durch Abschluss eines entsprechenden Gesellschaftsvertrages;

b) durch Aufnahme des Geschäftsbetriebes;
c) durch Anmeldung zum Firmenbuch;
d) durch Eintragung im Firmenbuch?

489. Die X-AG soll mit einem Grundkapital von € 100.000 gegründet werden. Der Ausgabekurs der Aktien beträgt 107%. Genügt es zur Eintragung, wenn auf das Grundkapital € 25.000 in bar eingezahlt sind?

490. ❍ Was sind die wichtigsten Rechtsfolgen von bei der Gründung einer AG unterlaufenen Mängeln?

3. Kapitel: Geschäftsführung und Vertretung

(LB Rz 977–1024)

491. Was bedeuten Geschäftsführung und Vertretung im Gesellschaftsrecht? Was sind die zentralen Unterschiede?

492. Wie sind Vertretung und Geschäftsführung bei der KG geregelt?

493. Wer kann von Gesetzes wegen wirksame Vertretungshandlungen vornehmen für eine
a) stille Gesellschaft;
b) GesbR;
c) KG;
d) OG;
e) GmbH;
f) AG?

494. Kann eine KG grundsätzlich wirksam vertreten werden
a) durch einen von drei Komplementären;
b) durch einen Kommanditisten;
c) durch zwei Kommanditisten gemeinsam;
d) durch einen Prokuristen gemeinsam mit einem Kommanditisten;
e) durch den Bruder des Komplementärs, den dieser rechtsgeschäftlich bevollmächtigt hat;
f) durch die Mutter des geisteskrank gewordenen Komplementärs.

495. Kommt bei einer GesbR die Vertretung durch Prokuristen oder Handlungsbevollmächtigte in Frage?

496. ❍ An einer Bau-ARGE sind die Unternehmer A, B und C beteiligt. Was gilt, wenn A im Namen der ARGE zur Durchführung des Bauvorhabens für drei Tage von V einen Kran mietet, den Mietzins aber nicht bezahlt?

497. Wer kann rechtswirksam für GmbH und AG Verträge abschließen? Wie werden diese Personen bestellt, ausgewechselt und abgesetzt?

498. Wer tätigt für eine GmbH die notwendigen Rechtsgeschäfte? Wie lautet die gesetzliche Regelung, wie könnten vertragliche Abweichungen oder Ergänzungen aussehen?

499. A und B sind die beiden Vorstandsmitglieder einer GmbH. A will ein Grundstück der GmbH an seinen Freund F verkaufen, B ist dagegen. So schließt A gemeinsam mit dem Prokuristen P den Kaufvertrag ab. A kassiert gleich den halben Kaufpreis, wobei er sich den „schwarz" bezahlten Teil einbehält. Wie ist die Rechtslage?

500. ❍ X, der Alleingeschäftsführer einer GmbH, tätigt für die Gesellschaft neben den üblichen auch erkennbar riskante Geschäfte mit K, bei denen er sogar Vorleistungen erbringt. Als K – wie abzusehen – insolvent wird, bleibt ein Minus von € 20.000 übrig. Die Gesellschafter erhalten daher weniger Gewinn ausgeschüttet.

a) Wie ist die Rechtslage?

b) Wie a), nur verzichten die Gesellschafter auf Schadenersatz. Die GmbH ist aber überschuldet, der ungesicherte Gesellschaftsgläubiger G erhält daher in der Insolvenz der GmbH nur 20% seiner Forderungen.

501. Welche Funktionen haben Vorstand und Aufsichtsrat bei der Aktiengesellschaft?

502. Was sind die wichtigsten Unterschiede bei der Geschäftsführung zwischen GmbH und AG?

503. Der Vorstand einer AG schließt eigenmächtig ein „aufsichtsratspflichtiges" Geschäft. Rechtsfolgen?

504. ❍ Im Vorstand einer AG wird über eine riskante Investition diskutiert. A bleibt trotz stundenlanger Debatten mit den beiden übrigen Vorstandsmitgliedern B und C bei seiner Meinung: Der geplante Vertragsabschluss sei „ein Wahnsinn". A wird überstimmt. Da laut Satzung zwei Vorstandsmitglieder gemeinsam vertretungsbefugt sind, unterfertigen B und C den Vertrag allein. Aus Kollegialität teilt A dem Aufsichtsrat seine Bedenken nicht sofort mit. Das Geschäft geht schief. In einer außerordentlichen Hauptversammlung wird der Beschluss gefasst, den Vorstand auf Schadenersatz zu belangen.

a) Wie ist vorzugehen?

b) Kann auch A zur Haftung herangezogen werden?

c) Was wäre rechtens, wenn A den Aufsichtsratsvorsitzenden sofort verständigt hätte, dieser aber untätig geblieben wäre?

d) Ist ein überstimmtes Vorstandsmitglied bei Gesamtvertretung verpflichtet, am Vertragsabschluss mitzuwirken?

505. Welche Rechtsfolgen hat das Unterlassen rechtzeitiger Beantragung der Insolvenzeröffnung durch den Vorstand?

506. Was sind Inhalt und Zweck der Abschlussprüfung einer AG?

4. Kapitel: Vermögen und Haftung

(LB Rz 1025–1044)

507. Wie erwirbt eine Gesellschaft Eigentum? Kann das jede Gesellschaft?

508. Warum ist bei den Kapitalgesellschaften der Gläubigerschutz von besonderer Bedeutung? Wie wird er verwirklicht?

509. ❍ Der Erbe E beteiligt sich mit einer Einlage von € 50.000 am Unternehmen der X-GmbH. Als diese insolvent wird, hat E erst € 25.000 an die GmbH gezahlt. Muss er weitere Zahlungen leisten?

510. Eine Gesellschaft kann den bei ihrer Hausbank H aufgenommenen Kredit in Höhe von € 350.000 nicht zurückzahlen. Kann H Zahlung vom Gesellschafter X verlangen, wenn dieser

a) Kommanditist einer KG ist und bei einer Hafteinlage von € 150.000 bisher nur ein Grundstück im Wert von € 40.000 eingebracht hat;

b) Gesellschafter und Geschäftsführer einer GmbH ist;

c) GmbH-Gesellschafter ist und auf seine Einlage von € 70.000 erst € 15.000 eingezahlt hat;

d) OG-Gesellschafter ist;

e) der Hauptaktionär der Gesellschaft ist;

f) Mitglied einer GesbR ist;

g) in der kreditnehmenden AG im Aufsichtsrat sitzt und seinerzeit der Kreditaufnahme zugestimmt hat?

511. Wie sind die Eigentumsverhältnisse bei der GesbR geregelt?

512. Jemand schließt mit ausreichender Vollmacht „im Namen der ARGE Wienerwald“ einen Vertrag, in dem sich die ARGE zu Bauleistungen verpflichtet. Wer schuldet diese Leistungen, wer hat Anspruch auf Bezahlung?

513. Welche Unterschiede bestehen bei der Haftung eines Gesellschafters für Gesellschaftsschulden im Vergleich von GmbH, OG und KG?

513 a. ● Der X-GmbH geht es finanziell sehr schlecht. Nur eine größere Geldspritze könnte sie vielleicht noch retten. Wegen ihrer krisenhaften Lage ist jedoch keine Bank zur Kreditgewährung bereit. Der Geschäftsführer tritt daher an den vermögenden Gesellschafter G heran, der sich tatsächlich dazu überreden lässt, der GmbH € 200.000 zu einem günstigen Zinssatz von 6% zur Verfügung zu stellen.

a) Trotz des Kredits muss die GmbH vier Monate später Insolvenz anmelden. Kann G seinen Rückzahlungsanspruch im Insolvenzverfahren geltend machen, um zumindest quotenmäßige Befriedigung zu erhalten, wenn er an der GmbH zu 50%/zu 15% beteiligt ist?

b) **Variante 1:** Der Kredit stammte von der Bank B, die aber nur wegen G’s Bürgschaftsübernahme kreditierte. Nach Insolvenz zahlte G aus der Bürgschaft.

Kann G seinen Regressanspruch gegen die GmbH im Insolvenzverfahren anmelden?

c) **Variante 2:** Die GmbH kommt mit Hilfe von G's Kredit wieder auf die Beine. Kann er nun Rückzahlung zuzüglich der vereinbarten Zinsen fordern?

514. ❍ A, der Gesellschafter einer OG, hat eine wertvolle Maschine als Sacheinlage eingebracht. Als er in Geldnöte gerät, verkauft und übergibt er die Maschine im eigenen Namen an das Konkurrenzunternehmen des K.

a) Wie ist die Rechtslage?

b) Wie wäre der Fall zu lösen, wenn A Gesellschafter einer GesbR ist?

515. Ein OG-Gesellschafter wird von G, einem Gläubiger der OG, auf Zahlung in Anspruch genommen. Kann er einwenden,

a) G habe die OG noch nicht einmal gemahnt;

b) die Gegenleistung sei bloß mangelhaft erbracht worden;

c) G habe gegenüber der OG auf die Forderung verzichtet?

d) Unterscheidet sich die Haftung eines OG-Gesellschafters von der eines Bürgen?

516. ❍ A, B und C sind Gesellschafter einer OG, C hat schon seit längerer Zeit Konflikte mit A und B. Schließlich erklärt er seinen Austritt, was nach dem Gesellschaftsvertrag möglich ist. Die OG hat von V ein Haus gemietet und zahlt die Miete nicht. Der Vermieter klagt nun auch C auf Zahlung des noch ausstehenden Mietzinses. Dieser wendet ein, er sei schon vor sechs Monaten aus der OG ausgeschieden, was auch sogleich im Firmenbuch eingetragen worden sei. Rechte von V gegen C?

517. A und B wollen im Osten große Geschäfte machen und gründen zu diesem Zweck eine Kommanditgesellschaft. In dieser übernimmt B die Stellung eines Kommanditisten. Im Firmenbuch ist er mit einer Einlage von € 10.000 eingetragen. Tatsächlich hat er bisher nur seinen gebrauchten PKW in die KG eingebracht (Wert € 5000). Die KG hat hohe Anlaufkosten. Als ein wichtiger Geschäftskontakt platzt, kommt es zur Insolvenz. Einige Lieferanten der KG haben noch offene Forderungen. Welche Rechte stehen ihnen zu?

518. Welchen Zweck erfüllen das Grund- bzw das Stammkapital bei den Kapitalgesellschaften? Wie hoch muss es mindestens sein? Steht dieser Betrag immer den Gläubigern als Haftungsfonds zur Verfügung?

519. Kann man sagen: Das Vermögen jeder GmbH beträgt mindestens € 35.000?

520. ❍ X, der Gesellschafter einer GmbH, hat seine Einlage in Höhe von € 20.000 bereits voll bezahlt. Wegen akuter Geldsorgen bekniet er den Geschäftsführer G, ihm davon € 7000 kurzzeitig zurückzugeben. G willigt ein. Zum vereinbarten Zeitpunkt zahlt X jedoch nicht. Wenig später wird die GmbH insolvent. Welche Rechte und Pflichten haben die Gesellschaft, deren Gläubiger sowie X und G?

521. Auf welche Werte kann der Gläubiger einer GmbH greifen, wenn seine Ansprüche nicht freiwillig befriedigt werden? Wer haftet für die Schulden einer GmbH?

522. Welche Unterschiede bestehen zwischen der Haftung des Kommanditisten und der eines GmbH-Gesellschafters für Gesellschaftsschulden?

5. Kapitel: Rechte und Pflichten der Gesellschafter

(LB Rz 1045–1124)

523. Was ist ein stiller Gesellschafter? Welcher Unterschied besteht zum Darlehensgeber?

524. Was sind die wichtigsten Rechte und Pflichten eines stillen Gesellschafters?

525. S beteiligt sich als stiller Teilhaber mit einer Einlage von € 200.000 am Unternehmen der K-GmbH. Nach einigen Jahren ist das von K geführte Einlagekonto des S auf Grund massiver Verluste mit € 15.000 im Minus.

a) Ist ein negativer Kontostand rechtlich überhaupt möglich?

b) Wenn ja, kann K von S Auffüllung auf € 200.000 oder doch wenigstens auf € 0 verlangen?

c) Was gilt, wenn sich das Unternehmen erholt und im Folgejahr für S ein Gewinnanteil von € 50.000 entsteht?

526. S hat sich bei B als stiller Gesellschafter beteiligt. Schon nach einem Jahr hört er aus verlässlicher Quelle, dass B nicht mehr geschäftlich aktiv ist. Von S zur Rede gestellt, streitet B alles ab; eine Einsicht in die Geschäftsbücher verweigert er aber. Rechte des S?

527. Wie ist bei einer OG der Gewinn des abgelaufenen Geschäftsjahres zu verteilen, wenn der Gesellschaftsvertrag nichts Besonderes vorsieht? Inwieweit bestehen bei der KG Besonderheiten in Bezug auf die Gewinn- und Verlustverteilung?

528. A ist mit einem Anteil von 25% an einer OG beteiligt; sein Kapitalanteil beträgt
❍ € 1 Mio. B hält ebenfalls 25%, ihr Vater V 50%. Die OG hat im abgelaufenen Jahr einen Reingewinn von € 4 Mio gemacht. Welche Zahlungsansprüche hat A

a) während des laufenden Geschäftsjahres, das etwas schlechter zu werden verspricht;

b) nach Feststellung des Jahresabschlusses, der einen Gewinn von € 3 Mio ausweist?

529. Im Gesellschaftsvertrag einer KG sind die Kontrollrechte der Kommanditisten zur Gänze ausgeschlossen. Ist eine solche Vertragsklausel wirksam?

530. Eine OG mit den Gesellschaftern A, B und C betreibt einen Sportartikelhandel. C erschließt nun eine günstige Quelle für Snowboards, mit denen die OG nicht handelt. Er zieht damit einen eigenen Handel auf, der bald floriert. Als dies A und B bemerken, wollen sie an diesen Vorteilen teilhaben. Wie ist die Rechtslage?

531. Nach neuem Recht (seit 1. 1. 2007) sind die Kapitalkonten der Komplementäre und Kommanditisten mangels anderer Vereinbarung wie bei der GmbH starr, nicht „beweglich“.

a) Was bedeutet das; wann knüpfen sich an diesen Unterschied praktische Konsequenzen?

b) Welche Bewandtnis hat es mit den sog beweglichen Privatkonten?

c) Wie werden (zusätzliche) Dienstleistungen eines Gesellschafters finanziell berücksichtigt?

532. Wieso unterscheidet man beim Kommanditisten zwischen Haft- und Pflichteinlage? Welche wird in das Firmenbuch eingetragen?

533. Bei einer GmbH mit € 35.000 Stammkapital haben A und B jeweils einen Kapitalanteil von € 17.500. A hat seinen Anteil voll einbezahlt, B erst die Hälfte davon. Die GmbH macht einen Reingewinn von € 20.000.

a) Wie ist dieser aufzuteilen?

b) Ändert sich daran etwas, wenn B zugleich Geschäftsführer der GmbH ist?

c) Wie erfolgt die Gewinnverteilung bei einer AG?

534. ❍ Wann können von den Gesellschaftern einer GmbH, wann von denen einer GesbR Nachschüsse verlangt werden? Ist es möglich, einzelne Gesellschafter von dieser Verpflichtung zu befreien?

535. Wie 533. In der Generalversammlung sind A und B unterschiedlicher Meinung.

a) Wie sehen die Stimmverhältnisse aus?

b) Welche Mehrheit ist zur Fassung eines bindenden Beschlusses grundsätzlich nötig?

536. Welche der folgenden Klauseln im Gesellschaftsvertrag einer GmbH sind gültig?

a) Die Stimmen ergeben sich nach dem Verhältnis der übernommenen Geschäftsanteile.

b) Die Stimmen ergeben sich aus dem Verhältnis der eingezahlten Geschäftsanteile.

c) Gesellschafter, deren Geschäftsanteil nicht mindestens € 5000 beträgt, haben kein Stimmrecht.

d) Bei Stimmengleichheit entscheidet der Gesellschafter X.

537. Was ist ein Syndikatsvertrag?

538. Wann ist die Generalversammlung einer GmbH beschlussfähig, wann die Hauptversammlung einer AG?

539. Den Gesellschaftern A und B war im Gesellschaftsvertrag einer GmbH gegen Entzug des Stimmrechts eine höhere Gewinnbeteiligung zugesagt worden. Bei der Generalversammlung wird mit $^3/_4$-Mehrheit gegen die Stimmen von A und B beschlossen, dass ab nun alle Gesellschafter die gleichen Rechte haben.

a) Ist der Beschluss wirksam?

b) Was können oder müssen A und B tun?

c) Was gilt generell für mangelhafte Beschlüsse?

540. Was ist eine Aktie? Welche Rechte und Pflichten hat ein Aktionär?

541. In der Hauptversammlung wird den Aktionären erklärt, es werde nicht der gesamte Gewinn ausgeschüttet, da zunächst eine Rücklage gebildet werden müsse.

a) Was ist eine Rücklage?

b) Wie sieht die gesetzliche Regelung aus?

c) Was gilt, wenn der Vorstand die Bildung einer höheren Rücklage für sinnvoll hält?

d) Wie unterscheidet sich die Rücklage von der Rückstellung?

542. Wer darf an der Hauptversammlung einer AG teilnehmen? Wie ist die Berechtigung nachzuweisen?

543. ● Der Aktionär A hat auf sein Aktienpaket in Höhe von € 20.000 – die Aktien im Wert von je € 1000 wurden zum Kurs von 105% ausgegeben – erst € 10.000 einbezahlt. Als er mit der AG ein Geschäft macht, aus dem ihm ein Kaufpreisanspruch von € 10.000 entsteht, erklärt er dem Vorstand, mit seiner Forderung aufzurechnen, wodurch seine Einlageverpflichtung voll getilgt sei.

a) Welche Forderung hat die AG tatsächlich noch gegen A?

b) Könnte A unter Umständen sogar aus der AG ausgeschlossen werden?

c) Wie weiß die AG, auf wessen Aktien noch Zahlungen ausständig sind?

d) Was bedeutet das Verbot der Unterpariemission? Warum besteht es?

6. Kapitel: Vertragsänderungen

(LB Rz 1125–1161)

544. A, Gesellschafter einer OG, will sich zur Ruhe setzen. Er möchte, dass sein Sohn S an seine Stelle tritt. Unter welchen Voraussetzungen ist das möglich?

545. A ist Gesellschafter einer GmbH. Er will aus der Gesellschaft ausscheiden. B will eintreten. Ist das möglich? Wenn ja, wie?

546. ❍ Welcher Mehrheit bedürfen folgende Änderungen des Gesellschaftsvertrages einer GmbH?

a) Der Sitz der Gesellschaft soll verlegt werden;

b) dem Gesellschafter X, der ein Mitglied in den Aufsichtsrat entsenden darf, soll dieses Recht genommen werden;

c) das Stammkapital soll von € 35.000 auf € 105.000 erhöht werden;

d) die GmbH soll statt der Produktion von Maschinen Handel mit Maschinen und Waffen betreiben;

e) der Gründungsgesellschafter G soll durch eine andere Person ersetzt werden.

547. ❍ Wie wird der Kaufpreis für einen GmbH-Geschäftsanteil berechnet? Hängt er mit dem Anteil am Stammkapital und dessen Höhe unmittelbar zusammen?

548. F ist als Erbin zu 30% Gesellschafterin der X-GmbH. Sie will ihren Geschäftsanteil an K übertragen. Vom Geschäftsführer erfährt F, dass der Anteil vinkuliert ist. Was bedeutet das?

549. A möchte seinen Geschäftsanteil an seinen Bruder B übertragen. Die übrigen Gesellschafter schätzen B jedoch als Querulanten ein und wollen ihn daher nicht als Mitgesellschafter. Können sie seinen Eintritt in die GmbH verhindern?

550. ❍ A hat seinen Geschäftsanteil in Form eines Notariatsaktes an B übertragen. Eine Eintragung dieser Veränderung im Firmenbuch hat jedoch noch nicht stattgefunden. Wer muss zur Generalversammlung eingeladen werden; wer ist dort stimmberechtigt?

551. A, B, C und D sind zu gleichen Teilen Gesellschafter einer GmbH. A, B und C wollen expandieren und daher das Stammkapital verdoppeln sowie die entsprechenden neuen Stammeinlagen übernehmen. D ist schon deshalb dagegen, weil er nicht genügend Geld hat.

a) Kann die Kapitalerhöhung auch gegen den Willen von D erfolgen?

b) Warum kann eine Kapitalherabsetzung nicht allein durch Gesellschafterbeschluss erfolgen?

c) Was können die Gesellschafter tun, wenn sie einer GmbH mit € 35.000 Stammkapital Kapital entziehen wollen?

552. Auf welche Art und Weise können Aktionäre und GmbH-Gesellschafter ihre Rechte übertragen? Sind sie dabei an die Zustimmung der Gesellschaft oder der übrigen Gesellschafter gebunden?

553. Der Aktionär A ist in Geldnöten und muss sein Aktienpaket flüssig machen. Wie erfolgt die Übertragung seiner Mitgliedschaftsrechte?

554. ❍ Der Vorstand der X-AG sieht, wie der Kurs der X-Aktien an den Börse rapide sinkt. In einer Verzweiflungsaktion kauft er selbst größere Mengen, was tatsächlich zunächst zu einem Anstieg des Kurses führt. Als jedoch bekannt wird, dass die X-AG selbst gekauft hat, sinkt der Kurs ins Bodenlose.

a) Hat sich der Vorstand korrekt verhalten?

b) Was sind die Rechtsfolgen dieses Vorgehens?

554 a. Die M-AG will einen großen Teil der an der Börse notierenden Aktien ihres Konkurrenten X-AG erwerben. Zu diesem Zweck schaltet sie in allen großen österreichischen Tageszeitungen ganzseitige Inserate. Treffen die M-AG im Vergleich zum normalen Anleger besondere Pflichten?

555. Welchen Zweck hat die Kapitalerhöhung bei GmbH und AG? Wie wird sie durchgeführt?

556. Was sind „junge" Aktien? Wer kann sie erwerben?

557. Unterscheiden Sie ordentliche und nominelle Kapitalherabsetzung bei der AG. Wie wirken sich Herabsetzungen für den einzelnen Aktionär aus?

7. Kapitel: Beendigung der Gesellschaft

(LB Rz 1162–1222 a)

558. Was sind die grundsätzlichen Schritte bei der Beendigung einer Gesellschaft?

559. Ein Gesellschafter stirbt. Führt das zur Auflösung der Gesellschaft bei der
   a) OG;
   b) AG;
   c) GmbH;
   d) stillen Gesellschaft;
   e) GesbR;
   f) KG?

560. Nennen Sie einige Beispiele, wie es von Gesetzes wegen oder auf andere Weise zur Änderung der Rechtsform einer Gesellschaft kommt.

561. ❍ Zwischen S und dem Unternehmer U wird eine stille Gesellschaft auf fünf Jahre abgeschlossen. Sie endet am 1. 5. U schließt mit seinem Geschäftspartner G am 3. 4. ein Geschäft, das am 3. 5. zu erfüllen ist und U € 100.000 Gewinn bringt. Ist dieses Geschäft bei der Berechnung von S' Auseinandersetzungsguthaben zu berücksichtigen, wenn
   a) es wie geplant abgewickelt wird;
   b) G bereits am 30. 4. leistet;
   c) U mit seiner Leistung in Verzug gerät, weshalb G wirksam vom Vertrag zurücktritt;
   d) U und G den Vertrag einvernehmlich aufheben und am 2. 5. einen gleich lautenden neu schließen?

562. Der stille Gesellschafter S hat erst die Hälfte der vereinbarten Einlage bezahlt, als sein Partner insolvent wird. Rechte und Pflichten von S?

563. Was hat zu geschehen, wenn eine GesbR – etwa infolge Zweckerreichung – beendet wird?

564. Führen folgende Ereignisse zur Beendigung einer OG bzw KG?
   a) Über das Vermögen der Gesellschaft wird das Insolvenzverfahren eröffnet;
   b) über das Vermögen eines persönlich haftenden Gesellschafters wird das Insolvenzverfahren eröffnet;
   c) über das Vermögen eines Kommanditisten wird das Insolvenzverfahren eröffnet;
   d) entsprechender Mehrheitsbeschluss der Gesellschafter;

e) Kündigung durch einen Gesellschafter;

f) Kündigung durch den Gläubiger eines Komplementärs;

g) Tod eines Kommanditisten;

h) Tod eines Komplementärs.

565. ● In einer OG sollen nach dem Gesellschaftsvertrag alle drei Gesellschafter A, B und C gleichmäßig mitarbeiten. Durch einen Unfall wird C zum arbeitsunfähigen Invaliden.

a) Was können die beiden übrigen tun?

b) Rechte des C, wenn er aus der OG ausscheidet?

566. X, der Gesellschafter einer OG, stirbt. Da im Gesellschaftsvertrag Vererblichkeit der Mitgliedschaft vorgesehen ist, tritt seine Tochter T an seine Stelle. T hat jedoch Angst vor unbeschränkter Haftung. Was kann sie tun?

567. Wie 566, nur ist im Gesellschaftsvertrag vorgesehen, dass bei Tod eines Gesellschafters die OG mit den übrigen fortgesetzt wird. Rechte von T?

568. ❍ Was bedeutet Liquidation? Welche Unterschiede bestehen zur Insolvenz?

569. Was hat zu geschehen, nachdem die OG-Gesellschafter einstimmig den Beschluss gefasst haben, die Gesellschaft aufzulösen?

570. Die Abwicklung der X-OG, die Hemden herstellt, ist im Firmenbuch eingetragen worden. A, einer von drei Gesellschaftern, kauft nun im Namen der OG von V Knöpfe und ähnliche Kleinutensilien, da die noch vorhandenen großen Stoffmengen verarbeitet werden müssen. Auf das Liquidationsstadium weist er V nicht hin.

a) Können in der Abwicklungsphase überhaupt noch Rechtsgeschäfte im Namen der OG getätigt werden?

b) Von wem kann V Zahlung verlangen?

571. Die Gesellschafter gehen davon aus, alle Schulden beglichen und alle verbliebenen Vermögenswerte aufgeteilt zu haben. Das Erlöschen der Firma der OG wird im Firmenbuch eingetragen. Einige Zeit später findet sich noch eine offene Rechnung. Wem steht diese Forderung zu; oder ist der Schuldner auf Grund der Eintragung frei geworden?

572. Können folgende Ereignisse zur Auflösung einer GmbH führen?

a) Eine GmbH, die zunächst Vermögensberatung betrieben hat, bietet nach kurzer Zeit eine breite Palette von Bankgeschäften an;

b) Beendigungsbeschluss der Generalversammlung mit Dreiviertelmehrheit;

c) Nichtzahlung von Schulden über längere Zeit;

d) vollständige Vermögenslosigkeit;

e) Geisteskrankheit des einzigen Geschäftsführers.

573. Was bedeutet Umwandlung, was Verschmelzung? Welche Arten von Umwandlung kennen Sie?

574. Was ist bei der Spaltung einer Kapitalgesellschaft zu beachten?

575. Welche Mehrheiten müssen für Verschmelzungs- bzw Spaltungsbeschlüsse erreicht werden?

576. Welchen Zweck hat die Vorschrift, dass bei Auflösung einer AG ein mehrmaliger Gläubigeraufruf stattzufinden hat und erst nach Ablauf eines Jahres das Restvermögen an die Aktionäre zu verteilen ist?

8. Kapitel: Konzerne und sonstige Unternehmensverbindungen

(LB Rz 1223–1229)

577. a) Was ist ein Konzern?

❍ b) Warum bedarf er rechtlicher Regelung?

c) Welche Unterschiede bestehen zwischen Konzern und Kartell?

578. Sind zu Lasten einer AG „Gewinnabführungsverträge" zulässig?

5. Teil: Wettbewerbsrecht, Gewerblicher Rechtsschutz und Urheberrecht

(LB Rz 1230–1325)

579. Was sind die wichtigsten gesetzlichen Regelungen, die Unternehmer beim „Kampf um den Kunden" vor bedenklichen Methoden von Mitbewerbern schützen sollen?

580. Was ist der Zweck des Wettbewerbsrechts? Welche gesetzlichen Regelungen bestehen?

581. Halten Sie folgende Werbemethoden bzw Werbeaussagen für bedenklich oder für korrekt?

a) Ein Fotohändler sagt ausdrücklich, dass ein bestimmtes Produkt beim Konkurrenten X um € 15 mehr kostet;

b) „Wir sind die Billigsten", wenn in der Palette von über 500 Produkten 10 im Preis unter allen Mitbewerbern liegen;

c) Aussagen, wonach vergleichbare Produkte eines namentlich genannten Mitbewerbers zwar gleich teuer sind, aber qualitativ abfallen;

d) bei der Fernsehwerbung für ein Mineralwasser tragen die drei Akteure, für Eingeweihte deutlich erkennbar, Kleidungsstücke einer berühmten Modeschöpferin, die nicht um ihr Einverständnis gefragt wurde;

e) ein Unterwäscheproduzent nennt seine neue Linie „extase" und damit genauso wie die markenrechtlich geschützte Duftserie eines anderen Unternehmers;

f) X betreibt sowohl einen wissenschaftlichen Verlag als auch eine Fachbuchhandlung. Die Bücher des Konkurrenzverlages K nimmt er nicht in sein Sortiment auf;

g) Durchführung eines ermäßigten Abverkaufes zu unüblichen Zeiten;

h) in der Rundfunkwerbung wird darauf hingewiesen, dass gegen den größten Konkurrenten ein Gerichtsverfahren anhängig sei;

i) der Sportartikelhändler S gewährt je nach Geschick der Kunden Rabatte bis zu 15%;

j) in einem Zeitungsinserat wird versprochen, dass Käufer bei Einkäufen über € 200 eine CD nach Wahl gratis dazubekommen;

k) besonders günstiges Angebot eines Videorecorders „so lange der Vorrat reicht", obwohl von diesem Gerät von vornherein nur 30 Stück vorhanden sind;

l) wiederholter Verkauf von Waren unter Missachtung der gesetzlichen Ladenschlussvorschriften;

m) zwei Großunternehmer derselben Branche beschließen ein einheitliches Vorgehen gegen den einzigen ernsthaften Konkurrenten, indem sie einen wichtigen Branchenzulieferer exklusiv an sich binden und für gewisse Zeit einen Preiskampf führen.

582. W, eine große heimische Bausparkasse, wirbt mit dem Slogan: „Seit 1. 1. bekommen Sie bei uns 25% mehr Prämie! Fragen Sie Ihren W-Berater. Er hat die Idee, wie's geht!" Ein Branchenkonkurrent hält diese Art von Werbung für unseriös, da auf Grund gesetzlicher Änderungen die höchstmögliche Prämie generell gestiegen ist. Eine Analyse zeigt, dass die Vertragsabschlüsse in den ersten beiden Monaten nach Anlaufen der Werbekampagne bei W zu Lasten anderer Unternehmen markant gestiegen sind. Was kann die Konkurrenz tun?

583. Die K-Zeitung wirbt mit dem Slogan „mit neuem Reichweitenrekord". Tatsächlich hat K die höchste Auflage seit Bestehen; sie ist aber insgesamt bloß die fünftgrößte Tageszeitung in Österreich. Kann sich gegen diese Art der Werbung zur Wehr setzen

a) ein interessierter Leser;

b) der Herausgeber der Tageszeitung mit der größten Auflage;

c) der Herausgeber des nunmehr von K überholten Blattes?

584. In einem Radiowerbespot behauptet A, die Produkte seines Konkurrenten B seien teurer und unter Umständen gesundheitsgefährdend. Was kann B unternehmen?

585. Wie Fall 581 g) und m): Sind die abgeschlossenen Verträge gültig?

586. Wie Fall 581 j): Darf K die CD behalten, die er bekommen hat? Was, wenn sie ihm auf seine Bitte vom Ladenangestellten L mitgegeben wurde, obwohl K nur um € 198 eingekauft hat?

587. A hat durch unlautere Methoden seinem Hauptkonkurrenten H Marktanteile entzogen; die Kampagne, die auf Plakaten und Zeitungsinseraten aufbaut, läuft noch. Was kann H tun?

588. X kauft immer in einer kleinen Filiale der Lebensmittelkette L ein. Nach mehrmaligem Streit mit der Kassierin wird ihm mitgeteilt, er bekomme hier nichts mehr. Kann er gerichtlich durchsetzen, dass er in der Filiale weiterhin für seinen täglichen Bedarf einkaufen kann?

589. a) Sind europäisches und österreichisches Kartellrecht vom Verbots- oder vom Genehmigungsprinzip beherrscht? Was sind die wesentlichen Unterschiede?

b) Was ist ein Empfehlungskartell, was ein Bagatellkartell?

c) Wann ist ein Unternehmen als marktbeherrschend zu bezeichnen?

589 a. ❍ Sowohl die Y-AG als auch die Z-GmbH produzieren Zahncremes für den österreichischen Markt. Y hat einen Marktanteil von 20% und einen Jahresumsatz von € 100 Mio; Z nur einen Anteil von 3% bei € 2 Mio Umsatz. Y möchte alle Anteile an der Z-GmbH erwerben. Ist das ohne weiteres möglich oder könnte das Kartellgericht den Erwerb untersagen?

589 b. ❍ Was versteht man unter einer Marke? Wie kann ein Markenrecht erworben werden?

590. Sind folgende Zeichen als Marke geeignet?

a) der österreichische Bundesadler;

b) die Buchstabenfolge „XYZ“;

c) ein roter Balken auf schwarzem Grund;

d) ein Männchen mit Nasenring und Zigarette;

e) die Kombination „250 SL“;

f) das Wort „Tag“.

591. Was ist ein Freizeichen? Welche Bedeutung hat es im Markenrecht?

592. Der Vorarlberger Produzent P verkauft 10.000 Hemden Marke „Mainau“ nach Deutschland. B exportiert davon 3000 wieder nach Österreich. Kann sich P gegen den Markengebrauch durch B wehren?

Variante: B produziert selbst ganz ähnliche Hemden und bringt diese unter dem Markennamen „Mainau“ nach Österreich.

593. ● a) Verletzt der Unternehmer U fremde Markenrechte, wenn er die Bezeichnung „Schlamm“ für seine Frühjahresmode im Heereslook verwendet, obwohl sie X für seine Gesundheitsprodukte schützen ließ?

b) Wer kann gegen U vorgehen, wenn die Produkte von X wegen ihrer Qualität Weltruf genießen und X die Bezeichnung auch für andere Waren, nicht aber für Bekleidung, registrieren ließ?

594. L vertreibt T-Shirts mit einem als Marke geschützten Krokodil. K bringt ähnliche Leibchen mit dem gleichen Zeichen auf den Markt.

a) Rechte von L gegen K?

b) Ändert sich etwas, wenn bei K das Krokodil in die andere Richtung schaut; wenn es zusätzlich Flügel hat?

595. Was ist ein Muster? Warum genießt es rechtlichen Schutz? Um welchen Geschmack geht es beim „Geschmacksmuster"?

596. Kann ein Musterrecht erworben werden

a) für eine Schokolade in Form eines Eies mit einem Spielzeug als Inhalt;

b) für einen in bestimmter Weise gestreiften Stoff zum Bezug von Polstermöbeln;

c) für die Form eines Quaders bei Ziegeln;

d) für das Design eines Couchtisches;

e) für die Züchtung eines ovalen Apfels?

597. Der Designer D hat das Musterrecht für Form und Farbe eines Speiseservices erworben. S produziert wenig später gleich geformte Tassen und Teller; nur sind diese schwarz, nicht rot. Rechte von D gegen S?

Variante: S stellt Blumenübertöpfe von ganz ähnlichem Aussehen her.

598. Auf welche Art und Weise wird in Österreich Erfinderschutz verwirklicht? Was ist eine Erfindung im Rechtssinn?

599. Ist das Folgende heutzutage patentierbar?

a) Die Neuentwicklung eines wirksamen Malariaimpfstoffs;

b) die Entdeckung einer unbekannten Vogelart;

c) eine neue mathematische Formel;

d) eine Theorie zur Entstehung der Erde;

e) ein schnurloses Telefon;

f) Pläne für ein 40-stöckiges Hochhaus;

g) ein neuartiger Antrieb für Kraftfahrzeuge, der mit ganz geringen Mengen an Treibstoff auskommt.

600. E ist bei der X-AG als Entwicklungsingenieur für Präzisionsmaschinen angestellt. Welche Rechte hat E, welche die AG, wenn E

a) im Rahmen seiner gut bezahlten Tätigkeit ein neuartiges Produktionsverfahren entwickelt, das energiesparend und auch sonst kostengünstig ist;

b) nebenher in der Dienstzeit und mit den Einrichtungen der X-AG eigenmächtig an ganz anderen Dingen forscht und dabei eine Erfindung macht;

c) wenn E als Nebenprodukt der ihm aufgetragenen Tätigkeit etwas Patentwürdiges entwickelt?

601. Worin unterscheidet sich das Recht an der Erfindung vom Patentrecht? Bedeutung der Unterscheidung?

602. Ein Unternehmer möchte die Möglichkeit erhalten, das für E registrierte Patent zu nutzen. Was kann er tun?

603. Wie Fall 602, nur nutzt U die patentierte Erfindung ohne Zustimmung des E. Was kann E tun, wenn U

a) in dem Land tätig wird, in dem die Patentierung erfolgte;

b) im Ausland produziert;

c) erst 22 Jahre nach Anmeldung des Patents mit der Nutzung beginnt?

604. Welche Gesetze können zum Schutz der Entwickler von Computersoftware
● fruchtbar gemacht werden?

605. Genießen folgende Werke urheberrechtlichen Schutz

a) das erste und unveröffentlichte Manuskript eines jungen Autors, das bereits 20 Verlage abgelehnt haben;

b) Tagebuchaufzeichnungen;

c) das vor Fehlern strotzende Diktat eines Volksschülers;

d) eine Komposition, in der drei verschiedene Instrumente einen Ton drei Minuten lang spielen;

f) ein Schneemann;

g) ein Bilderrahmen, der von einem anerkannten Künstler mit Margarine eingerieben wurde;

h) die beim Silvesterbleigießen entstandene Figur;

i) ein Theaterstück, in dem kein Wort gesprochen wird;

j) die von einem Zivilrechtsdozenten gehaltene Sachenrechtsvorlesung?

606. Was folgt aus der Feststellung, jemand habe ein urheberrechtlich geschütztes Werk geschaffen,

a) für den Urheber;

b) für alle Nichturheber?

607. Darf ein urheberrechtlich geschütztes Werk ohne gesonderte Zustimmung des Inhabers

a) für eigene Zwecke auf Tonband aufgenommen,

b) für Unterrichtszwecke vervielfältigt,

c) in der Öffentlichkeit aufgeführt,

d) fotografiert werden?

608. Der Student S nimmt eine Vorlesung auf Tonband auf, um sich das Mitschreiben
❍ zu ersparen. Darf er das?

609. Der Copyshop C bietet Studenten das Kopieren prüfungsrelevanter Lehrbuchkapitel zum „Superspartarif" an. Können sich Autor und Verlag dagegen wehren?

610. ● Der Schriftsteller B legt testamentarisch fest, dass seine Werke nach seinem Tod in einem bestimmten europäischen Land 20 Jahre lang nicht aufgeführt werden dürfen. P, der Intendant des Stadttheaters S, sieht darin eine Einschränkung seiner künstlerischen Freiheit und bringt B's Stück „Waldheimat" zur Aufführung. Rechtsfolgen?

611. Auf welche Weise kann ein Urheber von seinen Rechten Gebrauch machen? Was passiert nach seinem Tod?

612. Genießen die folgenden Werke noch Urheberrechtsschutz? Worauf kommt es an?

a) „Der Zauberberg", Thomas Mann, erschienen 1924;

b) Die Werke des im ersten Weltkrieg gefallenen Lyrikers Georg Trakl;

c) Der Film „Der dritte Mann" aus dem Jahr 1949 (Regie Carol Reed; Drehbuch Graham Greene; Musik Anton Karas);

d) „Aïda" von Giuseppe Verdi;

e) eine Aufnahme dieser Oper mit Luciano Pavarotti aus dem Jahre 1970.

Zusatzfrage: Hängt die Schutzdauer von einer Registrierung des Werkes ab?

6. Teil: Rechtsdurchsetzung

(LB Rz 1326–1371 a)

613. a) Welche Möglichkeiten hat ein Gläubiger, wenn der Schuldner offene Verpflichtungen nicht freiwillig begleicht?

b) Was geschieht, wenn einem Schuldner mehrere Gläubiger gegenüberstehen und das Vermögen des Schuldners nicht ausreicht, um alle vollständig zu befriedigen?

614. Was bedeutet Beweislast? Warum ist sie von großer praktischer Bedeutung?

615. A hat seinem Bekannten B in einem Lokal € 15 geborgt. Gesehen hat das niemand. Als A drei Tage später das Geld zurückhaben will, behauptet B, nie etwas bekommen zu haben? Würden Sie A raten, Klage zu erheben?

616. S, ein Schuldner des G, hätte G's Meinung nach am 1. 4. zahlen sollen. Am 3. 4. ist das Geld noch immer nicht auf dem Konto eingelangt. Kann G mit Aussicht auf Erfolg eine Zahlungsklage einbringen? Was könnte er sinnvoller Weise vorher tun?

617. Der in Graz lebende K geht in der Wiener Innenstadt spazieren. Plötzlich fällt ein Blumentopf aus einem der Fenster. Er schlägt knapp neben K auf; K's Mantel wird beschmutzt. Er möchte nun vom Wohnungseigentümer B die Reinigungskosten von € 18 ersetzt haben. Wo kann K seine Klage einbringen? Beim

a) Bezirksgericht Graz;

b) Bezirksgericht für Handelssachen Wien;

c) Bezirksgericht Innere Stadt Wien;

d) Obersten Gerichtshof?

618. Wie 617. Der Richter spricht dem Kläger K die € 18 zu, ohne B zu hören. Darf er das?

619. Was ist eine einstweilige Verfügung? Welchen Zweck hat sie?

620. Wie 617. Nach eingehender Beweisaufnahme spricht der Richter in seinem Urteil K € 14 zu. Ist damit endgültig entschieden, dass B zahlen muss bzw dass K nur € 14 und nicht die geforderten € 18 erhält?

621. Die X-GmbH nimmt in den Vertrag mit der Y-AG eine so genannte Schiedsklausel auf. Als es zu Unstimmigkeiten kommt, ruft Y das vorgesehene Schiedsgericht an. Es entscheidet für X. Y möchte nun die staatlichen Gerichte einschalten: Erstens sei das Schiedsgericht nicht unparteiisch gewesen und zum Zweiten müsse eine Berufung an eine zweite Instanz immer möglich sein. Ist Y im Recht?

622. Wie 617. Das der Klage voll stattgebende Urteil wird B am 25. 4. zugestellt. Am 1. 6. hat K die € 18 immer noch nicht erhalten. Was kann er tun?

623. Ein rechtskräftig verurteilter Schuldner hat außer einem Farbfernseher und einem beruflich benötigten PC keine wertvollen Gegenstände. Dürfen diese beiden Geräte gepfändet werden? Könnte der Gläubiger auf das Arbeitseinkommen des Schuldners greifen?

624. ❍ Der Gläubiger hat ein Urteil in Höhe von € 1400 erwirkt. Als er auf diesen Betrag Exekution führen will, wendet der Schuldner ein, der Gläubiger habe unmittelbar nach Urteilsverkündung großmütig auf € 350 verzichtet. Was gilt, wenn der Schuldner dies auch beweisen kann?

625. Der Vollstreckungsbeamte nimmt einen in der Wohnung des Schuldners S befindlichen Videorecorder in das Pfändungsprotokoll auf. Das Gerät soll einige Tage später zwecks gerichtlicher Versteigerung abgeholt werden. Wie ist die Rechtslage, wenn sich vor dem Versteigerungstermin herausstellt, dass der Recorder

a) F, dem Freund des S, gehört, der ihn für einige Zeit hergeborgt hat;

b) von V unter Eigentumsvorbehalt an S verkauft wurde und noch nicht alle Raten bezahlt sind;

c) dem S gehört, aber auch von dessen Frau benutzt wird?

626. Unter welchen Voraussetzungen wird ein Insolvenzverfahren eingeleitet? Welche Gläubiger brauchen ein solches Verfahren nicht zu fürchten?

626a. ❍ Der in Österreich wohnhafte, hoch verschuldete A wird insolvent. Zu seinem Aktivvermögen gehört unter anderem eine Ferienwohnung auf Mallorca. Kann dieser Wert in dem bei einem österreichischen Gericht anhängigen Insolvenzverfahren Berücksichtigung finden?

627. Warum bietet ein Sanierungsverfahren dem Schuldner Vorteile gegenüber einem Konkursverfahren? Inwiefern kann es auch für die Gläubiger günstiger sein?

628. Was versteht man unter einem Reorganisationsverfahren; welchen Zweck hat es?

629. Die S-GmbH meldet Insolvenz an. An Vermögen sind die Betriebsliegenschaft,
❍ die wegen Altlasten nur noch € 5 Millionen wert ist, sowie Waren im Wert von € 1 Million vorhanden. Gläubiger A hat einen durch erstrangige Hypothek gesicherten Anspruch von € 4 Millionen; B ist zweitrangig mit einer Forderung von € 6 Millionen gesichert. Die übrigen Gläubiger haben ungesicherte Forderungen von insgesamt € 15 Millionen. Wie viel erhalten A und B?

630. Warum ist es von Bedeutung, wer Eigentümer der Gegenstände ist, die sich bei einer in die Insolvenz gefallenen Person befinden? Was gilt für unter Eigentumsvorbehalt gelieferte und später eingebaute Maschinenteile?

631. K hat von V eine Maschine unter Eigentumsvorbehalt gekauft und in seiner Fabrikshalle einmauern sowie durch ein Rohrsystem mit anderen Geräten verbinden lassen. Bevor K die letzte Rate in Höhe von € 10.000 bezahlt hat, wird er insolvent. Welche Rechte hat V?

632. Wann haben einzelne Gläubiger Aussonderungs-, wann Absonderungsrechte?

633. Welche Wirkungen haben vom Schuldner nach Insolvenzeröffnung getätigte Geschäfte? Welchen Zweck verfolgt die Anfechtung von Rechtshandlungen des Schuldners, die dieser kurz vor der Verfahrenseröffnung vorgenommen hat?

634. Was sind die wichtigsten Grundsätze des so genannten „Privatkonkurses“?

635. Der Schuldner S macht seinen Gläubigern im Insolvenzverfahren folgenden Vor-
❍ schlag, der schließlich angenommen wird: Jeder Gläubiger erhält in monatlichen Raten binnen 18 Monaten 35% seiner Forderungen. Was gilt, wenn S

a) diese Zahlungen wie vereinbart leistet;

b) bereits im dritten Monat keine Zahlungen mehr erbringt?

636. Wird in folgenden Fällen ein Sanierungsplan zustande kommen können?

a) der Schuldner bietet eine Quote von 30% zahlbar innerhalb von drei Jahren an, alle Gläubiger signalisieren schon im Vorfeld ihre Zustimmung;

b) die angebotene Quote beträgt 40% in einem Jahr, ein Kleingläubiger besteht jedoch auf mindestens 60%.

7. Teil: Internationale Beziehungen

(LB Rz 1372–1388)

637. a) In welchen Fällen und von wem ist das Gesetz über das Internationale Privatrecht (IPRG) anzuwenden? Welche Fragen regelt es?

b) Grenzen Sie seinen Anwendungsbereich von dem des UN-Kaufrechts ab!

638. Ein in Österreich lebender Deutscher stößt in einem österreichischen Schigebiet
❍ auf der Piste einen holländischen Urlauber nieder. Der Deutsche war zu schnell

unterwegs und hatte die Kontrolle über seine Schier verloren, der Holländer war ohne zu schauen vom Rand der Piste Richtung Mitte losgefahren. Der Holländer erleidet einen Beinbruch und liegt drei Wochen im Spital. Nach welcher Rechtsordnung sind Ansprüche des Holländers zu beurteilen?

639. ❍ Der Tiroler T wird beim Schilaufen in seiner Heimat vom betrunkenen schwedischen Touristen S niedergestoßen und verletzt. T möchte Schmerzengeld. Da er der schwedischen Gerichtsbarkeit nicht traut, erhebt er vor dem Bezirksgericht Klage, in dessen Sprengel sich der Unfallort befindet. Ihm werden rechtskräftig € 500 zugesprochen. S zahlt dennoch nicht. Wie kommt T zu seinem Recht (und seinem Geld), wenn S bloß in seiner Heimat über Vermögen verfügt?

639 a. ● Der Münchner Student Manfred ruft beim Grazer Studenten Gustav an und fragt, ob Gustav bereit wäre, ihm ein in München vergriffenes Buch zu leihen. Gustav ist grundsätzlich bereit, besteht jedoch darauf, dass es „sich um ein Prekarium iSd § 974 ABGB handelt" (mit der wesentlichen Rechtsfolge, dass der Verleiher jederzeit die Rückgabe verlangen kann). Manfred ist hiermit einverstanden. Welches Recht findet auf das Rechtsgeschäft Anwendung?

Variante: Die Anfrage Manfreds erfolgt schriftlich, worauf Gustav kommentarlos das Buch per Post abschickt.

639 b. ● Der Grazer Hobbyforscher Bernhard bereitet für sich und seine Frau eine Expedition nach Tibet vor. Ein Inserat in einer Wiener Tageszeitung macht Bernhard auf die deutsche Ubiqui GmbH aufmerksam. Diese ist bereit, die Ausrüstung in einer indischen Grenzstadt in Empfang zu nehmen und sie per Tragesel querfeldein in das 50 km entfernte Tibet bringen zu lassen. Aus ungeklärten Gründen kommt in Tibet nur ein Teil des Transportguts an. Bernhard zahlt deshalb nichts, sondern kündigt seinerseits eine Schadenersatzklage an. Ubiqui bringt daraufhin gegen Bernhard beim BG Graz eine Klage auf Zahlung des vereinbarten Transportentgelts ein und verweist dabei auf Punkt 7 des Vertrages: „Der Kläger, egal ob es die Firma ist oder der Kunde, muss im Schadensfall beweisen, dass dem Beklagten am Schadenseintritt ein Verschulden zur Last fiel." Welches nationale Recht ist auf das Rechtsverhältnis zwischen Bernhard und Ubiqui anzuwenden? Und gilt die erwähnte Vertragsklausel?

Lösen Sie den Fall unter Verwendung der Art 4 bis 6 VO Rom I, § 1298 ABGB und § 13 a KSchG!

Übergreifende (komplexe) Fälle: 640–704

640. Der 17-jährige Franz, der als Lehrling monatlich € 200 verdient, beabsichtigt, ein Fahrrad zu kaufen, womit seine Eltern einverstanden sind. Als er den „Zweiradshop“ betreten will, sieht er in der Auslage ein Moped, von dem er schon längere Zeit träumt, „zu günstigsten Konditionen“ angeboten. Interessiert erkundigt er sich beim Händler Hugo nach den Konditionen für das Moped. Da Franz diese wirklich günstig erscheinen, will er das Moped unbedingt erwerben. Um keine Schwierigkeiten zu bekommen, erklärt er, demnächst zwanzig zu werden, legt sein gesamtes, für das Fahrrad gesparte, Geld in Höhe von € 250 als Anzahlung auf den Tisch und verpflichtet sich, den Restbetrag in Höhe von € 500 in zehn Monatsraten abzuzahlen. Obwohl er zu Hause beteuert, dass er die Raten von seinem Einkommen abzahlen werde, wollen die wütenden Eltern das Geschäft rückgängig machen. Mopedfahren sei viel zu gefährlich. Wie ist die Rechtslage?

641. Onkel Adalbert, der in Australien sein Glück gemacht hat und auf Besuch in Österreich weilt, schenkt seiner Nichte Berta zu deren 6. Geburtstag einen Golddukaten (Wert € 100). Berta ist hocherfreut und steckt das Geldstück in ihr Sparschwein. Als Bertas Vater das Schwein wenig später „schlachtet“, um das Gesparte auf der Bank einzuzahlen, entdeckt er das Geschenk. Da er mit Adalbert, dem Bruder seiner Frau, zerstritten ist, schickt er das Goldstück Adalbert mit dem Bemerken zurück, dass seine Tochter Berta als Sechsjährige kein Geschenk annehmen könne und er als Vater nicht damit einverstanden sei. Als die Geschichte der Mutter zu Ohren kommt, möchte sie den Dukaten für ihre Tochter zurückbekommen. Wie ist die Rechtslage?

642. Der achtjährige Kurti sieht in Tonis Trafik das neueste Donald-Duck-Taschenbuch. Da er es unbedingt lesen möchte, belügt er den Trafikanten: Seine Mutter habe ihm den Kauf gestattet und werde am Nachmittag zahlen kommen. Schon bei Lektüre der ersten Geschichte drückt Kurti das schlechte Gewissen; er gesteht seiner Mutter alles. Diese bezahlt nun tatsächlich das Buch, ohne Toni gegenüber irgendwelche Erklärungen abzugeben. Der am Abend heimkommende Vater meint jedoch, ein lügendes Kind müsse anders erzogen werden. Er nimmt Sohn und Taschenbuch, lässt Kurti vor Toni die Beichte wiederholen und verlangt das Geld zurück. Toni verweigert jedoch die Rückzahlung; der interne Familienzwist gehe ihn nichts an.

a) Ist Toni im Recht?

b) Wer ist Eigentümer des Taschenbuches?

c) Was bezwecken die Regeln über die Geschäftsfähigkeit?

643. Im Gasthaus „Zur Sonne“ sitzen am frühen Abend die Pensionisten A, B und C bei ihrem Gespritzten. Plötzlich betritt der ihnen flüchtig bekannte Z das Lokal, setzt sich zu ihnen und erzählt von einem Lottogewinn. Da er sein Glück nicht allein feiern wolle, könne jeder auf seine, Z’s, Kosten bestellen, was das Haus zu bieten habe. Die Wirtin W, die mithört, freut sich über das gute Geschäft. In den nächsten zwei Stunden kommt sie nicht zur Ruhe. Als sie nach Beendigung des Gelages Z die Rechnung präsentiert (€ 150), erklärt dieser jedoch zu ihrem Ent-

setzen, leider kein Lottomillionär, dafür aber wegen Geisteskrankheit „entmündigt“ zu sein. Tatsächlich lebt Z von einer bescheidenen Sozialhilfe. Ihm ist vor zwei Jahren für den Abschluss aller Rechtsgeschäfte ein Sachwalter bestellt worden. In der Vergangenheit hat er bereits mehrfach versucht, in Gasthäusern auf ähnliche Art und Weise die Zeche zu prellen. Wie ist die Rechtslage?

Varianten:

a) Z's Geisteskrankheit ist einige Wochen vorher unerwartet verschwunden.

b) Z wurde kein Sachwalter bestellt; er ist aber wirklich geisteskrank.

644. ● A bietet seine gebrauchte Gitarre (Wert: € 100) einigen Studienkollegen um € 110 zum Kauf an. B ist prinzipiell interessiert, da er dieses Instrument erlernen möchte. Er bittet seinen musikerfahrenen Freund C, das Geschäft für ihn abzuwickeln. C müsse A aber mindestens auf € 95 „drücken“. C sieht bald, dass A nicht bereit ist, viel nachzulassen. Er erklärt daher, die Gitarre für B um € 105 zu nehmen, was A akzeptiert. Das spätere Angebot des D (€ 110) lehnt A daher ab. Als B den Sachverhalt aufklärt, ist D nicht mehr interessiert. A hat zu diesem Zeitpunkt noch eine Offerte des I in Höhe von € 100 in Händen. Gegen wen hat A (welche) Ansprüche?

Variante: C sagt zu A bloß: „Wenn Du die Gitarre sofort loswerden willst, musst Du sie mir um € 95 geben.“ A willigt ein und übergibt sie an C.

a) Gegen wen hat A (welche) Ansprüche?

b) Wer ist Eigentümer der Gitarre?

645. Die gehbehinderte Pensionistin P bittet ihre Nachbarin N, für sie einen neuen Staubsauger zu besorgen. Mehr als € 110 dürfte sie aber keinesfalls ausgeben. N lässt sich jedoch in der Haushaltswarenabteilung eines großen Kaufhauses (K) vom Verkäufer ein Modell einreden, das € 140 kostet. Da der Verkäufer Frau N kennt, ist er damit einverstanden, als sie sagt, sie nähme das Gerät gleich mit, könne das Geld aber erst am nächsten Tag vorbeibringen, da sie ihre Geldbörse vergessen habe. P ist mit dem Kauf nicht einverstanden.

a) Rechte des K?

b) Ändert sich etwas, wenn Frau N dem Verkäufer ausdrücklich erklärt hat, sie kaufe den Staubsauger für P?

646. ● Der Wiener Versicherungsmakler V muss immer wieder geschäftlich nach Salzburg. Für seine Ehefrau E, die Eigentümerin einer gemeinsam bewohnten kleinen Villa ist, tätigt er im bekannten Salzburger Lampenhaus L regelmäßig kleinere Käufe (jeweils bis zu € 500). Die an E gesandten Rechnungen wurden von ihr bisher immer anstandslos bezahlt. Als V wieder einmal nach Salzburg unterwegs ist, kommt ihm im Zug die Idee, dass sich in der Eingangshalle ihres Hauses ein prunkvoller Luster sehr gut machen würde. V geht daher neuerlich zu L und lässt sich eingehend beraten, wobei er seine Idee als die seiner Frau ausgibt. Schließlich wird vereinbart, dass L innerhalb der nächsten 4 Wochen für E einen alten, aber schon etwas beschädigten Jugendstilluster aus dem Lager restaurieren soll. Als endgültiger Preis werden € 2000 vereinbart. Bei seinem nächsten Besuch gesteht V – der sich die Sache nochmals überlegt hat – L kleinlaut, dass E ihm dieses

Geschäft nicht aufgetragen habe. V kennt seine Frau jedoch offensichtlich schlecht. Als dieser wenig später zufällig eine Fotografie der Lampe in die Hände fällt, ist sie begeistert. Sofort nach der „Beichte" ihres Mannes ruft sie bei L an und besteht auf Lieferung zum vereinbarten Preis. Hat sie diesen Anspruch?

647. ● Der zwanzigjährige Student S möchte für seine Studentenwohnung gerne eine Stereoanlage, die seine Eltern bezahlen sollen. Da diese dagegen sind, S aber weiß, dass sein Vater dem Musikalienhändler M als guter Kunde bekannt ist, nimmt S aus dem Schreibtisch des V einen Bogen von dessen Briefpapier, schreibt darauf mit Schreibmaschine eine Vollmachtserklärung, aus der hervorgeht, dass S für V ohne Preisbeschränkung eine Stereoanlage kaufen könne, und fälscht gekonnt die Unterschrift seines Vaters. M, der der bloßen Erklärungen des S nicht getraut hätte, ist von der Echtheit der Vollmacht überzeugt, weshalb er dem S noch am selben Tag die von diesem gewählte Anlage zustellt und die Rechnung in Höhe von € 3200 wie vereinbart an V sendet. Im Gegensatz zu den Hoffnungen des S lässt es V, als er von der Vollmachtsfälschung erfährt, auf einen Skandal ankommen und weigert sich, die Rechnung zu bezahlen. Auch an S selbst wendet sich M mit seiner Forderung und seinem weiteren Begehren auf Zahlung von € 20 Lieferungskosten vergeblich. Wie ist die Rechtslage?

648. ❍ Dem Tischlermeister T ist unerwartet der Holzleim ausgegangen. Er schickt daher seinen Lehrling L in das Geschäft des G, um 6 Dosen der üblichen Marke (Preis je Dose € 15) zu besorgen. L sagt dem G jedoch irrtümlich: „Ich soll Ihnen von T ausrichten, Sie möchten ihm schnellstens 9 Dosen Holzleim zustellen." Als G mit den 9 Dosen vor der Tür steht, will T nur 6 Dosen nehmen und bezahlen.

a) Wie viel kann G von T fordern?

b) Was gilt, wenn G die Dosen nur bereitstellen soll und T ihn beim Abholen über den Fehler aufklärt?

c) Unter welchen Voraussetzungen kann ein Geschäftsirrtum geltend gemacht werden? Welche Folgen hat eine solche Anfechtung?

649. ● Der Pensionist P, der vor einiger Zeit bei einem Spaziergang in der Auslage des Möbelhauses von M einen bequemen Ledersessel (ohne Preisangabe) gesehen hat, bittet – da er selbst nach einem Sturz gehbehindert ist – seinen Freund F, der einen Kombiwagen besitzt, für ihn einen solchen Stuhl zu erwerben. Mehr als € 350 dürfe er allerdings nicht kosten. F würde als Belohnung – neben dem Ersatz der Benzinkosten – € 15 bekommen. Dieser ist damit einverstanden. Die von P vorbereiteten € 350 lässt F aber versehentlich liegen. Bei M wird der Fernsehsessel seit kurzem wie folgt angeboten: „Preissensation! Unser aktuelles Weihnachtsangebot um nur € 400! Das macht uns keiner nach! Begrenzter Vorrat." F ist von dieser Ankündigung beeindruckt; da im Geschäft nur noch wenige Stühle zu sehen sind, erklärt er dem Verkäufer V, einen solchen Stuhl nehmen zu wollen. Weil F kein Geld bei sich hat, vereinbart er mit V, dass er den Kaufpreis im Laufe der Woche vorbeibringe. Der Fernsehsessel wird in F's Kombi eingeladen, mit dem dieser zu P fährt. P ist jedoch mit dem Kauf um € 400 nicht einverstanden. Als F tags darauf nicht mit dem Geld, sondern wieder mit dem Stuhl bei M erscheint, besteht dieser auf Bezahlung. Bald darauf stellt sich heraus, dass dasselbe Modell in anderen Warenhäusern um durchschnittlich € 50 billiger angeboten wird, was dem M, nicht aber dem V bekannt war. Wie ist die Rechtslage?

650. A, B und C sind zu je einem Drittel Miteigentümer eines Zinshauses, das sie von ihrer Mutter geerbt haben. Sie können sich allerdings nicht immer in allen Fragen einigen, die das gemeinsame Haus betreffen. So sind A und B mit einem Mieter (X) gut befreundet. Dieser stört jedoch durch seine häufigen Feste, die selten vor 4.00 Uhr früh enden, massiv den Hausfrieden. Von den Miteigentümern wohnt nur C im Haus. Ohne die anderen beiden zu fragen, kündigt er nun den Mietvertrag mit X. Doch auch A und B sind nicht untätig: Sie vermieten eine leer stehende Wohnung namens der Miteigentümergemeinschaft um einen Pappenstiel an ihre Freundinnen Y und Z. C überlegt nun, sich von A und B zu trennen.

a) Ist die Kündigung des X wirksam?

b) Besteht ein Mietvertrag mit Y und Z? Wäre die Rechtslage anders, wenn A und B bei der Vermietung im eigenen Namen auftreten?

c) Wie hat die Verwaltung von Miteigentum zu erfolgen?

d) Welche Möglichkeiten hat C, wenn er mit A und B nichts mehr zu tun haben will?

651. ● K kauft auf dem Flohmarkt von V um € 145 eine goldene Uhr (Wert ca € 170), die er gegen Barzahlung sofort mitnimmt. Wenig später stellt sich heraus, dass die Uhr dem E gehört hat. Dieser hatte sie einem Uhrmacher zur Reparatur gegeben, wo sie bei einem Einbruch erbeutet wurde.

a) Wer ist nunmehr Eigentümer der Uhr?

b) Ist der Verkauf fremder Sachen wirksam?

c) Was bedeutet „Erwerb vom Vertrauensmann"?

652. ● A verkauft eine Uhr an B. Diese veräußert sie zweieinhalb Jahre später an C. Nun stellt sich heraus, dass A die Uhr dem E gestohlen hat.

a) Rechte von E, C und B?

b) Spielt es eine Rolle, ob A die Uhr in seinem Schmuckgeschäft oder als Privatmann verkauft hat?

653. A kauft von B am Flohmarkt eine alte Vase gegen Barzahlung. Wenig später erfährt A, dass die Vase dem C gehört hat. C hatte sie einem Antiquitätenhändler in Kommission gegeben, bei dem sie gestohlen wurde. Welche Rechte hat A?

654. ● Der Bankräuber B schenkt seiner ahnungslosen 17-jährigen Freundin F zwei 500-€-Scheine. Er wird gefasst. Die Bank will nun auch von der Freundin F das Geld zurück. Diese hat jedoch € 200 bei einem aufwändigen Friseurbesuch ausgegeben; um weitere € 300 hat sie sich einen Walkman gekauft. Rechte von B gegen F?

655. A baut am Wochenende an seinem Haus. Da ihm das Geld ausgegangen ist, stiehlt er vom Bauplatz des B Ziegel, die von C unter Eigentumsvorbehalt geliefert wurden. Als der Diebstahl auffliegt, hat A schon die Hälfte der Ziegel in sein Haus eingebaut. Die Reste lagern in seiner Garage. Rechte von B und C?

656. D stiehlt von E einige Hölzer und beauftragt den Tischler T, daraus Möbel herzustellen. T tut das. Erst nach Fertigstellen der Arbeiten erfährt E von den Vorkommnissen. Er verlangt Herausgabe der Möbel. T ist dazu jedoch nur gegen Zahlung des mit D vereinbarten Entgelts bereit; ob D oder E zahle, sei ihm allerdings gleichgültig. Wie ist die Rechtslage?

657. ❍ L, der Lieferfahrer des Bäckers B, hält öfters an verbotener Stelle. Als er zum dritten Mal innerhalb einer Woche die Garageneinfahrt des Eigentümers G blockiert, wird es diesem zu bunt.

a) Was kann G unternehmen?

b) Rechte des G, wenn er wegen der Blockade € 15 für ein Taxi ausgeben muss?

658. ❍ G hat eine Forderung gegen S. P hat dem G zur Sicherung dieser Forderung ein Sparbuch übergeben. Eines Tages ersucht P den G, ihm das Sparbuch für einige Stunden zur Veranlassung von Nachbuchungen zur Verfügung zu stellen. P hält aber nicht Wort, sondern verpfändet es zur Besicherung einer eigenen Verpflichtung an die Bank B. Kann G von B Herausgabe des Sparbuches verlangen?

659. ● Der Schuldner S verpfändet seinen Neuwagen an die Gläubigerbank G, indem er ihr den Typenschein übergibt. Den PKW benutzt er weiter. Später verkauft er diesen an K. Als S insolvent wird und die Bank von den Vorfällen erfährt, verlangt sie von K Herausgabe des Fahrzeugs.

a) Zu Recht?

b) Ändert sich etwas, wenn das Auto an G zur Sicherheit übereignet worden wäre?

660. ● Der Produzent P kauft vom Rohstoffhändler R Mineralmehle zur Herstellung von Kunststeinen. Der Kauf erfolgt unter Eigentumsvorbehalt; zugleich tritt P an R alle Forderungen aus der Weiterveräußerung der Steine im Voraus ab. P fertigt die Steine und verkauft 50% davon an den Bauunternehmer B gegen Barzahlung. Daraufhin wird P insolvent. 50% der Steine lagern noch bei ihm, 30% befinden sich bei B, 20% wurden bereits beim Hausbau für X verwendet. Welche Rechte hat R?

661. ❍ A stellt seinen gebrauchten VW-Golf, den er verkaufen will, mit entsprechenden näheren Angaben auf einem öffentlichen Parkplatz ab. Eines Tages meldet sich B, der erklärt, den Wagen um den angeschriebenen Fixpreis von € 2750 zu nehmen. A verhandelt aber schon mit anderen Interessenten, zu denen auch sein Bruder gehört, weshalb er B das Fahrzeug derzeit nicht geben will.

a) Kann B von A Übergabe des Golf verlangen?

b) Aus welchen Gründen könnte generell ein solcher Übergabeanspruch bestehen?

662. ● A will seinem Nachbarn B schon lange dessen Zweitauto abkaufen. B hat jedoch schon mehrfach abgewehrt. Eines Tages benötigt B aber Geld. Er schreibt daher an A: „Wenn Sie wollen, können Sie mein Auto haben. Melden Sie sich innerhalb einer Woche.“ A schreibt gleich zurück: „Einverstanden“. Der Brief kommt wegen eines Poststreiks jedoch erst 14 Tage später an. B ist über die Verspätung froh, da er inzwischen eine unerwartete Zahlung erhalten hat und ohnehin nicht mehr verkaufen will.

a) Wie ist die Rechtslage?

b) Würde sich etwas ändern, wenn A bei seinen früheren Angeboten immer vom gültigen Eurotax-Listenpreis gesprochen hat?

663. ● A erhält von B ein schriftliches Offert zum Kauf eines Autoradios (Wert € 220) um € 180. Noch am selben Tag antwortet A brieflich, das Angebot gerne anzunehmen.

a) Der Antwortbrief wird am Montag in B's Briefkasten eingeworfen. Dieser leert ihn jedoch erst am Mittwoch, als sich im Kasten bereits ein Telegramm befindet, in dem A ersucht, seine Annahmeerklärung „als null und nichtig" zu betrachten. Der Postbote hat das Telegramm erst Mittwoch früh zugestellt. Kann B von A Zahlung verlangen?

b) Der Antwortbrief landet irrtümlich im Briefkasten des C. C ist jedoch verreist, weshalb B den Brief erst 14 Tage später erhält. Da B das Radio inzwischen bereits an D um € 200 verkauft – wenn auch noch nicht übergeben – hat, wirft er A's Schreiben in den Papierkorb. Kann A von B Übergabe des Radios verlangen? Durfte B an D verkaufen; war dieser Verkauf wirksam? Was, wenn D das Radio bereits erhalten hat?

664. ● Die Hausfrau Agathe bestellt auf Grund eines ihr vom Versandhaus Basar zugesandten Kataloges einen um € 50 angebotenen Mixer. Nach zwei Wochen erhält sie von Basar ein Paket, in dem sich neben dem bestellten Mixer auch eine Rührschüssel befindet, die Agathe mit € 10 in Rechnung gestellt wird. Rührschüsseln hat Agathe aber genug zu Hause. In der Folge vergisst sie jedoch, den Rechnungsbetrag auf dem beiliegenden Zahlschein zu ändern, weshalb sie bei ihrer Bank € 60 zur Überweisung bringt. Als Agathe den Fehler bemerkt, schreibt sie sofort express an das Versandhaus, dass sie die Rührschüssel nicht kaufen will und bittet um Rücküberweisung der € 10. Der Kontoauszug mit der Gutschrift über die gesamten € 60 wird dem Versandhaus mit der Morgenpost zugestellt, Agathes Brief langt erst mit der Mittagspost ein. Der zuständige Sachbearbeiter des Basar liest jedoch am Nachmittag erst den Brief, bevor er sich den Bankauszügen zuwendet. Basar weigert sich in der Folge, einen Teil der Rechnungssumme zurückzuzahlen. Wer ist im Recht?

Variante: Agathes Brief wird dem Versandhaus erst zugestellt, nachdem dem Sachbearbeiter die Einzahlung zur Kenntnis gelangt ist.

665. ❍ Der Gelegenheitsdieb Max verkauft an Egon einige Schmuckstücke, die aus einem Einbruch bei der Fabrikantengattin Hildegard stammen und deren Wert von Egon auf € 6000 geschätzt wird, um € 3000. Egon, der die Profession des Max kennt, rechnet zwar damit, dass dieser auf unrechtmäßige Weise in den Besitz des Schmucks gelangt ist, möchte sich dieses gute Geschäft aber nicht entgehen lassen. Da Egon derzeit nicht sehr gut bei Kasse ist, zahlt er Max bei Übergabe der Schmuckstücke zunächst € 2000 und verspricht, den restlichen Kaufpreis in einer Woche zu begleichen. Bei dieser Gelegenheit beschreibt Max dem Egon auch

einen kleinen Anhänger aus Gold, den er von seiner Mutter geerbt und bei einem Freund deponiert hat. Egon, der diesen Anhänger ebenfalls für gestohlen hält, bietet dafür € 200, womit Max einverstanden ist. Tatsächlich ist dieses Schmuckstück vor einigen Tagen bei einem Wohnungsbrand völlig zerstört worden. Als Max aus der Zeitung erfährt, dass der gestohlene Schmuck € 10.000 wert ist, verlangt er von Egon vergeblich weitere € 2000. Auch die ausständigen € 1200 bezahlt Egon nicht. Welche Rechte hat Max?

666. K interessiert sich schon seit längerer Zeit für ein Gemälde des Antiquitätenhändlers A. Er erkundigt sich immer wieder nach dem derzeitigen Preis, der ihm jedoch immer zu hoch ist. Eines Tages macht K einen Totogewinn und will sich nun das Bild leisten. Er ruft bei A an und sagt, dass er das Gemälde zum zuletzt genannten Preis, nämlich € 5000, kaufen wolle. A erklärt sich damit einverstanden. Zwei Tage vor dem Telefonat brachen jedoch unbekannte Täter in das Geschäft des A ein und nahmen unter anderem auch das betreffende Bild mit. A überprüfte bisher nur oberflächlich, was alles gestohlen wurde; dass auch das Gemälde zur Diebesbeute gehörte, bemerkte er nicht. K kauft nach dem Telefonat beim Tischler T einen Rahmen um € 400. Als er sich tags darauf das Bild abholen will, stellt sich der Diebstahl des Gemäldes heraus. T will den Bilderrahmen nicht mehr zurücknehmen. Nach mehreren vergeblichen Versuchen des K, den für ihn nun nutzlosen Rahmen um € 400 zu verkaufen, bietet ihm ein Altwarenhändler € 320. Rechte von K gegen A?

667. ❍ Der Antiquitätenhändler A möchte seinem Stammkunden S eine wertvolle chinesische Vase um € 2500 zum Kauf anbieten. Durch einen Fehler seiner Sekretärin erhält S ein Angebot in Höhe von € 1500, das er sofort schriftlich annimmt. Welche Rechte hat A gegen S, wenn

a) S die Vase auch um € 2500 gekauft hätte,

b) S die Vase inzwischen schon um € 2800 weiterverkauft hat,

c) A den Fehler der Sekretärin bemerkt, ihn aber nicht ausgebessert hat?

668. ❍ K bittet seinen Freund F, der sich bei Kraftfahrzeugen gut auskennt, für ihn beim Autohaus des A einen Gebrauchtwagen zu kaufen. Der Wagen dürfe aber nicht älter als Baujahr 2000 sein und nicht mehr als € 3000 kosten. F erklärt nun dem A, dass er für K ein Auto kaufen wolle. Nach Besichtigung einiger Fahrzeuge entscheidet sich F für einen VW Polo zum Preis von € 2800, der nach der auf der Windschutzscheibe befestigten Kurzbeschreibung im Jahr 2001 gebaut wurde. Anlässlich einer Überprüfung, die K acht Monate nach Übernahme des Autos durchführen lässt, stellt sich heraus, dass der VW Polo aus 1998 stammt. A hat den Wagen infolge einer ihm nicht erkennbaren Fälschung des Typenscheins durch einen Vorbesitzer als „Baujahr 2001“ angeboten. Er weigert sich daher auch, den Kaufpreis zurückzuzahlen. Wie ist die Rechtslage?

669. Der Putzereiinhaber A erhält vom Waschmittelproduzenten B ein Angebot über den Ankauf von 10 Einheiten (à 50 kg) eines speziellen Waschmittels zum Preis von € 100 je Einheit. A beauftragt daraufhin C, einen seiner Angestellten, dem ganz in der Nähe wohnenden B mitzuteilen, dass er gern möglichst rasch 12 Einheiten haben möchte. C tut das. B ist über die Bestellung sehr verwundert, da A

bisher nie mehr als 8 Einheiten gekauft hat und damit jeweils ein halbes Jahr ausgekommen ist. Da er aber froh ist, eine so große Menge verkaufen zu können, erklärt er dem C, dass er einverstanden sei. C teilt dem A daraufhin das Einverständnis des B mit. Wenig später verlangt B vom darüber bestürzten A, der tatsächlich nur 6 Einheiten wollte, den Kaufpreis in Höhe von € 1200. Rechte des B?

Variante: A beauftragte C richtig; dieser richtete die Bestellung aber irrtümlich falsch aus.

670. Der Pensionist P lässt sich von einem Vertreter des Herstellers H, der ihn unaufgefordert in seiner Wohnung besucht, zum Kauf eines Staubsaugers überreden. Es wird vereinbart, dass P den Kaufpreis von € 500 ohne Anzahlung bei Terminsverlust in 10 gleichen Monatsraten „zinsenlos" bezahlen könne.

a) Ist P an diesen Vertrag gebunden?

b) Welche Rechte hat H, wenn P mit der Zahlung seiner 4. Rate in Verzug gerät?

c) Welchen Betrag kann H von P insgesamt fordern?

d) Welche Rechte hat P, wenn er 8 Monate nach dem Kauf Mängel des Staubsaugers entdeckt?

671. ❍ Der Beamte B will die Fußball-WM unbedingt „live" miterleben. Er kauft daher im Geschäft des V einen Fernsehapparat gegen „WM-Sonder-Ratenzahlung" (12-mal € 50 pro Monat). B nimmt das Gerät gleich mit; Anzahlung muss er keine leisten. Drei Tage später erhält er eine Rechnung zugesandt, auf deren Rückseite unter anderem steht: „Für den Fall eines einwöchigen Zahlungsverzuges mit der Ratenzahlung gilt Terminsverlust als vereinbart."

a) B fährt Anfang August auf Urlaub und vergisst die am 1. 8. fällige Einzahlung. Bei seiner Rückkehr am 21. 8. findet er ein Schreiben des V vor, der sofortige Zahlung der gesamten noch ausständigen Restschuld in Höhe von € 500 verlangt.

b) B hat die AGB des V (mit der Terminsverlustklausel) schon im Geschäft ausgehändigt bekommen.

c) B ist selbst Händler und kauft das Gerät zum Zwecke der Weiterveräußerung. Er liegt vom 28. 7. bis 21. 8. nach einem schweren Unfall im Spital.

Welche Rechte hat V gegen B?

672. ❍ Der Bäcker B beauftragt seinen Lehrling L, dem Müller M auszurichten, dass er dessen Angebot auf wöchentliche Lieferung von 1000 kg Mehl ab Beginn nächsten Monats annehme und auch mit Montag als Liefertermin einverstanden sei. Da L den M nicht antrifft, sagt er dessen im Haushalt tätiger Ehefrau E, was B ihm aufgetragen hat. E vergisst aber, ihrem Mann vom Besuch des L zu berichten. Weil am ersten Montag des neuen Monats kein Mehl geliefert wird, steht die gesamte Produktion für Dienstag still, wodurch B einen Schaden in Höhe von € 800 erleidet. Wie ist die Rechtslage?

673. ● Freitag Nachmittag wird durch einen Steinwurf die große Auslagenscheibe eines Geschäftslokals beschädigt. Der Inhaber I ruft sofort den Glasermeister G an, der verspricht, unverzüglich zu kommen. I wartet jedoch bis 18.00 Uhr vergeblich.

Daraufhin versucht er sein Glück beim Schnelldienst S. S erklärt, erst ab 20.00 Uhr Zeit zu haben, dann sei aber der erhöhte Nachttarif fällig. I willigt notgedrungen ein. S repariert und legt später eine Rechnung über € 3000. Der übliche Preis während des Tages hätte € 1000 betragen. Wie ist die Rechtslage, wenn der branchenübliche Nachttarif € 1800 beträgt,

a) zwischen I und S;

b) zwischen I und G?

Variante: S spricht gleich von „3000 Euro geradeaus", was I in seiner Panik akzeptiert.

674. ❍ Der Student A bietet in einem Inserat seinen zehn Jahre alten Volkswagen zum Verkauf an. Der an einem Kauf interessierte B vereinbart mit A einen Termin für Besichtigung und Probefahrt. Bei der Besichtigung fallen B einige Roststellen sowie ein defektes Bremslicht auf. A sagt zu, das Licht bis zur Übergabe zu reparieren, falls man sich über einen Verkauf einigen könne. Schließlich werden € 1000 als Kaufpreis und der 1. 12. als Übergabetermin vereinbart. Am 1. 12. erscheint B aber nicht. Bei einem Telefonat erklärt er dem A, dass er den Termin ganz vergessen habe und am 5. den Wagen abholen werde. In der Nacht zum 3. 12. beschädigt ein Autofahrer mit seinem Fahrzeug den in einer Diplomaten vorbehaltenen Parkzone abgestellten Volkswagen erheblich. Der Unglückslenker kann später nicht ausgeforscht werden. Am 3. 12. weigert sich B, für den „Schrotthaufen" € 1000 zu bezahlen. Schon allein wegen der Roststellen wäre der Preis weit überhöht gewesen. Wie ist die Rechtslage?

675. ● Der Feinschmecker Alois, der zum Wochenende eine kleine Party geben will, kauft am Dienstag in der Weinhandlung des Bertram in Wien eine Kiste (= 12 Flaschen) „Golser Trockenbeerenauslese 2001" zum Preis von € 40 je Flasche, nachdem er sich vergewissert hat, dass Bertram diesen Jahrgang liefern kann. Alois und Bertram kommen überein, dass die Kiste am Samstagvormittag im Geschäft zur Abholung bereit stehen soll. Am Freitag schickt Bertram seinen Lehrling zum im Burgenland gelegenen Weinkeller, um eine Kiste „Golser Trockenbeerenauslese 2001" in das Verkaufslokal in Wien zu schaffen. Alois, der die Party wegen einer Erkrankung absagen musste, erscheint erst am Dienstag, um den Wein abzuholen. In der Nacht auf Sonntag sind aber – wie die Polizei später feststellen kann – zwei Sandler in das Geschäft des Bertram eingedrungen. 4 der 12 in der Kiste befindlichen Flaschen haben sie an Ort und Stelle geleert, die übrigen 8 haben sie mitgenommen. Als Alois eine der leeren Flaschen näher betrachtet, fällt ihm auf, dass es sich dem Etikett nach um eine Trockenbeerenauslese aus 2002 handelt. Eine Überprüfung der Weinbestände ergibt, dass der Lehrling wegen der im Weinkeller herrschenden schlechten Lichtverhältnisse die Kiste irrtümlich mit 6 Flaschen Jahrgang 2001 und 6 Flaschen des weniger berühmten Jahrganges 2002 gefüllt hat. Wie ist die Rechtslage zwischen Alois und Bertram?

676. ● Die Pensionistin Pauline entdeckt bei der Lektüre des Wochenmagazins „Lebensglück" in der Rubrik „Sinnvoll Altern" eine Anzeige des Kaufmanns Kuno, in dem dieser eine Nähmaschine Marke „Stichfroh Premium" mit folgende Worten anpreist: „Dieses Modell, das nur € 240 kostet und mit dem alle denkbaren Stiche ausgeführt werden können, beherrschen Sie auch ohne Vorkenntnisse schon nach kürzester Zeit, da es nach den modernsten technischen Erkenntnissen konzipiert wurde. Das Modell des Jahres 2009: Stichfroh Premium". Als Geschäftsadresse ist eine in der Nähe von Paulines Wohnung gelegene Straße angeführt. Pauline, die bisher noch niemals eine Nähmaschine bedient hat, findet dieses Angebot sehr interessant. Als wenig später der 15-jährige Nachbarssohn Norbert vorbeikommt, der für die Pensionistin schon des Öfteren völlig uneigennützig Besorgungen gemacht hat (was seine Eltern sehr freut), zeigt ihm Pauline die Annonce, drückt ihm € 240 in die Hand und bittet ihn, für sie eine „Stichfroh Premium" zu besorgen. Wenn er die Maschine noch am selben Tag bei ihr zu Hause abliefere, werde er € 10 bekommen. Norbert sucht sofort Kuno auf und erklärt ihm, dass er für Frau Pauline die im „Lebensglück" angebotene „Stichfroh Premium" kaufen wolle. Kuno ist zwar sehr im Zweifel, ob Norbert tatsächlich für Pauline abschließen kann; da er aber sieht, dass Norbert bar zu bezahlen gedenkt, übergibt er diesem gegen Zahlung von € 240 eine Nähmaschine. Dabei redet er Norbert ein, dass Pauline sicherlich auch ein Pflegeset zum Preis von € 39 benötigen werde, welches Norbert ebenfalls mitnimmt und baldige Bezahlung verspricht. Sofort anschließend liefert Norbert Nähmaschine und Pflegeset bei Pauline ab. Es stellt sich aber heraus, dass die Maschine zwar hochwertig ist, an eine Bedienung durch einen Laien infolge ihrer komplizierten Mechanismen aber erst nach einem mehrstündigen Spezialkurs (Preis ca € 150) zu denken ist. Pauline will nun ihr Geld zurück. Sie weigert sich auch, Norbert die versprochenen € 10 zu geben, da die überbrachte Maschine unbrauchbar sei, sowie die € 39 für das Pflegeset zu bezahlen. Wie ist die Rechtslage?

677. ● Die beiden Briefmarkensammler A und B kommen anlässlich eines Philatelistentages miteinander ins Geschäft: B erhält von A eine seltene deutsche Briefmarke einschließlich Kuvert und gut lesbarem Stempel „Hansestadt Rostock" (Wert € 2000), A bekommt von B eine seltene österreichische Briefmarke (Wert € 1800). Das Angebot des C, ihm die gleiche deutsche Marke gegen Marken im Gegenwert von € 1900 zu überlassen, lehnt B daher ab. Wenig später erfährt B, dass das von ihm erworbene deutsche Poststück dem D gehört, der es vor kurzem in der Wohnung des A irrtümlich liegen gelassen hatte. D hatte es stolz als neueste Errungenschaft vorgezeigt; er würde es auch um viel Geld nicht wieder hergeben. B begehrt jetzt von A die Rückgabe der österreichischen Marke, will aber darüber hinaus auch die ihm nun entgehende Differenz von € 200 aus dem Tauschgeschäft ersetzt bekommen. Rechte des B?

678. ❍ Frau F ersteht im Schuhgeschäft S ein paar Schuhe um € 100. Schon nach zweimaligem Tragen lösen sich beide Sohlen. Da F andere Schuhe nicht gefallen, lässt sie sich von S einen Gutschein ausstellen. Als F den Gutschein nach vier Jahren einlösen will, sagt man ihr, er sei nicht mehr gültig. Welche Rechte hat F?

Variante: Wie ist die Rechtslage, wenn auf der Rückseite des Gutscheins steht: „Gültig ein Jahr ab Ausstellung"?

679. ● Raser, der eine Vorliebe für schnelle Autos hat, kauft Anfang Jänner 2007 beim Autohaus Austrocar einen fabriksneuen Monte-Carlo-CX (Wert: € 40.000) zum Preis von € 36.000, wobei er sich zusichern lässt, dass der Wagen eine Höchstgeschwindigkeit von 240 km/h erreicht. Der Kaufpreis soll „zinsenlos" in monatlichen Raten von € 1000 bezahlt werden; bei Nichtzahlung einer Rate binnen 14 Tagen soll automatisch Terminsverlust eintreten. Weiters wird eine Beschränkung der Gewährleistungsfrist auf ein Jahr vereinbart. Eine Anzahlung wird von Austrocar nicht verlangt.

Ende Juni 2007 testet Raser die Geschwindigkeit des Fahrzeuges auf einer deutschen Autobahn, erreicht aber nur 215 km/h. Raser teilt Austrocar den negativen Verlauf des Tests Mitte Juli 2007 mit; Austrocar lehnt jedoch kategorisch jede Reparatur oder gar die Zuverfügungstellung eines neuen Wagens ab. 2009 schlittert Raser in Geldschwierigkeiten und kann daher seit Jänner die Raten nicht mehr begleichen. Mitte März 2009 flattert Raser eine Klage auf Zahlung von € 12.000 ins Haus. Raser denkt nicht daran, auch nur einen einzigen Cent an Austrocar zu zahlen, er möchte den Wagen jedoch behalten.

Im Zuge des Prozesses meint Austrocar, welcher nach wie vor eine Reparatur oder den Austausch des Wagens verweigert, eine von Raser gleich nach dem Kauf an der Karosserie vorgenommene Änderung wäre schuld daran, dass der Wagen die gewünschte Geschwindigkeit nicht erreiche. Nach einem Sachverständigengutachten erreicht das Modell Monte-Carlo-CX grundsätzlich eine Höchstgeschwindigkeit von 240 km/h; es seien aber auch Fälle bekannt, dass fabriksneue Fahrzeuge dieses Typs aus noch nicht geklärter Ursache die angepeilte Höchstgeschwindigkeit nicht erreichen. Bei solchen Fällen mindere sich, so der Sachverständige, der Wert des Fahrzeuges um € 2000.

Welche Rechte hat Austrocar?

680. A schuldet B aus einem Kaufvertrag € 10.000. B hat seinerseits eine Verpflichtung
❍ in eben dieser Höhe bei C. Er erreicht, dass sich C bei Fälligkeit zunächst mit der Forderung gegen A zufrieden gibt. Da diese ebenfalls bereits fällig ist, teilt C dem A unverzüglich mit, die Forderung des B erworben zu haben. C fordert zugleich Überweisung auf sein Konto. A glaubt, dass ohne seine Zustimmung ein solcher Gläubigerwechsel nicht möglich sei. Er antwortet nicht und überweist erst drei Wochen nach Fälligkeit den Betrag an B. Nach längerem Hin und Her bringt C den B dazu, ihm das Geld zukommen zu lassen. Das geschieht weitere drei Wochen später. Der reiche B legt bei ihm einlangendes Geld sofort zu 8% an, C reduziert mit Gutschriften seinen Bankkredit (Zinssatz 12%). Rechte des C?

Variante: Was ändert sich, wenn B den A anweist, das Geld an C zu zahlen, ohne dass eine Zession stattfindet?

681. Der Antiquitätenhändler A hat seinem Angestellten G Generalhandlungsvollmacht erteilt. Während A's Urlaub sieht der Stammkunde K im Magazin des A eine alte vergoldete Pendeluhr, die er gerne haben will. Da K € 10.000 bietet, ist G überzeugt, dass A einverstanden sein wird. G übergibt die Uhr daher sofort gegen Barzahlung. A ist nach seiner Rückkehr über den Verkauf bestürzt, weil die Uhr nur eine Leihgabe seines Freundes F und nicht zum Verkauf bestimmt war.

a) Ist ein Kaufvertrag zustande gekommen? Wenn ja, zwischen wem?

b) Wer ist Eigentümer der Uhr?

c) Welche Rechte hat F?

682. ● Die Pensionistin P bringt ihren Perserteppich in die Reinigung des B und vereinbart dort mit einer Angestellten, dass die Reinigung € 200 kosten solle und dass der Teppich gereinigt in die Wohnung der P zugestellt werden wird. Nach zwei Wochen erhält P tatsächlich den Teppich, beiliegend aber auch eine Rechnung über € 200 zuzüglich Umsatzsteuer. Überdies ist der Teppich beschädigt, weil der Lehrling L die Reinigung nicht ordnungsgemäß überwacht hat. Sein Wert ist dadurch um € 100 gemindert. Rechte zwischen B und P?

683. ● A ist in Geldnöten. Er geht verzweifelt zum privaten Geldverleiher G. Dieser erkennt sofort die Notsituation des A. Daher gelingt es ihm, für einen Kredit in Höhe von € 100.000 mit einem Jahr Laufzeit einen Zinssatz von 27% zu vereinbaren. G gibt sich damit aber noch nicht zufrieden. Er verlangt Sicherheiten. Auf A's Bitten findet sich seine Schwester S bereit, für € 50.000 eine Bürgschaft zu übernehmen. In dem von ihr unterschriebenen Formular bleibt allerdings der genaue Betrag offen. Als A den Kredit nach Ablauf des Jahres nicht zurückzahlen kann, setzt G in das Bürgschaftsformular € 127.000 ein und verlangt diesen Betrag auch von S.

a) Welchen Anspruch hat G gegen A?

b) Welchen Anspruch hat G gegen S?

c) Was gilt für den Fall, dass S den gesamten Betrag an G zahlt?

684. ● K kauft eine alte Biedermeier-Kredenz gegen monatliche Zahlung von € 300 um insgesamt € 6000. B übernimmt für die Bezahlung des Kaufpreises die Bürgschaft. Als K nach drei Monaten an einigen Stellen leichten Wurmfraß entdeckt, stellt er seine Zahlungen ein. Diese Mängel mindern den Wert der Kaufsache um € 200; ohne sie wäre die Kredenz die vereinbarten € 6000 wert. Der Verkäufer V verlangt nun sowohl von K als auch von B alle noch ausstehenden Raten auf einmal. K erklärt, in Summe jedenfalls nicht mehr als € 5800 zu bezahlen. Welche Rechte hat V wirklich?

685. ❍ August Alf betrieb mehrere Jahre einen Großhandel mit Eisenwaren. Er ist unter der Firma „August Alf Eisen en gros" im Firmenbuch eingetragen. Da die Geschäfte immer schlechter gingen, musste er Personal abbauen. Schließlich hat er nur noch drei Angestellte und erhält nicht mehr als fünf Aufträge im Monat. Als ihn Gelder, sein wichtigster Geschäftspartner, bittet, ihm aus einer vorübergehenden Klemme zu helfen, kann Alf nicht Nein sagen. Er übernimmt daher telegraphisch eine selbstschuldnerische Bürgschaft, damit Gelder von der B-Bank den angestrebten Kredit erhält.

a) Kann die B-Bank Alf erfolgreich auf Zahlung belangen, wenn Gelder den Kredit nicht wie vereinbart zurückzahlt?

b) Welche Rechte hat Alf nach Zahlung?

686. ● Für eine Forderung des G gegen S in Höhe von € 100.000 hat P ein Pfand im Werte von € 50.000 bestellt und B eine Bürgschaft bis zum Höchstbetrag von € 50.000 übernommen. Als die Forderung trotz Fälligkeit nicht beglichen wird, bezahlt B € 50.000 an G. P meint nun, er müsse die Pfandsache zurückerhalten: er hafte nicht, da der Gläubiger schon € 50.000 erhalten habe, der Pfandbestellungsvertrag nicht schriftlich abgeschlossen worden sei und G die dem S geschuldete Gegenleistung gar nicht erbracht habe. G will hingegen die Pfandsache verwerten, um zu den noch ausstehenden € 50.000 zu kommen. Wer ist im Recht?

687. Das Verlagshaus A sendet B den „Prachtband ‚Österreichische Burgen und Schlösser' zum Sensationspreis von € 29" zu. Dem beiliegenden Brief ist zu entnehmen, dass das Buch 14 Tage unverbindlich zur Ansicht zugeschickt werde; sollte B allerdings innerhalb dieser Frist nichts von sich hören lassen, gehe A davon aus, dass B das Buch behalten wolle. B ist über die Methoden des Verlagshauses erbost, weshalb er jede Mitteilung unterlässt und das Buch, das ihn nicht interessiert – wovon er sich bei einem kurzen Durchblättern überzeugt hat –, im Keller deponiert. Drei Monate später wird es infolge eines Wasserrohrbruchs schwer beschädigt. A fordert von B mehrmals, aber vergeblich die Zahlung von € 29 sowie insgesamt € 14 an Mahngebühr. Wie ist die Rechtslage?

688. ❍ Am 2. 1. kommt es im Stadtgebiet von M. zwischen dem Wagen des A und dem des B zu einem Verkehrsunfall. Es wird festgestellt, dass A eine Stopptafel überfahren hat, da er sich mehr seiner Freundin auf dem Beifahrersitz als dem Straßenverkehr widmete, und B mit 60 km/h unterwegs war. Hätte B die zulässige Höchstgeschwindigkeit von 50 km/h eingehalten, hätte der Unfall vermieden werden können.

Das Auto des A ist schwer beschädigt (Schaden € 3000), das Auto des B bloß leicht (€ 500); die beiden Fahrer bleiben unverletzt. B versäumt wegen des Unfalls aber eine wichtige geschäftliche Besprechung, weshalb ihm ein Geschäft entgeht, das € 2000 Profit gebracht hätte.

Schließlich erleidet die ältere Passantin C, die den Unfall aus nächster Nähe miterlebt hat, einen Nervenzusammenbruch und muss für eine Woche ins Krankenhaus. Da C nicht sozial- und krankenversichert ist, werden ihr Spitalkosten in Höhe von € 1000 vorgeschrieben.

a) Welche Ansprüche bestehen zwischen A und B?

b) Welche Ansprüche hat C gegen A und B?

Variante: Der Unfall hätte sich auch dann ereignet, wenn B die Geschwindigkeitsbeschränkung eingehalten hätte.

689. ❍ Die Hausfrau Hermine bringt ihre Seidenbluse (Wert € 200) in die Putzerei des Paul. Das Kleidungsstück soll für € 20 gereinigt werden. Als Hermine die Bluse eine Woche später abholt, stellt sie starke Beschädigungen fest. Empört verlangt sie Schadenersatz. Paul entgegnet: Zum Ersten sei die Bluse sauber; zum Zweiten habe nicht er, sondern bestenfalls einer seiner Angestellten den Schaden verursacht; zum Dritten enthalten seine allgemeinen Reinigungsbedingungen unter anderen die Klausel, dass nur für grobes Verschulden und auch dann nur bis zum dreifachen Putzlohn gehaftet werde. Tatsächlich stehen diese Klauseln in den Bedingungen, die deutlich sichtbar im Geschäftslokal ausgehängt sind. Paul besteht daher seinerseits auf Bezahlung von € 20.

a) Welcher Vertrag besteht zwischen den beiden?

b) Wie viel kann Hermine von Paul fordern und umgekehrt?

c) Unter welchen Voraussetzungen wird für Gehilfenverhalten gehaftet?

d) Was muss grundsätzlich geprüft werden, wenn ein Vertragsteil seine Rechte (oder das Fehlen von Pflichten) auf Klauseln seiner „Allgemeinen Geschäftsbedingungen“ stützt?

690. ❍ Der Malermeister M hat vom Hauseigentümer H den Auftrag erhalten, die Innenräume auszumalen. M lässt diese Arbeiten von dem Gesellen G und dem Lehrling L ausführen. Als G zu vehement im Takt von Falcos „Amadeus“ mitschwingt, kippt er mit der Leiter auf die sorgsam abgedeckte Sitzgarnitur. Dabei geht die Leiter in Brüche; doch auch die Sitzgarnitur, die H's Ehefrau E gehört, wird durch die eindringende Farbe unrettbar beschädigt.

Welche Ansprüche haben

a) H bzw E gegen G und M;

b) M gegen G?

691. ❍ Der Verkäufer V liefert dem Käufer K eine Maschine zu Produktionszwecken. Bei späteren Wartungsarbeiten durch A, einen Angestellten des V, wird die Maschine durch geringe Unachtsamkeit des A beschädigt. Das Gerät muss deshalb komplett zerlegt werden, was zwei Wochen dauert. K erleidet in dieser Zeit einen Produktionsausfall, der zu Umsatzrückgängen führt.

a) Welchen Schaden kann K von V ersetzt verlangen?

b) Welche Möglichkeiten hat V, gegen A vorzugehen?

692. ❍ Der Installateur I wurde im August 2006 von S beauftragt, in dessen Haus eine neue Heizungsanlage zu installieren. I gab nach kurzer Besichtigung der Räumlichkeiten die Kosten mit „etwa € 5000“ an. Die Arbeiten wurden im Oktober 2006 abgeschlossen. I, der die Buchhaltung immer etwas vernachlässigte, übersandte S erst im März 2007 eine Rechnung in (auf Grund der vorgenommenen Arbeiten angemessener) Höhe von € 5500.

Im August 2009 wurde das Auto des S von einem fahrerflüchtigen Lenker schwer beschädigt (Schaden € 5200). Ein Zeuge notierte sich das Kennzeichen des unfallgegnerischen Fahrzeuges. Nachforschungen ergaben, dass der Wagen, ein Firmenfahrzeug, auf I zugelassen ist. Als S von I brieflich Schadenersatz begehrte, antwortete dieser, er schulde nichts. Erstens habe A, einer seiner Angestellten, den Lieferwagen unberechtigt benutzt – er habe den Schlüssel im Büro eigenmächtig vom Haken genommen – und dabei den Schaden verursacht; zweitens schulde ihm S noch € 5500 zuzüglich 5% Zinsen für die Heizungsmontage.

Im November 2009 langt bei Gericht die Klage des S gegen I, A und V, die Haftpflichtversicherung des I, auf Zahlung von € 5200 samt 12% Zinsen seit August 2009 ein. I berät sich nach Erhalt der Klage kurz mit seinem Anwalt. Dann übersendet er S eine Erklärung, wonach er gegen dessen Forderung – soweit sie überhaupt zu Recht bestehe – mit seinem Anspruch aus der Heizungsmontage aufrechne.

Wie ist über S‘ Begehren zu entscheiden?

693. A gibt sein Auto in der Werkstatt des W zum Service. Auf Grund eines Fehlers bei der Erneuerung der Bremsflüssigkeit durch den Lehrling L kommt B, die Frau des

A, bei der nächsten Einkaufsfahrt vor einer roten Ampel nicht rechtzeitig zum Stehen. Sie stößt deshalb den Passanten P nieder, der wegen einer schweren Gehirnerschütterung und eines Beinbruchs einige Wochen im Spital verbringen muss. Welche Rechte hat P?

694. ● Der zwanzigjährige Student S hat sich schon mehrfach das Auto seines Vaters V unerlaubt ausgeborgt. Als er wieder mal zu einer Feier fahren will, die etwas außerhalb der Stadt stattfindet, nimmt er den Autoschlüssel aus der Schreibtischlade seines Vaters. Auf der Rückfahrt fährt er alkoholisiert in ein unberechtigt in einer Diplomatenzone abgestelltes Fahrzeug des E. Rechte des E?

695. ❍ Der betrunkene A möchte zu später Stunde von Wien schnell nach Hause kommen. Er schlitzt daher das Stoffdach eines parkenden Cabriolets mit seinem Taschenmesser auf, steigt durch das Dach ein, startet mit seinem Postkastenschlüssel und fährt Richtung Süden davon. Dabei fällt er einer Polizeistreife durch seine unsichere Fahrweise auf. Bei der anschließenden wilden Verfolgungsjagd wird A erst gestellt, als er eine Kurve übersieht und mit dem Auto gegen eine Laterne fährt. Das Cabriolet, das vor dem Unfall € 9000 wert war, erleidet dadurch einen schweren Schaden an der Karosserie. Deshalb und infolge der Beschädigung des Getriebes ist das Auto nur mehr € 3500 wert. Mehrere Interessenten, die dem Eigentümer B für den Wagen zumindest € 9500 zahlen wollten, sind nach dem Vorfall an einem Kauf nicht mehr interessiert. Die im Eigentum der Gemeinde G stehende Laterne muss wegen der schweren Beschädigung ausgetauscht werden, was € 1000 kostet. Bei der Verfolgungsjagd hat das Polizeifahrzeug infolge eines zu rasanten Abbiegemanövers den PKW des C gestreift. Am Streifenwagen entstand dadurch ein Schaden in Höhe von € 300, am Auto des C ein Schaden in Höhe von € 500. Wie ist die Rechtslage?

Variante: Das Auto des B ist ein normaler PKW, bei dem die Beifahrertür nicht verschlossen war, da B's Freundin am Abend darauf vergessen hatte.

696. ❍ K kauft bei V eine Leiter des Herstellers H. F, die Frau des K, steigt zwei Tage später beim Tapezieren auf die Leiter. Dabei bricht eine Sprosse, F kugelt sich den Arm aus und zerreißt sich ihr Kleid. Welche Rechte haben F und K

a) vier Monate;

b) neun Monate;

c) vier Jahre;

d) 12 Jahre nach dem Kauf?

697. ❍ Der Produzent P erzeugt Schlagobersautomaten, die von der Supermarktkette M vertrieben werden. K ersteht am 15. 2. ein solches Gerät um € 40. Als es anlässlich einer Geburtstagsfeier des Sohnes S am 20. 4. erstmals in Betrieb genommen wird, löst sich der Deckel wegen mangelhafter Gewindefräsung explosionsartig von der Flasche. Er trifft S so unglücklich im Gesicht, dass dieser auf einem Auge völlig erblindet; mehrere Wochen hat S große Schmerzen. Seinen Beruf als Feinmechaniker muss er aufgeben. Auch das Tischtuch der K wird irreparabel beschädigt. Welche Rechte haben S und K gegen P und M?

698. ● Die 6-jährige K kommt in das Süßwarengeschäft des Z und bestellt – wie schon öfters – eine Schwedenbombe. K verspeist die ihr von Z gereichte Süßigkeit sofort. Entgegen den bisherigen Besuchen hat sie aber diesmal keinen einzigen Cent in ihrem Geldtäschchen. Wenig später erscheint M, die Mutter der K, und erklärt, K sei sehr unartig gewesen, weshalb sie diese Woche kein Taschengeld und schon gar keine Süßigkeiten bekommen soll. Rechte des Z?

699. ● A und B gründen zum Betrieb eines kleinen Strandbuffets am Gemeindeteich eine KG, bei der B bloß mit seiner Einlage von € 100 haften soll. Dafür soll B mit 10% an Gewinn und Verlust beteiligt sein. Noch vor Anmeldung zum Firmenbuch kauft A – wie mit B besprochen – für die Gesellschaft um € 300 den ersten Posten Speiseeis ein. Da sich jedoch der Pachtvertrag zerschlägt, nehmen A und B von einer Registeranmeldung Abstand. Das Eis bleibt unbezahlt.

a) Welche Rechtsnormen sind auf das Verhältnis von A und B anzuwenden, welche auf das Verhältnis zum Eislieferanten?

b) Kann der Eislieferant Bezahlung verlangen? Wenn ja, von wem?

c) Ändert sich etwas, wenn es mittlerweile doch zur Registereintragung gekommen ist?

700. ● A und B betreiben eine KG, die immer wieder von V Waren kauft. Da das Gesellschaftsvermögen mittlerweile aufgebraucht ist, überlegt V, ob er von A, dem Komplementär, und B, dem, Kommanditisten, Zahlung erhalten könnte. Ändert sich etwas, wenn A und B zusätzlich eine Bürgschaft für alle KG-Schulden übernommen haben?

701. A, B und C haben eine OG gegründet. Im Gesellschaftsvertrag steht: Jeder Gesellschafter kann nach fünf Jahren unter Einhaltung einer sechsmonatigen Frist den Austritt aus der Gesellschaft erklären. A tut das nach sechs Jahren. Ein weiteres Jahr später will ein Gläubiger der Gesellschaft Zahlung für seine Warenlieferungen.

a) Ist A aus der Gesellschaft wirksam ausgeschieden?

b) Wen kann der Gläubiger auf Bezahlung seiner Leistungen belangen?

c) Welche Rechte hat A nach wirksamem Austritt aus der OG?

702. ○ In einer KG ist A Komplementär, B mit einer Einlage von € 5000 Kommanditist. B kauft im Namen der KG um € 10.000 Waren bei V ein; die KG zahlt jedoch nicht.

a) Welche Rechte hat V?

b) Wie wäre die Rechtslage, wenn A die Handlung des B genehmigt, die KG jedoch vermögenslos ist?

703. ● A, B und C betreiben unter der seit Anfang 2006 im Firmenbuch eingetragenen Firma „Sunshine Sport OHG“ einen Handel mit Wassersportgeräten. C nutzt seine beruflichen Kontakte aus, um sich ein zweites Standbein aufzubauen. Ohne Rücksprache mit A und B eröffnet er ein Einzelunternehmen, das auf Verkauf und Reparatur von Surf- und Bootsegeln spezialisiert ist. Als C bereits zum dritten Mal für sein eigenes Unternehmen einen größeren Posten Surfsegel an einen

Wassersportverein verkauft hat (Gewinn etwa € 4000), erfährt A zufällig von C's Alleingang.

a) Ist das Geschäft zwischen C und dem Verein wirksam?

b) Rechte von A und B bzw der Gesellschaft?

c) Wie ist die Rechtslage, wenn C mit Wintersportgeräten handelt?

d) Ändert sich etwas, wenn C Kommanditist ist?

e) Wäre C's Verhalten Grund genug, ihn aus der Gesellschaft auszuschließen?

f) Ist die geführte Firma zulässig?

704. ❍ A, B, C und D haben mit Geschäftsanteilen von je € 10.000 eine GmbH gegründet. D hat seinen Anteil nur zur Hälfte eingezahlt und sehr bald an E verkauft. E ist mit der Bezahlung dieser zweiten Hälfte trotz mehrerer Mahnungen in Rückstand.

a) Welche Möglichkeiten hat die Gesellschaft?

b) Könnte ein Gesellschaftsgläubiger auf die noch offene Einlageforderung Zugriff nehmen?

c) Besteht unter gewissen Voraussetzungen die Möglichkeit, eine Kapitalherabsetzung auf € 35.000/30.000 vorzunehmen?

Musterklausur zu einer zweistündigen Vorlesung „Vertragsrecht“ (90 Minuten)

1. Was bedeutet „Geschäftsfähigkeit“? Kann ein 12-jähriger selbst ein gebrauchtes/ neues Fahrrad um € 50/300 kaufen? Wenn nein: Wie kann er das Rad sonst erwerben? **(5 P)**

2. G hat ein von S unterfertigtes Schriftstück in Händen, das wie folgt lautet: „Ich, S, verpflichte mich hiermit, am 1, 12. € 1000 an G zu bezahlen.“ Hat G gegen S Anspruch auf diese Summe? Vielleicht dann, wenn die beiden vorher über einen Schadensfall gesprochen haben, der mit dem Schreiben erledigt werden sollte? **(4 P)**

3. A erhält von der B-GmbH eine Zusendung, in der sich zwei Musik-CDs befinden. Im Beibrief liest A etwas von einem sensationellen Angebot zu nur € 20. Sollte sich A binnen 7 Tagen nicht melden, gehe man von seinem Kaufwillen aus und bitte schon jetzt um Überweisung des Preises. A hört in die eine CD kurz hinein, erkennt aber rasch, dass sie ihm nicht gefällt. Das gleiche Urteil fällt A's Ehefrau E über die zweite CD, die sie während des Bügelns einmal zur Gänze abspielt. Nach 14 Tagen verlangt B Zahlung der € 20. Eine CD hat A zu diesem Zeitpunkt bereits entsorgt, die andere liegt noch im Bügelzimmer.

a) Muss A den Kaufpreis oder zumindest ein Benutzungsentgelt zahlen?

b) Wer ist Eigentümer der beiden CDs?

c) Hat B gegen A einen Ersatzanspruch wegen der vernichteten CD?

d) Welche Rechte stehen B gegen A (sonst) zu?

(6 P)

4. Warum ist es wichtig zu wissen, ob jemand einen Vertrag als Unternehmer abschließt? Wie kann man dies feststellen? **(3 P)**

5. Was bedeutet die Inhaltskontrolle allgemeiner Geschäftsbedingungen (AGB) und wo finden sich dazu Regelungen? An welchem Maßstab ist zu prüfen, ob eine Klausel den Vertragspartner gröblich benachteiligt? Was sind die Konsequenzen der Bejahung einer solchen Benachteiligung für den abgeschlossenen Vertrag? Was bedeutet in diesem Fall eine „Verbandsklage“? **(5 P)**

6. G überträgt einen Kaufpreisanspruch, der ihm gegen S zusteht, an die Bank B. Als S davon erfährt, erklärt er, damit niemals einverstanden gewesen zu sein. Muss S bei Fälligkeit an B zahlen? Was gilt, wenn S unsicher ist und daher gar nichts bezahlt? **(4 P)**

7. Frau S benötigt einen Kredit. Die G-Sparkasse verlangt aber Sicherheiten. Daher unterfertigt B, der Lebensgefährte von S, einen Bürgschaftsvertrag, in dem er die Haftung für die Kreditrückzahlung bis zur Höhe von € 10.000 übernimmt. S bekommt € 10.000 ausbezahlt, wird später aber trotz mehrerer Mahnungen mit der Rückzahlung säumig. Einschließlich Zinsen sind € 11.000 offen.

a) Wieviel kann G von B sofort verlangen?

b) Ändert sich etwas, wenn S mit G eine Vereinbarung getroffen hat, wonach ihr € 2000 erlassen werden und die restlichen € 9000 (zuzüglich neuer Zinsen) in Monatsraten zu je € 500 zu zahlen sind?

c) Welche Rechte hat B, nachdem er € 5000 an die Bank bezahlt hat? **(5 P)**

8. Unter welchen Voraussetzungen kann X durch Y beim Vertragsschluss wirksam vertreten werden? Was sind die Konsequenzen einer solchen Stellvertretung? **(5 P)**

9. Sind folgende Aussagen richtig (r) oder falsch (f)? *Hinweis: Hier keine Begründung nötig!* **(5 P)**

		r	f
a)	Wer in der Zeitung seinen Wagen zum Verkauf inseriert, macht ein Angebot.		
b)	Geistig gesunde Erwachsene können im Wirtschaftsleben übliche Verträge durch selbst auswählte Stellvertreter abschließen lassen.		
c)	Wer einen Schenkungsvertrag unterschreibt, das Geschenk aber noch bei sich hat, muss ihn nur dann erfüllen, wenn der Vertrag unter notarieller Beteiligung zustande gekommen ist.		
d)	Eigentumsvorbehalt bedeutet, dass der Käufer das Eigentum erst mit Zahlung der letzten Rate erwirbt.		
e)	Ein Baby kann seinen Vater auch dann beerben, wenn er bereits vor der Geburt seines Kindes verstorben ist.		

10. Vervollständigen Sie folgende Aussagen: **(8 P)**

a) Wer eine Sache bei sich hat, ist ihr . . . . , nicht aber unbedingt auch ihr . . . . oder . . . .

b) Wer sich beim Vertragsabschluss geirrt hat, hat unter Umständen ein . . . . , mit dem er sich vom Vertrag wieder lösen kann. Dem Verkäufer, der sein Geld nicht bekommt, steht zum selben Zweck ein . . . . zu.

c) Nur bei unbehebbaren und groben Mängeln steht dem Käufer ein . . . . zu; wahlweise auch das . . . . Ist das konkret geleistete Stück aus einer Gattung, zB ein Haarfön, irreparabel schadhaft, kann der Käufer zunächst bloß . . . . begehren.

Soweit nichts Gegenteiliges ausdrücklich vorgesehen ist, begründen Sie Ihre Antworten; wenn möglich unter Rückgriff auf das Gesetz! Schreiben Sie bitte in ganzen Sätzen.

Insgesamt zu erreichen: 50 Punkte (+ mögliche Zusatzpunkte)

Bewertungsskala:

Sehr gut	ab 40 Punkten
Gut	34–39,5 Punkte
Befriedigend	27–33,5 Punkte
Genügend	20–26,5 Punkte
Nicht genügend	unter 20 Punkten

B. Lösungen (bzw Lösungshinweise)

Lösungen zu den stoffbegleitenden Fällen und Fragen 1–639 b

1. beachte Rz 3, aber auch § 879 ABGB

2. vgl Rz 3 f und 765 ff; bei Anwälten ferner Rz 791

4. a) Ja. Hier handelt es sich um den Hinweis auf eine (öffentlich-rechtliche) Rechtsnorm, da ihre Befolgung mit staatlichem Zwang durchzusetzen ist (Verwaltungsstrafe).
   b) Ja. Die Aufschrift begründet das Recht des Einzelnen, den Durchgang bis zu einem Widerruf zu benützen (die Tafel soll aber das Entstehen einer Dienstbarkeit infolge Ersitzung – vgl Rz 359 – verhindern).
   c) Nein. Dies ist eine von der Religion, nicht vom Recht vorgeschriebene Verhaltensnorm, die mit staatlicher Gewalt nicht durchsetzbar ist.
   d) Nein. Das „Maibaumstehlen“ ist ein regionaler Brauch, der aber unter Umständen gegen die Rechtsordnung verstößt (Diebstahl!).
   e) Nein. Das Umfrageergebnis spiegelt die moralische Haltung der Österreicher wider. Allerdings kann Ehebruch eine für ein Scheidungsverfahren relevante schwere Eheverfehlung darstellen (siehe § 49 EheG).
   f) Ja. Hier stellt sich die Frage, ob das „Verbot“ des Wirtes von der Rechtsordnung anerkannt wird. Im Rahmen der Vertragsfreiheit ist es möglich, sich seinen Vertragspartner (hier über die Bewirtung) auszusuchen, es sei denn, dass der Gastwirt einem Kontrahierungszwang unterliegt (vgl dazu Rz 433).

5. Zu nennen sind vor dem Beitritt zu EU bzw EWR das ProdukthaftungsG 1988 und das HandelsvertreterG 1993; danach insbesondere die §§ 3, 5 a ff und 31 b ff KSchG (Umsetzung von Haustürgeschäft- und Pauschalreise-Richtlinie sowie von Vorgaben für den Vertragsschluss im Fernabsatz), das TeilzeitnutzungsG (Umsetzung der Timesharing-Richtlinie), weitere Vorschriften des KSchG (Umsetzung der Verbraucherkredit-Richtlinie sowie der Richtlinie über missbräuchliche Klauseln in Verbraucherverträgen), zahlreiche Vorschriften des neuen Gewährleistungsrechts (Umsetzung der Verbrauchsgüterkaufrichtlinie) und einige Paragrafen des Rechts der Geldschuld (Umsetzung der Zahlungsverzugs-Richtlinie); in Umsetzung mehrerer gesellschaftsrechtlicher Richtlinien ferner das dritte Buch des UGB (Rechnungslegung) sowie zahlreiche weitere Vorschriften va im AktG, GmbHG und SpaltG, aber auch das DatenschutzG, das Fern-FinanzdienstleistungsG, das ZahlungsdiensteG oder das VerbraucherkreditG, Änderungen im UrheberrechtsG und vieles mehr.

6. siehe Rz 2 b aE

9. zu b) Rz 7

10. a) Die Erteilung der Genehmigung gehört zum öffentlichen Recht, da der Bürgermeister als Vertreter der Gemeinde mit Hoheitsgewalt auftritt und einen Bescheid über die Genehmigung erlässt.

b) Die Einladung und die Überweisung sind privatrechtliche Akte, da F keine Hoheitsgewalt hat.

c) Zwar hat P hier als Vertreter des Staates in Ausübung seiner Amtsgewalt dem E Schaden zugefügt; die Schadenersatzklage des E ist aber Teil des Privatrechts, da E als Privater nun keine hoheitliche Gewaltausübung von P bzw dem Staat, sondern bloß den Ersatz des Schadens am Garagentor verlangt. Diesen hat die Republik für P dem E zu ersetzen (Amtshaftung).

d) Die Übertretung der zulässigen Geschwindigkeit wird vom öffentlichen Recht (Straßenverkehrsordnung) verboten. Da P nun dem E den Schaden als Privater (nach Dienstschluss!) zufügt, hat nur er Schadenersatz zu leisten. Hier haftet die Republik nicht für ihn.

e) Bei der Anmeldung will A vom Staat einen (hoheitlichen) Bescheid über die Zulassung seines Autos.

f) X als öffentlich Bediensteter verstößt hier gegen Beamtendienstrecht: öffentliches Recht.

g) Hier ist X Privatangestellter und handelt seinen privatrechtlichen Dienstpflichten zuwider (zum Unterschied Beamter – privatrechtlicher Dienstnehmer vgl Rz 645 ff).

10a. a) Das 1. Bundesrechtsbereinigungsgesetz möchte die Unübersichtlichkeit der österreichischen Rechtsordnung zumindest zu einem Teil beseitigen. Aus der Monarchie, der Ersten Republik und der NS-Zeit sind noch zahlreiche Vorschriften in Kraft; es ist aber für den Rechtsanwender oft nicht erkennbar, dass zu einem bestimmten Rechtsproblem überhaupt noch eine alte „versteckte" Vorschrift (beispielweise ein Hofkanzleidekret aus dem 19. Jahrhundert) berücksichtigt werden muss. Solche alten Rechtsvorschriften werden folglich oft übersehen. Diesen Missstand beseitigt das 1. BRBG, indem es Vorschriften, die vor dem 1. Jänner 1946 kundgemacht worden sind und die sich nicht im Anhang des Gesetzes finden, für aufgehoben erklärt.

b) Der Vorteil der vom Gesetz gewählten Vorgangsweise besteht in einer sehr umfangreichen Rechtsbereinigung: Der Rechtsanwender weiß, dass ein vor dem 1. Jänner 1946 kundgemachtes Gesetz nur dann noch in Geltung ist, wenn es im Anhang aufgezählt ist. Der Nachteil ist darin zu erblicken, dass vom Gesetzgeber einfach „vergessen" wurde, manch altes Gesetz, dessen Weitergeltung wünschenswert wäre, im Anhang anzuführen, und dass dieses deshalb nun nicht mehr gilt. Diese Fehlerquelle wäre vermieden worden, wenn der Gesetzgeber einfach jene Gesetze für aufgehoben erklärt hätte, die seines Erachtens nicht mehr gelten sollten. Diese Vorgangsweise hätte jedoch den großen Nachteil gehabt, dass der Rechtsanwender weiterhin hätte befürchten müssen, ein altes noch geltendes Gesetz zu übersehen.

12. vgl die Legaldefinition des Lebensgefährten in § 14 Abs 3 MRG

16. vgl Rz 33, 455 ff, 618

17. zu a) Rz 522; b) Rz 593; e) Rz 33 a, b, 1246

20. a) A's Kaufpreisforderung verjährt gemäß § 1486 Z 1 ABGB binnen drei Jahren. (Das Eigentumsrecht verjährte zwar nicht [§ 1459]. Mangels Rücktrittsrechts [vgl Rz 517] kann A aber auch den Kaufvertrag nicht mehr beseitigen.)

b) § 1483 ABGB: Die Ausübung des Pfandrechts kann bei A nicht verjähren. A's Forderung verjährt im Ergebnis nur mit dem Betrag, der den Wert des Pfandes übersteigt.

c) wie b).

34. vgl § 280 Abs 2 ABGB. Kauf des Luxuskugelschreibers als „geringfügige Angelegenheit des täglichen Lebens"?

35. Diese Aufschrift will eventuell Eltern für die von ihren (unmündigen minderjährigen) Kindern angerichteten Schäden schadenersatzpflichtig machen. Eltern haften für solche Schäden aber nur dann, wenn sie ihre Aufsichtspflicht den Kindern gegenüber verletzen (§ 1309). Kommt eine solche Haftung nicht in Betracht, haftet der Unmündige uU dann selbst, wenn er die Folgen seines Tuns absehen hätte können (§ 1310 ABGB). Ab dem 14. Lebensjahr sind Kinder selbst deliktsfähig (§ 153 ABGB) und können zur Verantwortung gezogen werden. Die Eltern haften dann nicht.

Unter Umständen will der Aufsteller der Tafel damit aber auch die Haftung im Falle der Verletzung eines Kindes ausschließen. Dagegen spricht wohl schon der Wortlaut; ferner könnte ein bloßer Hinweis bei wirklichen Gefahrenstellen nicht genügen – vgl die Verkehrssicherungspflicht Rz 756.

45. c) Rz 56

48 a. siehe § 91 Abs 2 ABGB

54. Für eheliche Kinder gilt § 139 ABGB (s Rz 108 aE), für uneheliche § 165 ABGB (s Rz 135 aE).

62. siehe vor allem die §§ 49, 68 a EheG

65. Wird das Kind während aufrechter Ehe zwischen Vroni und ihrem Mann geboren, so gilt dieser gemäß § 138 Abs 1 Z 1 ABGB als Vater; das Kind ist ehelich (§ 138 c ABGB). Gemäß § 156 Abs 2 können nur der Ehemann der Mutter und das Kind die Feststellung der Nichtabstammung beantragen, nicht aber der möglicherweise tatsächliche Vater (Valentin). Diesem steht die Möglichkeit eines Anerkenntnisses offen; um die Vaterschaft des Ehemanns zu beseitigen, benötigt er allerdings die Zustimmung des Kindes. Weiters muss ihn Vroni als Vater bezeichnen (§ 163 e Abs 2 ABGB). Wenn Vroni nicht damit einverstanden ist, kann Valentin somit nicht als Vater festgestellt werden. Damit genießt der Schutz der sozialen Familie insoweit Vorrang vor den Interessen des biologischen Vaters.

66. siehe §§ 156, 158 ABGB

67. §§ 156, 157 ABGB

73a. Ja. Wäre das Kind unehelich, trüge es gemäß § 165 ABGB zwingend den Familiennamen der Mutter (also K.). Die theoretische Möglichkeit, dass Sebastian durch Adoption zum Familiennamen des Vaters kam (vgl die §§ 179ff, insb 182 Abs 1 ABGB), scheidet wohl schon wegen der kurzen Zeitspanne, die seit der Geburt verstrichen ist, aus. Sebastian hat also über § 139 Abs 2 oder Abs 3 ABGB den Familiennamen seines ehelichen Vaters erhalten.

76. Rz 133a

78. a), b), d) vererblich;

c), e), h) nicht vererblich, da sie höchstpersönliche Rechte bzw Pflichten darstellen.

f) nicht vererblich, da der Designer das Abendkleid höchstpersönlich zu entwerfen hat;

g) nicht vererblich, da die Versicherungssumme dem Begünstigten unmittelbar aus dem Versicherungsvertrag zusteht und nicht in den Nachlass kommt.

83. Da Ralf keine letztwillige Verfügung hinterlassen hat, kommt es zur gesetzlichen Erbfolge (§ 727 ABGB). Lara, die mit dem Erblasser Ralf bis zu dessen Tod in aufrechter Ehe lebte, hat ein gesetzliches Erbrecht (§ 757 ABGB), wobei der Umfang ihrer Erbportion davon abhängt, mit welchen Verwandten sie konkurriert. Neben Eltern und Geschwistern des Erblassers erhält der Ehegatte zwei Drittel der Erbschaft (§ 757 Abs 1 Satz 1 ABGB). Sind Geschwister des Erblassers vorverstorben, erhält der Ehegatte auch jene Erbteile, die den Nachkommen verstorbener Geschwister zufallen würden (§ 757 Abs 1 Satz 3 ABGB). Überdies gebührt dem Ehegatten unabhängig von seinen sonstigen erbrechtlichen Ansprüchen das gesetzliche Vorausvermächtnis (§ 758 ABGB).

Das restliche Drittel der Erbschaft fällt der zweiten Parentel zu, da niemand vorhanden ist, der vom Erblasser selbst abstammt (§ 735 ABGB). Ist ein Elternteil vorverstorben, wird seine Hälfte zwischen seinen Nachkommen aufgeteilt (§ 735 Satz 3 ABGB). Sind Geschwister vorverstorben und haben sie Nachkommen hinterlassen, so kommt der Erbteil, der grundsätzlich im Rahmen des Eintrittsrechts diesen Nachkommen zufallen würde (vgl § 735 Satz 3 ABGB), ebenfalls dem Ehegatten zu. Dies bedeutet, dass Ralfs Mutter Marie ein Sechstel zusteht, Dagmar, die ihren vorverstorbenen Vater repräsentiert, ein Zwölftel, und das letzte Zwölftel, das grundsätzlich den Nichten Ralfs als Repräsentantinnen des vorverstorbenen Bruders (= ihres Vaters) zukommen würde, fällt Ralfs Ehegattin Lara zu.

Im Ergebnis erhält Lara daher drei Viertel (9/12) der Erbschaft, Ralfs Mutter ein Sechstel (2/12) und seine Schwester Dagmar ein Zwölftel (1/12).

83a. a) Da kein Testament existiert, kommt es zur gesetzlichen Erbfolge. Gemäß § 757 Abs 1 Satz 1 ABGB ist W neben Großeltern zu 2/3 gesetzliche Erbin. Vom übrigen Drittel erhalten die mit E gleich nahe verwandten Großelternteile je 1/6.

b) Auf Grund von § 757 Abs 1 Satz 2 ABGB fällt der Anteil der verstorbenen Großmutter nicht an deren Sohn O, den Onkel von E, sondern vergrößert den gesetzliche Erbteil von W. W erhält daher 5/6, während das übrige Sechstel dem Großvater gebührt. Grund für diese Witwenbevorzugung ist die Ansicht des Gesetzgebers, wonach zu den Nachkommen von Großeltern – anders als zu diesen selbst – heutzutage typischerweise keine Nahebeziehung mehr besteht.

c) T verdrängt als Nachkomme des Verstorbenen alle Vorfahren (s Rz 147). Da W neben Kindern des Erblassers nur 1/3 des Nachlasses erhält (§ 757 Abs 1 Satz 1), verbleiben T die restlichen 2/3. Dass T kein eheliches Kind von E ist und auch nicht von W abstammt, spielt keine Rolle. Allerdings muss T ihre Abstammung gerichtlich feststellen lassen (sofern E die Vaterschaft nicht bereits zu seinen Lebzeiten anerkannt hat). Ein solches Feststellungsverfahren (dazu Rz 134) kann auch noch nach E's Tod angestrengt werden; und zwar uneingeschränkt während der ersten beiden Jahre danach (gewisse Einschränkungen enthält § 163 Abs 2 Satz 2 ABGB).

88. Der Überbegriff für Vermächtnis, Kodizill und Testament ist letztwillige Verfügung. Ein Vermächtnis, auch Legat genannt (§ 535 ABGB), liegt dann vor, wenn jemand nur bestimmte Stücke aus dem Nachlass erhalten soll (*Beispiel:* „Franz bekommt meine Briefmarkensammlung."); der Vermächtnisnehmer heißt auch Legatar (nicht Erbe!). Das Testament hingegen setzt jemanden in die ganze Verlassenschaft oder einen Bruchteil von ihr ein, er wird Erbe (§§ 532f ABGB; *Beispiel:* „Hans soll nach meinem Tod alles bekommen."). Selbstverständlich können in einem Testament Vermächtnis und Erbeinsetzung zugleich auftreten (*Beispiel:* „Hans ist mein Erbe. Franz soll aber die Briefmarken bekommen."). Ein Kodizill ist eine letztwillige Verfügung ohne Erbseinsetzung. Hier kann es sich also um ein einzelnes Legat, um mehrere Legate oder auch um eine sonstige Verfügung, zB eine Enterbung, handeln (§ 553 ABGB).

92. a) Rz 160; b) Rz 162; c) Rz 177

92 a. a) Notwendige Gültigkeitsvoraussetzungen eines Testaments sind einerseits die Einhaltung einer zulässigen Testamentsform und andererseits die Testierfähigkeit des Erblassers im Zeitpunkt der Errichtung des Testaments. Die eigenhändige Anordnung des E genügt den strengen Formvorschriften für letztwillige Verfügungen (vgl § 578 ABGB); fraglich ist jedoch, ob der unter Sachwalterschaft stehende E seinen Willen vernünftig zu bilden in der Lage war. Zwar kann E mangels gegenteiliger gerichtlicher Anordnung in jeder generell zulässigen Form testieren (§ 568 ABGB e contrario). Er muss aber jedenfalls die für den Testierakt nötige Urteils- und Einsichtsfähigkeit aufweisen (vgl § 566 ABGB). Paranoide Anfälle könnten den Testator in einen die „Besonnenheit ausschließenden Zustand" versetzt haben.

b) Wenn ein Erblasser in Todesgefahr nicht auf andere Art und Weise zu testieren vermag, kann er seine letztwillige Verfügung mündlich vor zwei Zeugen treffen (sog Nottestament; § 597 ABGB). E war in höchster Bergnot und ohne die Möglichkeit, seinen Willen auf andere Weise formgültig zu erklären. Überleben B und A, ist A's mündliche Verfügung daher (zunächst) gültig. Ist auch A in der Gletscherspalte verstorben, kann die mündliche Anordnung des E nicht mehr von zwei Zeugen bestätigt werden und ist daher ungültig (§ 597 Abs 2 ABGB). **Variante:** Zum Zeitpunkt des Verkehrsunfalls war das Nottestament bereits unwirksam, weil es drei Monate nach Wegfall der Gefahr seine Gültigkeit verloren hat (§ 597 Abs 1 Satz 2 ABGB).

c) Das eigenhändige Vermächtnis der E ist gemäß § 569 ABGB ungültig. Da E das 18. Lebensjahr noch nicht vollendet hatte, konnte sie als mündige Minderjährige nur vor Gericht oder Notar wirksame letztwillige Verfügungen treffen.

96. Der Erbverzicht ist ein zweiseitiger Vertrag (§ 551 ABGB), durch den ein Erbanwärter auf sein Erbteil verzichtet. Von einem solchen Vertrag kann nur dann einseitig abgegangen werden, wenn ein Widerrufsrecht vertraglich vereinbart worden ist. Eine Beseitigung eines solchen Erbverzichts ist außerdem nach den Regeln über die Vertragsaufhebung (Irrtumsanfechtung öÄ) sowie einvernehmlich möglich. Die Ausschlagung ist eine unwiderrufliche Prozesserklärung gegenüber dem Verlassenschaftsgericht (vgl Rz 183).

98. Paul ist nur vom Nachlass seines Vaters ausgeschlossen (relative Erbunfähigkeit); vgl § 768 Z 2 ABGB. Der Großvater kann ihn also deswegen nicht wirksam enterben.

103. a) Das Testament vom 25. 8. 2006 ist formungültig, da es von E nicht unterschrieben wurde (§ 578 ABGB) und auch nicht die Erfordernisse eines mündlichen (Gefahren-)Testaments (§ 597 ABGB) erfüllt. Es ist daher auf das Testament aus dem Jahre 2000 zurückzugreifen, nach dem jedes Kind die Hälfte des Nachlasses bekommt. Erbunwürdigkeitsgründe (vgl Rz 166) in Bezug auf die Kinder liegen nicht vor, das ältere Testament kommt daher zum Tragen.

b) Die aufgelöste Ehe mit G beseitigt deren erbrechtliche Ansprüche aus der Eheschließung; jedes der drei Kinder bekommt als gesetzlicher Erbe (§ 731 Abs 1 ABGB) je ein Drittel aus dem Nachlass (eheliche Kinder sind den unehelichen gleichgestellt).

c) Sein Testament ist damit gültig, die Enterbungen sind aber nicht rechtmäßig, sodass die Kinder jedenfalls ihren Pflichtteil, also bei zwei Kindern je ein Viertel, bekommen (Rz 167).

104. vgl Rz 176 ff

a) Testament hinfällig, da S nicht mehr lebt. Gattin bekommt ein Drittel, Enkelin zwei Drittel; Schwiegertochter nicht erbberechtigt;

b) jeder ein Drittel;

c) S Alleinerbe.

111. Zunächst ist der reine Nachlass zu berechnen: 40.000-15.000 = 25.000. In Bezug auf die Pfarrgemeinde liegt ein Legat vor; testamentarisch ist niemand als Erbe berufen. Ernas Söhne sind daher gesetzliche Erben. Als Pflichtteilsberechtigte können sie nicht durch das Legat an die Pfarrgemeinde zur Gänze umgangen werden, sie müssen daher zumindest die Hälfte ihres gesetzlichen Erbteils erhalten

(anstatt der Hälfte nur je ein Viertel des reinen Nachlasses, also je 6250, in Summe 12.500. Die Differenz von 12.500 erhält die Pfarrgemeinde als Vermächtnis.

113. § 824 ABGB

115. beachte auch Rz 156

117. a) Rz 191; b) Rz 929; c) vgl Rz 189; d) Rz 920; e) vgl Rz 190; f) Rz 185

123. vgl insb Rz 204 f, 646 f

125. beachte vor allem die §§ 8, 189 UGB

130. a) „& Co" reicht nicht aus, nötig entweder „OG" oder „KG" (s § 19 UGB); vor Anfang 2007 eingetragene Firma durfte nur bis längstens Ende 2009 unverändert weiterführt werden (§ 907 Abs 4 Z 2 UGB).

c) deutlicher Hinweis auf Einzelunternehmer (zB durch Zusatz „e. U.") fehlt; s § 19 UGB

131. a) An sich ja. Wegen des Grundsatzes der Firmenwahrheit muss der Sohn aber zumindest den Zusatz „e. U." in die Firma aufnehmen (vgl § 19 Abs 1 Z 1 UGB). Dann besteht auch keine Gefahr mehr, dass der Rechtsverkehr über die Rechtsform irregeführt wird (vgl § 18 Abs 2 UGB). Ein Nachfolgezusatz ist nicht erforderlich (s § 22 Abs 1 UGB).

b) Ja. Da der Vater nicht mehr unbeschränkt haftet, muss der Rechtsformzusatz nun „KG" statt „OG" lauten (§ 19 Abs 1 Z 3 UGB).

137. Auf diese Kategorien sind bei bestimmten Rechtsgeschäften unterschiedliche Rechtsnormen anzuwenden.

Grundsätzlich gelten unter „Privaten" (= Verbrauchern = Konsumenten) die Normen des ABGB, wenn nicht folgende speziellere Vorschriften zur Anwendung kommen:

- Agiert ein ein Vertragspartner als Unternehmer im Sinne des § 1 Abs 1 Z 1 KSchG und der andere als Verbraucher, so ist das KSchG anzuwenden.
- Ist am Rechtsgeschäft ein Unternehmer in seiner Eigenschaft als Unternehmer beteiligt, so ist immer das UGB zu beachten. Manche Vorschriften des UGB gelten allerdings nur dann, wenn *beide* Vertragspartner Unternehmer sind, oder nur zu Lasten des unternehmerischen Teils. Kaufmann und Unternehmer sind zwar nicht identisch, oft decken sie sich aber (der Unternehmensbegriff ist der weitere).
- **Achtung!** Auch Unternehmer können Privatgeschäfte tätigen (zB Kauf für den Haushalt, Urlaubsreise) und sind in Bezug auf diese Verträge als Verbraucher zu behandeln!

138. Stellvertretung, Bote, Auftrag, Ermächtigung, Treuhand, Makler; Stellvertretung: von Gesetzes wegen, organschaftliche Vertretung, rechtsgeschäftlich erteilte Vollmacht.

142. Da S seine Vertretungsmacht für die Zigaretten nicht offen legt und bezüglich der Computerzeitschrift offensichtlich nur im eigenen Namen handeln will, kann der Vater aus diesem Geschäft nicht verpflichtet werden. S als mündiger Minderjähriger kann sich so weit selbst verpflichten, wie es seine beschränkte Geschäftsfähigkeit erlaubt (vgl Rz 63): Da S gemäß § 151 Abs 2 ABGB über sein Einkommen aus eigenem Erwerb selbst verfügen kann und durch den Kauf der Zigaretten und der Zeitschrift auch die Befriedigung seiner Lebensbedürfnisse nicht gefährdet wird, kommt der Kaufvertrag zwischen T und S zustande. T kann die Zahlung von S begehren. (In Bezug auf die Zigaretten liegt schon deshalb kein Geschäft für den, den es angeht [= Vater], vor, da ein solches sofort erfüllt werden müsste – vgl Rz 269: Bargeschäft).

143. a) C könnte A nur dann in Anspruch nehmen, wenn diese wirksam von B vertreten war. Dazu wäre es nötig, dass B seine Vertretungsmacht für C erkennbar offen legt. Da dies nicht geschieht, ist ein Eigengeschäft B's anzunehmen (vgl Rz 251). A wurde nicht verpflichtet.

b) B hat zwar aus der Sicht C's für sich ein Geschäft geschlossen, er ist aber unmündiger Minderjähriger und als solcher nur beschränkt geschäftsfähig. Gemäß § 151 Abs 1 ABGB hätte der Kauf nur mit Zustimmung der Eltern Wirksamkeit; diese fehlt. Auch ein Geschäft im Sinne des § 151 Abs 3 ABGB liegt nicht vor, da ein Radiokauf um € 110 nicht eine geringfügige Angelegenheit des täglichen Lebens ist. C kann von B daher nicht die Bezahlung der übrigen € 80 fordern; selbstverständlich kann er aber das Radio zurückverlangen, da es mangels gültigen Übereignungstitels in seinem Eigentum geblieben ist.

c) Gegen B's Eltern hat C keine Rechte; sie wurden aus dem Kauf zu nichts verpflichtet.

d) Auch der Übereignung von den € 30 fehlt nun der Rechtsgrund; C ist dadurch ungerechtfertigt bereichert und hat sie herauszugeben (§ 1431 ABGB).

154. Rz 222, 255ff, 283

154a. siehe § 1024 ABGB

159. vgl zur Bedeutung für die Anwendbarkeit der Regeln über den Darlehensvertrag Rz 640; für die Abgrenzung von Kauf- und Werkvertrag Rz 659. Zum Verhältnis von Gattungssache und -schuld vgl auch Rz 513ff; demnach liegt nach Konzentration immer eine Stückschuld vor.

160a. Handelt es sich um eine Sache, deren Wert € 10 nicht übersteigt, kann der Finder diese Sache bei sich behalten und wird ein Jahr nach dem Fund automatisch Eigentümer, sollte sich innerhalb dieser Zeit der Verlustträger nicht melden (§ 395 ABGB). Bei wertvolleren Sachen muss der Finder bei der zuständigen Fundbehörde (§ 390 ABGB iVm § 14 Abs 5 SPG) Anzeige erstatten und den Gegenstand abgeben. Meldet sich innerhalb eines Jahres ab der Anzeige kein Verlustträger, kann der Finder die Ausfolgung der Sache verlangen. Mit der Ausfolgung erlangt der Finder Eigentum.

160b. a) F hat gegen V Anspruch auf Finderlohn (§ 392 ABGB). Konkret gebühren ihm € 20 – das sind 10% des Tascheninhalts – sowie ein Zehntel des gemeinen Wertes der Geldbörse (§ 393 Abs 1 Satz 1 ABGB). Sollten sich Kreditkarten bzw Bankomatkarten in der Tasche befunden haben, steht dem Finder überdies ein nach billigem Ermessen festzusetzender Lohn zu (§ 393 Abs 2 ABGB) – vgl Rz 353.

b) V hat die Geldbörse in diesem Fall nicht verloren, sondern vergessen iSd § 388 Abs 2 ABGB. Dies ist für F insofern von Relevanz, als er statt 10% nur noch 5% des gemeinen Wertes der Sache als Finderlohn fordern kann (§ 393 Abs 1 Satz 1 ABGB). Zudem bestünde überhaupt kein Anspruch auf Finderlohn, wenn V die Geldbörse auch sonst ohne deren Gefährdung wiedererlangen hätte können (§ 394 Z 3 ABGB). Davon ist aber im speziellen Fall nicht auszugehen, weshalb F Finderlohn gebührt (siehe dazu Rz 353).

c) Gemäß den §§ 390f ABGB trifft F als Finder die Pflicht, den Fund der Geldbörse, deren Gesamtwert samt Inhalt € 10 übersteigt, bei der zuständigen Fundbehörde (gemäß § 390 ABGB iVm § 14 Abs 5 SPG ist dies der Bürgermeister) anzuzeigen.

164. vgl Rz 380 und das Kleingedruckte in Rz 309 sowie Rz 325

169. Von der Rechtsprechung wird für eine Besitzstörung ein tatsächlicher, räumlicher Eingriff verlangt. Geruch, Lärm etc scheiden daher aus. Das ist zweifelhaft. Im Rahmen des Nachbarrechts (§ 364 Abs 2) ist die möglicherweise beeinträchtigende Wirkung von derartigen Immissionen durchaus anerkannt; warum nicht auch Besitzschutz gewährt werden sollte, wird nicht klar.

170. Die Rechtsprechung sieht als Störer auch jeden an, der die Störung gegenwärtig oder für die Zukunft verhindern kann. Dies wird in der Lehre zT auf Fälle eingeengt, in denen der unmittelbare Störer von seinem Hintermann beauftragt wurde; andere fordern zumindest Kenntnis von der Störung.

Fraglich ist, in welchem Ausmaß Mietern als bloß obligatorisch Berechtigten (vgl auch Rz 314: der Mieter hat eben keinen Erwerbstitel!) die Ansprüche aus § 372 ABGB zustehen (zu dieser Bestimmung Rz 320); die Rechtsprechung gewährt neben Herausgabe- und Schadenersatzansprüchen sogar nachbarrechtlichen Schutz (Rz 356). Im Ergebnis führt dies zu einer „Verdinglichung" des Mietrechts.

173. Unterscheiden Sie vor allem Verfügungen über den Gegenstand selbst und solche über den Miteigentumsanteil.

176. Da die Fallfrage allgemein gestellt ist, muss auch das Verhältnis A–C (zu Sachproblemen Rz 448, 525) geprüft werden!

177. vgl neben Rz 341 bis 344 auch Rz 268

178. vgl Rz 337, 343

183. Auf zwei Dinge sei nochmals besonders hingewiesen (vgl Rz 351): Es kommt entscheidend auf die Ununterscheidbarkeit an – das bloße Einstecken ist noch keine Vermengung! Rechtsgrundlage für ein obligatorisches Herausgabeverlangen der Mutter gegen A ist § 1041 ABGB; dazu Rz 815.

186. a) Nach dem seit 1. 2. 2003 geltenden Fundrecht (Rz 353) können nicht wie bisher nur verlorene, sondern auch vergessene Sachen gefunden werden, wobei die Unterscheidung zwischen „verloren" und „vergessen" für die Höhe des Finderlohns relevant ist. Als verloren sind gemäß § 388 Abs 1 ABGB nur Sachen anzusehen, die in niemandes Gewahrsame stehen. Gegenstände, die im „Einwirkungsbereich" eines Dritten abhanden gekommen sind, stehen nach überwiegender Ansicht in dessen Gewahrsame, weil er sie ohnehin irgendwann bemerken würde. Legt man dies zu Grunde, so wurde der 100-€-Schein nicht verloren. Er ist vielmehr nach § 388 Abs 2 ABGB als vergessen anzusehen, da er als bewegliche Sache ohne Willen der Inhaberin (K) an einem (für K) fremden, unter Aufsicht eines anderen (S) stehenden Ort (Supermarkt) zurückgelassen wurde. Auch in solchen Fällen besteht die – allerdings geringere – Gefahr, dass sich ein Unbefugter der Sache bemächtigt und sie dadurch für den Eigentümer endgültig dahin ist. Daher will das Gesetz ehrliche Menschen dazu motivieren, sich zu Gunsten des Eigentümers um solche Gegenstände zu kümmern. Meldet sich E vor Ablauf eines Jahres, so hat K als Finderin (§ 389 Abs 1 ABGB) gegen E als Verlustträger (§ 389 Abs 2 ABGB) nach § 392 ABGB Anspruch auf Finderlohn in Höhe von 5% des Sachwertes (§ 393 Abs 1 Satz 1 Fall 2 ABGB), hier also auf € 5. Ist hingegen bereits ein Jahr vergangen, so hat K nach § 395 ABGB schon freies Eigentum am 100-€-Schein erlangt, weshalb E leer ausgeht.

b) K stehen nach § 393 Abs 1 Satz 2 ABGB als Finderlohn € 175 zu (5% von 2000 [= 100] + 2,5% von 3000 [= 75]).

c) Hier hatte weder S noch sonst jemand Gewahrsame an dem Geldschein, weshalb dieser nicht bloß vergessen, sondern verloren wurde (§ 388 ABGB). Der Finderlohn würde daher € 10 betragen (§ 393 Abs 1 Satz 1 Fall 1 ABGB).

d) E kann, sofern noch kein Jahr verstrichen ist, die Herausgabe des Geldscheines verlangen (§ 366 ABGB). Dass E den Geldschein nicht selbst verloren bzw vergessen hat, spielt keine Rolle (vgl § 388 ABGB). Nur E ist als Verlustträger anzusehen, nicht hingegen der Dieb, da dieser die Sache unberechtigt innehatte (§ 389 Abs 2 ABGB). Der Finder hat Anspruch auf Finderlohn wie bei c).

188. Als Eigentümer kann B Unterlassung der unzweifelhaften Eigentumsbeeinträchtigung verlangen (vgl Rz 365; aber auch aus § 372 ABGB, Rz 320), wenn die Wegbenützer nicht etwa – hier möglicherweise durch eine Wegservitut nach § 492 ABGB – dazu berechtigt sind. Als Servitutsberechtigter wird in solchen Fällen regelmäßig die Gemeinde angesehen; der Erwerb erfolgte zweifellos durch Ersitzung. Allerdings führt die jährliche Verbreiterung des Pfades zu einem Verstoß gegen den Grundsatz der schonenden Servitutsausübung (§ 484 ABGB). Ist es der Gemeinde nicht möglich, dies zu verhindern, so kann ihr (und damit den Besuchern) die weitere Benutzung untersagt werden. (Im Einzelnen ist manches strittig; ganz ähnliche Probleme finden sich bei Schiabfahrten.)

189. Zur Anspruchsgrundlage für einen Aufwendungsersatzanspruch, der wiederum Voraussetzung eines Zurückbehaltungsrechts ist, siehe Rz 822f; dort auch zum besonderen „Rettungsaufwand“ nach § 403 ABGB.

192. siehe insb Rz 378

194. E kann zunächst der B mittels Besitzanweisung ein nachrangiges Pfandrecht an der Sache einräumen. B kann darauf € 5000 an G bezahlen; gemäß § 1423 ABGB muss G diese Drittzahlung akzeptieren, wenn E einverstanden ist. Dadurch erwirbt B einen Herausgabeanspruch gegen G.

197. Unter b) kommt es zu einer Vereinigung der Position von Pfandgläubiger und -eigentümer, da die Forderung samt Sicherheiten auf E übergeht (§ 1358 ABGB); zur Konfusion bei Forderungen Rz 583. Forderung und Pfandrecht erlöschen (Rz 383), E kann seine Sammlung zurückverlangen (§ 366 ABGB).

198. Das Publizitätsprinzip gilt nicht nur für die Begründung, sondern auch für das Weiterbestehen der Sicherheiten. § 467 ABGB beschränkt das Erlöschen des Pfandrechts bei Rückstellung an den Schuldner allerdings auf die Fälle, in denen diese „ohne Vorbehalt“ erfolgt. Dies kann leicht zu Umgehungen des Publizitätsprinzips durch bloß symbolische Übergabe führen. Daher soll nach Ansicht der Rechtsprechung ein Vorbehalt bei zeitlich unbestimmter Rückstellung unwirksam sein; nach der Lehre führt sogar jede freiwillige Rückstellung zum Erlöschen des Pfandrechts. Nur diese Ansicht kann Umgehungen wirklich hintanhalten. (Dem Pfandgläubiger verbleibt aber – als „Restgehalt“ der Formulierung in § 467 ABGB – ein schuldrechtlicher Anspruch auf Neubestellung des Pfandes gegen den Schuldner.)

199. B hat durch Pfandbestellungsvertrag und Übergabe der Pfandsache ein (absolut wirkendes) Pfandrecht am LKW erlangt, das auch nicht durch die Wegnahme des LKW erloschen ist; nur willentliche Aufgabe der Gewahrsame (freiwillige Rückgabe) durch B würde aus Publizitätsgründen zum Erlöschen führen (vgl § 467 ABGB; dazu Rz 383). Doch auch die zweite Verpfändung an K ist an sich wirksam, da U weiterhin Eigentümer des Fahrzeuges ist. Fraglich ist jedoch, wessen Pfandrecht *vorgeht.* Da B's Pfandrecht zuerst begründet wurde und noch fortbesteht, weshalb U insoweit nicht mehr verfügungsberechtigt ist, könnte K ein *erstrangiges* Pfandrecht (vgl Rz 384 und 387) nur *gutgläubig* erworben haben. Analog § 456 ABGB (einer eigentlich den Pfandrechtserwerb vom Nichteigentümer regelnden Norm) ist entscheidend, ob die Voraussetzungen des § 367 ABGB erfüllt sind. Das ist hier nicht der Fall. Insbesondere wurde der LKW dem U von B nicht (wieder) „anvertraut“. *Ergebnis:* B behält ihr Pfandrecht im ersten Rang. K steht bloß ein unmittelbar von U abgeleitetes, also derivativ erworbenes Pfandrecht im *zweiten* Rang zu.

202. siehe Rz 298

203. Die Formulierung „aus einem gegebenen Kredite“ wird nicht so verstanden, dass zukünftige Darlehen – Bestimmbarkeit von Gläubiger und Schuldner vorausgesetzt – nicht durch Höchstbetragshypothek gesichert werden können; die Aufzäh-

lung betrifft nur mögliche Rechtsgründe einer solchen. (Sie soll nach der Rechtsprechung allerdings taxativ [erschöpfend] sein, weswegen etwa Unterhaltsansprüche nicht auf diese Weise besichert werden können.)

204. a) Da mit dem Wegfall des Titels B wieder (rückwirkend) Eigentümer wird (vgl zu den Voraussetzungen des Erwerbs Rz 336), kann er den Schrank von A nach § 366 herausverlangen. Nach § 471 ABGB könnte A jedoch ein Zurückbehaltungsrecht am Schrank haben, wenn er berechtigt ist, von B Ersatz des für die Sache gemachten Aufwandes zu verlangen. Rechtsgrundlage für einen solchen Anspruch sind mangels Fremdgeschäftsführungswillens nicht die Vorschriften der Geschäftsführung ohne Auftrag (§§ 1035 ff; Rz 821 ff), sondern das Bereicherungsrecht (§ 1041 iVm §§ 331 f ABGB; Rz 815 und 817). A muss den Schrank also erst herausgeben, wenn B ihm den Aufwand ersetzt (Höhe je nach Einordnung unter § 331 oder § 332 ABGB).

b) Nach § 10 Abs 2 IO stehen Zurückbehaltungsrechte in der Insolvenz Pfandrechten gleich.

c) Voraussetzung für ein unternehmerisches Zurückbehaltungsrecht und damit ein Recht auf Verwertung des Schrankes ist nach § 369 UGB (unter anderem) ein *beiderseits unternehmensbezogenes* Geschäft. Daran fehlt es hier.

d) Da es sich hier um ein unternehmerisches Zurückbehaltungsrecht handelt, kann sich A nach § 371 UGB wie aus einem Pfand befriedigen.

205. vgl auch Rz 380

207. a) und b) sollten keine Probleme bereiten; zu c) Rz 349. Zu d): Für die Folgen der Weiterveräußerung ist einerseits entscheidend, ob ein verlängerter Eigentumsvorbehalt (Rz 398) vereinbart wurde; zum anderen ist je nach Sachlage auch an die Möglichkeit eines gutgläubigen Eigentumserwerbs durch den Dritten zu denken. Dabei ist jedoch zu beachten, dass in vielen Fällen nicht mehr davon ausgegangen werden kann, dass der Veräußerer auch Eigentümer ist, vgl Rz 343!

210. a) V kann neben der Möglichkeit, weiter von A Erfüllung zu begehren, vom Vertrag zurücktreten (vgl Rz 517 im Kleindruck) und dann die Waren nach § 366 ABGB von K zurückverlangen, wenn dieser nicht gutgläubig Eigentum erworben hat. Letzteres hängt hinsichtlich der (allein problematischen) Redlichkeit des K von den Umständen ab, vgl Rz 343; im Zweifel ist sie nach § 328 ABGB zu bejahen. – Zu einem möglichen Anspruch von V gegen A auf Zahlung von Verzugszinsen siehe Rz 517.

b) vgl Rz 349; zur Aufhebung des entstandenen Miteigentums Rz 350.

c) Der Eigentumsvorbehalt bezieht sich laut Sachverhalt nur auf die Zahlung des Kaufpreises. Die Vereinbarung eines solchen „erweiterten" Eigentumsvorbehalts wird als unwirksam angesehen.

211. Rz 434, 457

212. § 860 a ABGB

235. vgl Rz 432

239. Drei Schritte sind zu unterscheiden:

- R kann sich nur dann auf Punkt 15 der AGB berufen, wenn die AGB überhaupt Bestandteil des Einzelvertrages mit K sind. Dazu muss K vor Vertragsschluss die Möglichkeit gehabt haben, von deren Inhalt Kenntnis zu nehmen (zumindest Aushang im Geschäftslokal oä).
- Im Rahmen der Geltungskontrolle ist nun zu prüfen, ob Punkt 15 für K trotz der generellen Möglichkeit der Kenntnisnahme der AGB nach dem äußeren Erscheinungsbild der Urkunde so gestaltet war, dass K damit nicht zu rechnen brauchte (Kleindruck oä). Punkt 15 wird dann gemäß § 864a ABGB nicht Vertragsinhalt (natürlich nur dann nicht, wenn dieser Punkt für K nachteilig ist). Anderes gilt, wenn er besonders auf diesen Punkt hingewiesen wurde.
- Im nächsten Schritt ist festzustellen, ob die Klausel inhaltlich unangemessen war (Inhaltskontrolle). Betrifft sie einen Punkt, der nicht die beiderseitigen Hauptleistungen betrifft und den K gröblich benachteiligt, so ist sie gemäß § 879 Abs 3 ABGB unwirksam. (Stehen die Hauptleistungen durch Punkt 15 in einem auffallenden Missverhältnis, so ist der Vertrag unter den Voraussetzungen des § 879 Abs 2 Z 4 ABGB schon wegen Wuchers nichtig.) § 6 KSchG gibt Auskunft über einige unzulässige Klauselinhalte: Abs 1 leg cit nennt Klauseln, die jedenfalls, also unabhängig von besonderen Hinweisen auf sie, unwirksam sind. Fällt Punkt 15 nicht darunter, könnte er gemäß § 6 Abs 2 KSchG unwirksam sein, es sei denn, dass er im Einzelnen zwischen R und K ausgehandelt worden ist.

242. AGB Vertragsinhalt? vgl Rz 435; Inhaltskontrolle: vgl § 6 Abs 2 Z 5 KSchG

244. § 6 KSchG, § 879 Abs 3 ABGB

244a. a) siehe vor allem §§ 5c f KSchG
b) siehe § 5e Abs 3 KSchG
c) Die §§ 5a ff KSchG finden nur Anwendung auf Verträge zwischen einem Verbraucher und einem Unternehmer (§ 1 KSchG).

244b. §§ 5a ff KSchG, insb Rücktrittsrecht (§ 5e)

248a. siehe Rz 455a

251. Rz 467, 468

254. Rz 461, 467, 468; Variante: Rz 461, 467f, 275

255. Rz 460, 471, 473, § 875 ABGB

256. A könnte gemäß § 870 ABGB den Vertrag wegen List anfechten, wenn dem nicht der vereinbarte Anfechtungsausschluss entgegensteht. Da darin aber nur von „Irrtum" die Rede ist, ergibt wohl bereits die Auslegung (§§ 914f ABGB), dass die Anfechtung wegen List davon von vornherein nicht erfasst ist. Ein Abbedingen auch der Listanfechtung wäre aber ohnehin nach § 879 Abs 3 ABGB nichtig, da er den Teil, der überlistet wurde, gröblich benachteiligt (ebenso bereits für die

schlichte Irrtumsanfechtung zu Lasten eines Verbrauchers § 6 Abs 1 Z 14 KSchG). Auch die Vertragsaufhebung wegen Verkürzung über die Hälfte (laesio enormis, § 934 ABGB) könnte gemäß § 935 ABGB nicht wirksam ausgeschlossen werden. Allerdings ist umstritten, worauf es für § 934 ABGB ankommt: auf die *vereinbarten* oder auf die *erbrachten* Leistungen. Stellt man auf die übernommenen Verpflichtungen ab (Original!), wären die Wertrelationen in Ordnung, weshalb dieses Anfechtungsrecht nicht eingreifen könnte. A kann den Vertrag aber jedenfalls unter Berufung auf List rückgängig machen und sein Bild Zug um Zug gegen Rückgabe der Fälschung zurückverlangen.

Variante: Als Kunsthändler ist A Unternehmer, auf ihn ist daher das UGB anzuwenden. Nach § 351 UGB ist der vereinbarte Ausschluss der Anfechtung wegen laesio enormis wirksam. Der Ausschluss der Irrtumsanfechtung dürfte allerdings gemäß § 879 Abs 3 unwirksam sein; jedenfalls, soweit er – wie hier – zu einer extremen Äquivalenzstörung führt. Dann könnte sich A auf einen von B veranlassten Geschäftsirrtum berufen. Bei anderer Sicht bleiben A immerhin noch Gewährleistungsrechte (Rz 523 ff).

261. Lesen Sie die §§ 3 a und 30 KSchG (dazu Rz 476 b).

266. vgl Rz 486

277. B hätte den Vertrag mit A am 15. 10. zu erfüllen gehabt, hat aber durch vorherigen Verkauf und Übergabe der Maschine an D die Erfüllung schuldhaft unmöglich gemacht. Dem Gläubiger A steht daher gemäß § 920 ein Wahlrecht zu: Entweder hält er am Vertrag fest, dann bekommt er für seine Leistung von € 800 den Wert der Gegenleistung von € 1000, oder er tritt vom Vertrag zurück und macht die Differenz von € 200 als Erfüllungsinteresse geltend. Das Ergebnis ist in diesem Fall das Gleiche. In beiden Fällen hat A darüber hinaus das Recht, von B den Schaden ersetzt zu begehren, der ihm aus dessen schuldhafter Erfüllungsvereitelung entstanden ist. Da B die Maschine ein zweites Mal verkaufte, hat er A bewusst um die Möglichkeit des Weiterverkaufes der Maschine gebracht und damit dessen Nachteile zumindest grob fahrlässig verursacht. A hat daher die Möglichkeit, den entgangenen Gewinn aus dem in Aussicht genommenen Vertrag mit C (vernichtete Erwerbschance) über € 200 zu verlangen (zu entgangenem Gewinn vgl Rz 753 f). A kann von B daher insgesamt € 400 fordern.

Variante: Hier erfüllt B den Vertrag mit Verspätung; A kann daher von ihm den Schaden aus dem Verzug geltend machen. Dieser Verspätungsschaden beträgt € 200 für den entgangenen Gewinn aus dem Geschäft mit C.

280 a. a) Anspruch des G gegen S auf Zahlung der Verzugszinsen nach § 918 Abs 1 iVm § 352 UGB, auf Ersatz der erhöhten Zinsen aus dem Kontokorrentkredit sowie auf Ersatz von € 200 an Anwaltskosten nach § 918 Abs 1 iVm § 1333 Abs 2 ABGB: S bietet seine Leistung bei Fälligkeit (1. 4.) schuldhaft nicht an, er befindet sich daher im subjektiven Verzug (Rz 518). Unabhängig vom Verschulden hat S dem G Verzugszinsen als Ausgleich dafür zu leisten, dass dieser das ihm zustehende Kapital nicht selbst nutzen kann. Zwischen Unternehmern gilt eine Verschärfung in Bezug auf die Höhe der Verzugszinsen; diese gebühren nunmehr im Ausmaß von 8 Prozentpunkten über dem – variablen –

Basiszinssatz (vgl Rz 517 a). Neben der Verpflichtung zur Zahlung von Verzugszinsen trifft S gemäß § 1333 Abs 2 ABGB eine Ersatzpflicht für die weiteren Schäden, die er G durch sein schuldhaftes Nichtzahlen verursacht hat. Insoweit die Zinsen des Kontokorrentkredits die gesetzlichen Verzugszinsen übersteigen – so in der Fallvariante mit 12% Vertragszinsen –, können sie von G (nur) nach Verschuldenshaftungsgrundsätzen gefordert werden. Darüber hinaus hat S dem G auch die Kosten für den außergerichtlichen Eintreibungsversuch über den Anwalt als Verzugsschaden zu ersetzen; die Hinzuziehung eines Anwalts war in Anbetracht der langen Säumigkeit des S notwendig und zweckmäßig; ebenso stehen die Anwaltskosten zum Schuldbetrag in einem durchaus angemessenen Verhältnis (vgl § 1333 Abs 2 aE).

b) Wenn S Verbraucher ist, hat er gemäß § 1333 Abs 1 ABGB bloß Verzugszinsen in Höhe von 4% zu bezahlen (Rz 517a). Für den Ersatz des Verzugsschadens nach § 1333 Abs 2 ABGB macht die Verbrauchereigenschaft hingegen keinen Unterschied (daher Lösung wie bei a).

c) In dieser Variante trifft S kein Verschulden, er befindet sich daher nur im objektiven Verzug (Rz 517). Als Unternehmer hat er trotzdem gemäß § 352 UGB die erhöhten Verzugszinsen (8% über dem – variablen – Basiszinssatz; vgl Rz 517 a) zu leisten. Jedenfalls hat aber S mangels Verschuldens keinerlei Schadenersatzpflichten gegenüber G; er hat ihm also nicht die Kosten für den Anwalt zu ersetzen und muss auch nicht für die höheren Zinsen aus dem Kontokorrentkredit einstehen (§ 1333 Abs 2 ABGB).

288. Im ersten Fall Gewährleistung (Rz 523 ff), ohne Vertrag Rückabwicklung nach Bereicherungsrecht (Rz 813 ff).

290. a) A ist nicht zur Veräußerung berechtigt (§ 442 ABGB); er hat eine fremde Sache als die Seinige veräußert (§ 923 ABGB). A kann dem Erwerber daher allenfalls über § 367 ABGB Eigentum verschaffen. Sind die Voraussetzungen des gutgläubigen Eigentumserwerbs nicht erfüllt, so erlangt der Erwerber nicht die ihm zugesagte Rechtsposition. Darin liegt ein Rechtsmangel (Rz 525), für den nach § 923 ABGB Gewähr zu leisten ist.

b) Laut vertraglicher Vereinbarung ist ein neuwertiger Rasenmäher geschuldet; der Motorschaden stellt eine Abweichung vom Geschuldeten und somit einen Sachmangel dar. Dass A davon nichts wusste, spielt keine Rolle, weil Gewährleistungsrechte niemals ein Verschulden des Veräußerers, sondern nur eine Äquivalenzstörung voraussetzen (Rz 523). A hat daher Gewähr zu leisten.

c) Ob ein Mangel vorliegt, hängt grundsätzlich von der vertraglichen Vereinbarung ab (Rz 523); auch das Fehlen von im Verkehr gewöhnlich vorausgesetzten Eigenschaften – wie etwa geschliffener Schneideblätter bei Verkauf eines neuen, anders bei Verkauf eines gebrauchten Rasenmähers – begründet einen Mangel (Rz 525).

d) Der Rasenmäher ist eine bewegliche Sache, die Gewährleistungsfrist beträgt nach § 933 Abs 1 ABGB zwei Jahre (Rz 543). Die Frist beginnt bei Sachmängeln mit der Ablieferung zu laufen. Wenn seit diesem Zeitpunkt erst drei Monate vergangen sind, ist für einen Mangel einzustehen; außerdem greift die Mangelvermutung nach § 924 ABGB ein (Rz 537). Auch wenn bereits sieben

Monate vergangen sind, ist Gewähr zu leisten; dann muss jedoch der *Übernehmer* beweisen, dass der Mangel schon bei der Übergabe vorhanden war (Rz 537). Sind 25 Monate vergangen, ist die Gewährleistungsfrist bereits verstrichen; alle Gewährleistungsrechte sind daher verjährt.

e) Geschuldet ist offenbar ein „gewöhnlicher" Benzinrasenmäher. Wird ein Luftkissenmäher geliefert, mit dem man sich auf Hanglagen zwar leichter tut, der für das Mähen größerer ebener Flächen jedoch weniger geeignet ist, so fragt sich, ob darin eine negative Abweichung vom Geschuldeten zu sehen ist. Im Sinne einer Gesamtbetrachtung unter Beachtung des (mutmaßlichen) Käuferinteresses wird dies eher zu bejahen sein (Rz 525). Allenfalls könnte man erwägen, ob eine Anderslieferung vorliegt (dazu Rz 524). Da aber auch ein Luftkissenmäher mit Benzin betrieben wird, wurde nicht aus einer (gänzlich) anderen Gattung geleistet. Daher wird Gewährleistungsrecht eingreifen.

Bei Lieferung eines Messerwalzenmähers, der ausschließlich mit Muskelkraft betrieben wird, liegt ohne jeden Zweifel eine negative Abweichung des tatsächlich Geleisteten vom vertraglich Geschuldeten vor. Überdies spricht manches dafür, dass die geleistete Sache „äußerlich" dem Geschuldeten überhaupt nicht entspricht und daher von einer Anderslieferung (Rz 524) auszugehen ist. Dann ist der Käufer nicht auf befristete Gewährleistungsrechte beschränkt; vielmehr kann er nach den für ihn günstigeren Regeln des Schuldnerverzugs (Rz 517 ff) vorgehen.

f) Das Gewährleistungsrecht setzt *Annahme als Erfüllung* voraus. Hat der Gläubiger die (vertragswidrige) Leistung jedoch gar nicht oder doch nicht ohne jede Einschränkung angenommen, kommen nur Verzugsfolgen zur Anwendung (Rz 524; zum Verzug vgl Rz 517 ff).

g) Es liegt eine negative Abweichung des tatsächlich Geleisteten vom vertraglich Vereinbarten vor. Selbst wenn der Mangel nur eine unerhebliche Minderung der Gebrauchstauglichkeit bzw des Wertes bewirkt, hat der Übergeber Gewähr zu leisten (Rz 528). [Der vorliegende Mangel ist aber als „geringfügig" anzusehen, was auf der Ebene der sekundären Gewährleistungsbehelfe die Wandlung ausschließt.]

290a. a) §§ 922 f ABGB; Rz 523, Rz 525 ff

b) § 932 ABGB; Rz 530 ff

c) § 932 Abs 4 ABGB; zur Geringfügigkeit Rz 526 ff; zur Wandlung Rz 536 ff

d) § 933 a ABGB; Rz 550 ff

e) § 933 a Abs 2 ABGB: zunächst Beschränkung auf Schadenersatz durch Verbesserung bzw Austausch (Rz 550 a); Geldersatz erst subsidiär. § 933 a Abs 3 ABGB: Beweislastumkehr nach § 1298 ABGB gilt nur für die ersten zehn Jahre ab Übergabe (Rz 550 b).

f) § 933 b ABGB; Rückgriffsrecht Rz 549

290b. a) Hat K den Mangel 5 Monate nach dem Kauf bemerkt und sofort bei V reklamiert, dann greift zu seinen Gunsten die Beweislastumkehr nach § 924 ABGB ein. Wenn sich nämlich – wie hier – der Mangel innerhalb von sechs Monaten ab Übergabe zeigt, wird widerleglich vermutet, dass er – sofern dies nicht mit der Art der Sache oder des Mangels unvereinbar ist – bereits bei Übergabe vorhanden war (Rz 537). Lässt sich nicht klären, ob die Dachpappe bereits bei Übergabe an K mangelhaft war, konnte V den Beweis zur Widerlegung der Vermutung des § 924 ABGB nicht erbringen. Es ist daher davon auszugehen, dass der Mangel schon bei Übergabe vorhanden war, weshalb K Gewährleistungsrechte zustehen.

b) Bemerkt K den Mangel erst 7 Monate nach dem Kauf, muss er beweisen, dass der Mangel schon im Zeitpunkt der Übergabe vorhanden war; ihm kommt die Mangelvermutung des § 924 nicht zu Hilfe (Rz 537).

c) Reklamiert K erst 7 Monate nach Erhalt der Ware, hat er den Mangel aber schon nach 5 Monaten bemerkt, so kann dies auf die Vermutung nach § 924 ABGB keinen Einfluss haben. Es ist nämlich für das Eintreten der Beweislastumkehr nur erforderlich, dass der Mangel innerhalb von 6 Monaten hervorkommt, nicht aber, dass der Mangel innerhalb dieser Frist angezeigt wurde. Kann K beweisen, dass der Mangel schon 5 Monate nach Übergabe hervorgekommen ist, dann greift zu seinen Gunsten die Vermutung nach § 924 ABGB ein (Rz 537). Gelingt es V nicht, diese Vermutung zu widerlegen, hat er K Gewähr zu leisten.

295. a) Kann das Steigrohr problemlos ausgetauscht werden, wird gemäß § 932 Abs 2 ABGB der primäre Austauschanspruch geltend gemacht werden müssen. Ist der Austausch nicht problemlos möglich und kann der Mangel auch durch Reparatur nur mit einem unverhältnismäßigen Aufwand behoben werden oder ist dies überhaupt unmöglich, dann stehen die sekundären Gewährleistungsrechte (Preisminderung oder Wandlung) zu (Rz 530). Wandeln kann der Übernehmer allerdings nur dann, wenn der Mangel nicht bloß geringfügig ist (Rz 536). Mängel, die den Gebrauch nur etwas erschweren bzw ohne ernsthafte Einschränkungen ermöglichen, werden als geringfügig zu qualifizieren sein (Rz 526).

Ist laut Vertrag eine Fördermenge von „ca 840 l/h" geschuldet und beträgt diese tatsächlich 800 l/h, ist zuerst zu klären, ob überhaupt eine negative Abweichung vom Geschuldeten vorliegt. Zwar wurde vom Verkäufer nur eine „Cirka"-Angabe gemacht. Dennoch orientiert sich ein Käufer an solchen Zahlenangaben, weshalb eine Abweichung im Ausmaß von fast genau 5% nicht mehr vertragsgemäß ist. Allerdings liegen die bedungenen Eigenschaften weitestgehend vor; der Mangel ist daher als geringfügig einzustufen und berechtigt nur zur Preisminderung, nicht aber zur Wandlung. Wird hingegen eine Pumpe mit einer Fördermenge von 700 l/h geleistet, dann wird der vorgesehene Gebrauch nicht mehr nur gering erschwert; der Mangel ist nicht als geringfügig anzusehen und der Übernehmer kann zwischen Wandlung und Minderung wählen (Rz 536 a).

b) Hier ist die gesamte Gattung (die komplette Serie) mit einem evidentermaßen nicht bloß geringfügigen Mangel behaftet. Austausch scheidet daher aus. Ist der Mangel unbehebbar – also auch die Reparatur nur mit einem unverhältnismäßigen Aufwand durchführbar oder überhaupt unmöglich –, kann sofort Wandlung geltend gemacht werden (Rz 536). Der Preisminderungsbehelf steht hingegen wohl nur dann zur Wahl, wenn die Anlage ohne Summer einen deutlich über null liegenden Wert hat (vgl Rz 536 a).

c) Der Umstand, dass Blech zu rosten beginnt, wenn man es nicht abtrocknet, begründet keinen Mangel iS des Gewährleistungsrechts. Die Formen waren ja nicht schon bei Übergabe rostig; überdies ist Rostbeständigkeit bei billigem Weißblech nicht Vertragsinhalt geworden. Unterlässt es Elli, das Material hinreichend sorgfältig zu pflegen, muss sie daraus resultierende Abnützungserscheinungen selbst verantworten und kann keine Gewährleistungsbehelfe geltend machen.

d) Hinsichtlich des Sprunges im Teller liegt ein mit wirtschaftlich vernünftigen und zumutbaren Mitteln behebbarer Mangel (Rz 529) vor, da Elli noch Rohlinge vorrätig hat, weshalb ihr zumindest der Austausch möglich und zumutbar ist (§ 932 Abs 2 ABGB). Bei der Kaffeekanne liegt hingegen wohl überhaupt kein Mangel vor, da es in der Natur handbemalter Keramik liegt, dass das Muster nicht auf jedem Stück vollkommen gleich gelingt und daher 100%ige Übereinstimmung im Muster nicht Vertragsinhalt wurde.

e) Hier liegt ein Qualitätsmangel vor (der auch als „unechter" Quantitätsmangel bezeichnet wird). Er kann zwar nicht durch Verbesserung, wohl aber durch Austausch behoben werden, da der Kaufvertrag über ein Mastschwein mit bestimmtem Gewicht eine Gattungsschuld begründet (vgl Rz 529, 536).

f) Hier liegt der Mangel im Fehlen von Teilen des Geschuldeten; der Verbesserungsanspruch besteht daher in einem Anspruch auf Nachtrag des Fehlenden (Rz 531). Teilverzug (Rz 521) liegt nicht vor, da der Buchhändler die Ware zunächst im Glauben, sie sei vollständig, entgegengenommen hat und das Fehlen der Lösungshefte erst später bemerkt (vgl Rz 524).

302. Rz 537, 534; Umtausch (Kulanz!) im Unterschied zur Gewährleistung (Pflicht)!

303. Rz 529, 539, 547

305. Rz 525 ff, 547, 549

312. Rz 524, 548

316. Rz 555, 380, 392

320. Rz 564

324. § 1424 ABGB

326. siehe auch Rz 434

328. Vgl die §§ 373 bis 381 UGB, im Einzelnen jeweils bei den entsprechenden zivilrechtlichen Regeln behandelt. Die Sondervorschriften gelten für den Kauf von Waren und Wertpapieren. Unter *Waren* werden nur bewegliche, körperliche Sachen, die auch umlauffähig sind, verstanden; also zB nicht Grundstücke oder Forderungsrechte (Rz 590 a). Zur eingeschränkten Umlauffähigkeit von GmbH-Geschäftsanteilen vgl § 76 GmbHG. – Der Werklieferungsvertrag ist durch § 381

Abs 2 UGB ausdrücklich einbezogen, ebenso der Tausch. – Nach § 345 UGB sind in der Regel auch einseitig unternehmensbezogene Geschäfte erfasst. Anderes gilt im Bereich des unternehmerischen Warenkaufs nur für die §§ 377–379.

330. a) siehe neben Rz 602 auch Rz 325 und 493; Rz 686, 690; Rz 800

b) K gegen A: Rz 493 (Bringschuld!), 523 ff, 532, 534

A gegen X: Rz 550

332. • Anspruch des A gegen B auf Herausgabe des Bildes, § 1061 ABGB: Diese ist nicht mehr möglich, da C bereits Eigentum erworben hat (derivativer Erwerb durch Kauf und Übergabe [Rz 337], kein Problem des Gutglaubenserwerbs!).

• Anspruch des A gegen B auf Zahlung der Vertragsstrafe von € 100: Diese setzt das Bestehen eines wirksamen Vertrages zwischen A und B voraus. Ein solcher könnte durch (konkludenten) Rücktritt des B beseitigt worden sein. Voraussetzung für einen wirksamen Rücktritt ist jedoch Setzung einer Nachfrist zur Ausübung der Wahl (vgl § 906 Abs 2 ABGB). Daran fehlt es, sodass unabhängig davon, ob ein Rücktritt überhaupt erklärt wurde, der Vertrag weiter besteht. Für eine wirksame Gläubigerwahl wäre ebenfalls Verständigung und Fristsetzung nötig gewesen. B hat schuldhaft gegen die Pflichten aus der Vereinbarung verstoßen, womit er Schadenersatz zu leisten hat (vgl auch § 907 Satz 2 ABGB); die Veräußerung an C ist rechtswidrig; sie ist auch vorwerfbar, da die Rechtsunkenntnis in Bezug auf das Erfordernis einer Nachfristsetzung B nicht entschuldigt.

• Das Mitverschulden des A, der sich wohl telefonisch hätte melden müssen, ist angemessen zu berücksichtigen (vgl Rz 775).

335. zu b): Lesen Sie § 10 KSchG!

338. Das UN-Kaufrecht (auch CISG genannt). Nach Art 3 Abs 1 UNK sind auch Werklieferungsverträge erfasst. Im Übrigen kommt es auf die Erkennbarkeit eines Privatgeschäfts als solches an (Art 2 lit a).

339. a) Art 39, 27 UNK

b) Rz 532, 543; vgl andererseits auch Rz 547 und 212; von einer Eintragung ist im Sachverhalt keine Rede. Nach § 377 Abs 4 UGB genügt bei der Mängelrüge auch im österreichischen Recht die rechtzeitige *Absendung;* auch dann, wenn sie in der Folge nicht zugeht. (In der Regel ist der Zugang von Erklärungen jedoch erforderlich; vgl etwa Rz 426 ff.)

340. a) Es handelt sich um einen Kaufvertrag (die Qualifikation als Werklieferungsvertrag würde nichts ändern, Art 3 Abs 1 UNK) über Waren zwischen einem in Österreich und einem in Deutschland ansässigen Partner. Beide Staaten sind Vertragsstaaten; auch liegt keiner der Ausschlusstatbestände des Art 2 UNK, insbesondere kein Privatkauf, vor. Anwendbar ist daher primär das UNK.

b) Anspruch des P gegen U auf Zahlung des Kaufpreises.

• **Rechtslage nach UNK:** Voraussetzung ist, dass der gültig zustande gekommene Vertrag noch aufrecht ist. Nach Art 49 UNK könnte U die Vertragsaufhebung erklären. Das setzt eine wesentliche Vertragsverletzung voraus. Da es sich hier um ein Fixgeschäft (Rz 520) handelt, liegt eine solche vor: Der Käufer durfte eben Lieferung zu einem bestimmten Zeitpunkt erwarten. Nach Art 26 f UNK ist allerdings zum Wirksamwerden der Aufhebungserklärung zumindest deren Absendung erforderlich. Dies kann auch noch kurze Zeit nach tatsächlicher Lieferung erfolgen (vgl Art 49 Abs 1 lit a UNK).

- **Rechtslage nach ABGB:** Nach § 919 ABGB fällt der Vertrag bei einem Fixgeschäft durch Verzug grundsätzlich von selbst weg. P hat daher keinen Anspruch auf Zahlung.
- **Rechtslage nach UGB:** Seit 1. 1. 2007 bestehen im Wesentlichen nur mehr Besonderheiten für die Schadensberechnung, die aber bloß für Waren mit Börsen- oder Marktpreis gelten (§ 376 Abs 1 UGB) und daher für den Kauf belegter Brötchen ohne Bedeutung sind.

340 a. a) Nein. Ein Grundstück ist keine bewegliche Sache und daher keine „Ware“ iSd Art 1 Abs 1 UNK.

b) Nein. Beim Kauf einer Tafel Schokolade handelt es sich offensichtlich um einen Kauf zum persönlichen Gebrauch iSd Art 2 lit a UNK.

c) Ja. Bewegliche Sache, Niederlassung in verschiedenen Vertragsstaaten: Art 1 Abs 1 lit a UNK.

d) Ja. Es handelt sich zwar objektiv gesehen um einen Kauf für den persönlichen Gebrauch, da dies der Verkäufer jedoch nicht wusste und auch nicht erkennen musste, findet das UNK gemäß seinem Art 2 lit a Anwendung.

e) Nein. Die Verkäuferin wusste, dass die Käuferin die Ware zum persönlichen Gebrauch kaufte (Art 2 lit a UNK).

340 b. Fraglich ist die Geschäftsfähigkeit der Käuferin und in der Folge die Gültigkeit des Vertrages. Gemäß Art 4 regelt das UNK keine dieser Fragen. Da die VO Rom I (Art 1 Abs 2 lit a) die Frage der Geschäftsfähigkeit aus seinem Anwendungsbereich ausschließt (vorbehaltlich des Art 13 leg cit), ist das IPRG zur Beantwortung der Frage, welches Recht über die Gültigkeit des Vertrages entscheidet, heranzuziehen. Gemäß § 12 IPRG ist das Personalstatut der Käuferin entscheidend, somit nach § 9 IPRG englisches Recht.

340 c. Das UNK ist anzuwenden (Art 1). Nach Art 25 UNK liegt eine wesentliche Vertragsverletzung vor, weswegen Zucker gem Art 45 UNK vom Vertrag zurücktreten wird. Gemäß Art 74 UNK hat Zucker gegen Gonzalez einen Anspruch auf Schadenersatz, inklusive des entgangenen Gewinns. Zucker hat somit erstens einen Anspruch auf € 50.000 Gewinnentgang. Zweitens hat er einen Anspruch auf den Ersatz des Schadens, den er infolge des höheren Preises erlitten hat [20 × (1300-1000) = 6000]. Da Zucker jedoch seine Schadensminderungspflicht (Art 77 UNK) verletzte, kann Gonzalez die Herabsetzung des Schadensersatzes verlangen in der Höhe des Betrages, um den der Verlust hätte vermindert werden sollen: 20 × (1300-1200) = 2000. 6000-2000 = 4000. Insgesamt kann Zucker von Gonzalez somit € 54.000 verlangen.

344. siehe § 1098 ABGB und § 11 MRG; ferner Rz 633 aE

350. Lesen Sie § 6 Abs 1 Z 2 KSchG!

350b. siehe § 16 VKrG

356. Das Arbeitszeitgesetz steckt den äußersten Rahmen ab, in dem sich die Arbeitszeit eines Arbeitnehmers festsetzen lässt. Gewöhnlich dürfen dabei 40 Stunden Normalarbeitszeit nicht überschritten werden (§ 3 Abs 1 AZG). Handelt aber die Arbeitnehmervertretung eine für den Arbeitnehmer günstigere Normalarbeitszeit (hier kollektivvertraglich) aus, so hat diese Vorrang. Die Normalarbeitszeit beträgt daher nur $38^1/_2$ Stunden. Nach dem Günstigkeitsprinzip können im Einzelvertrag 39 Stunden nicht wirksam vereinbart werden. Wirksam wäre eine Individualvereinbarung nur dann, wenn sie den Arbeitnehmer gegenüber dem Kollektivvertrag begünstigen würde. (Die halbe Stunde über der kollektivvertraglichen Vereinbarung stellt auch keine Überstundenzeit dar, da diese über der *gesetzlichen* Wochenarbeitszeit liegen muss, um besonders entlohnt zu werden.)

357. a) Wenn Max neben seiner Tätigkeit als Maler auch als Maurer arbeitet, stellt sich die Frage nach der Zulässigkeit einer solchen Nebenbeschäftigung. Grundsätzlich darf Max jede Nebentätigkeit ausüben, solange er dabei seinem Arbeitgeber keine Konkurrenz macht und seine Arbeitskraft nicht so beeinträchtigt wird, dass er seiner Arbeitspflicht nicht mehr nachkommen kann. Arbeitet Max nur 30 Stunden bei Meister Bunt, wird man gewöhnlich davon ausgehen können, dass 10 Stunden Maurertätigkeit nicht allzu Kräfte raubend sind. Auch das Problem der Konkurrenztätigkeit stellt sich hier nicht.

b) Arbeitet Max hingegen bereits 40 Stunden bei Bunt, so wird seine Arbeitskraft durch die Nebentätigkeit wahrscheinlich übergebührlich in Anspruch genommen und ist damit nicht mehr zulässig (im Einzelfall genau prüfen!).

c) Wenn Max in der Baufirma auch als Maler tätig ist, stellt sich die Frage, ob er damit seinem (ersten) Arbeitgeber Konkurrenz macht. Für Angestellte bestimmt § 7 AngG, was unter dem Konkurrenzverbot zu verstehen ist: Der Angestellte darf ohne Bewilligung des Dienstgebers kein selbständiges kaufmännisches Unternehmen betreiben und er darf im Geschäftszweig des Dienstgebers für eigene oder fremde Rechnung keine Handelsgeschäfte machen. Wenn ein Arbeiter wie Max seinem Arbeitgeber in dieser Weise Konkurrenz macht, liegt darin zumeist eine Verletzung seiner Treuepflicht (für Arbeiter ist kein Wettbewerbsverbot ausdrücklich normiert). Da Max jedoch nicht selbständig nebenbei einen Malerbetrieb führt und in der Baufirma auch keine Geschäfte in eigenem oder fremdem Namen schließt, so verletzt er das Konkurrenzverbot nicht.

358. Nein. Zum einen gibt es nur mehr eine Pflicht des Dienstgebers, laufend Beträge an eine Mitarbeitervorsorgekasse zu bezahlen (Rz 651 a), wodurch der Dienstnehmer allenfalls gegen diese Kasse Auszahlungsansprüche geltend machen kann. Zum anderen verschiebt sich bei Entlassung der Zeitpunkt, zu dem die Auszahlung verlangt werden kann: Gemäß § 14 Abs 2 BMVG ist bei einer begründeten Entlassung der Abfertigungsbetrag aus diesem Dienstverhältnis erst nach Beendigung des nächsten fällig, so dass der Dienstnehmer das Geld vorher nicht ausbezahlt bekommt.

359. a) Ja. Anders als nach früherer Rechtslage gibt es keine Wartezeit mehr. Gemäß § 2 Abs 1 EntgeltfortzahlungsG (EFZG) behält ein Arbeitnehmer nach Antritt des Dienstes seinen Entgeltanspruch bis zur Dauer von sechs Wochen, sofern die Krankheit nicht vorsätzlich oder durch grobe Fahrlässigkeit herbeigeführt wurde. Das EFZG ist auf Fritz als Bauarbeiter anwendbar.

b) Der Entgeltfortzahlungsanspruch der Angestellten (Fritz als Buchhalter) ist in § 8 Abs 1 AngG entsprechend geregelt.

360. 1. Arbeitsverhältnis beendet? 2. Ansprüche? (vgl §§ 1162, 1162b ABGB)

361. Vgl § 5 Abs 1 UrlG: Wenn die Krankheit länger als drei Kalendertage dauert, so werden die auf Werktage fallenden Krankheitstage nicht auf den Urlaub angerechnet. Von der einen Woche, die Fritz im Bett gelegen ist, sind also die Werktage zu berechnen (alle Tage außer Sonn- und Feiertage). Nur so viele Tage kann Fritz am Jahresende als Urlaubsanspruch geltend machen.

364. siehe § 9 HVertrG bzw § 7 MaklerG

365. vgl auch Rz 821 ff

366. Anspruch des X gegen A auf Zahlung des Werklohnes (§ 1170 ABGB): Zwischen X und A wurde kein Vertrag geschlossen. Eine Vertragsübernahme (Rz 564) durch X, durch die dieser im Werkvertrag zwischen A und T an dessen Stelle treten könnte, scheitert an der fehlenden Zustimmung des A. T könnte X aber einen ihm zustehenden Zahlungsanspruch abgetreten haben. Das setzt voraus, dass er den vertraglich vereinbarten Erfolg herbeigeführt hat; dies muss er persönlich oder unter seiner persönlichen Verantwortung tun (§ 1165 ABGB; Rz 660), wobei er als Erfüllungsgehilfen auch wirtschaftlich Selbständige beiziehen kann. X hat laut Sachverhalt die Wohnung tapeziert; im Verhalten des T liegt wohl auch eine schlüssige Abtretung seines Erfüllungsanspruches an X. Einer Zustimmung des A zur Zession bedarf es nicht (vgl Rz 556). A muss also an X zahlen, sobald ihm die erfolgte Abtretung nachgewiesen wurde.

370. • Anspruch des Otto gegen Karl auf Herausgabe der Büste aus Eigentum (§ 366 ABGB) scheitert daran, dass Otto nie Eigentümer werden konnte; Karl ist ja gegenüber Abraham nur im eigenen Namen aufgetreten (Rz 251), weswegen es schon an einem Erwerbstitel Ottos fehlt.

• Gleicher Anspruch aus § 1009, § 1151 Abs 2 ABGB: Zwischen Otto und Karl besteht ein Dienstvertrag: In dessen Rahmen zu tätigende Geschäftsbesorgungen, hier Abschluss eines Kaufvertrages für Otto, sind gemäß § 1151 Abs 2 ABGB nach Auftragsrecht zu beurteilen. Nach § 1009 ABGB hat der Beauftragte allen aus dem Geschäft entspringenden Nutzen dem Auftraggeber zu überlassen. Karl muss die Büste also gegen Ersatz des Aufwandes (€ 4000) herausgeben.

376a. siehe Rz 702a

377. a) vgl Rz 698 und 567f

b) § 356 UGB und § 1416 ABGB; Rz 574 (Kleindruck)

379. Der Zahlungsanspruch setzt einen gültig entstandenen Bürgschaftsvertrag voraus; dies könnte allerdings an der fehlenden Einhaltung der Schriftform (§ 1346 ABGB) scheitern. Zwei Fragen sind zu trennen:

1. Musste die Bürgschaft überhaupt schriftlich abgegeben werden? Ja. Seit 1. 1. 2007 bedürfen Bürgschaftserklärungen ganz generell der Schriftform, also auch die von Unternehmern.
2. Zu klären ist daher, ob die Erklärung per Telefax dem Schriftformerfordernis entspräche. Dagegen spricht, dass es sehr einfach ist, auf diesem Wege jemandem Erklärungen zu unterschieben, die gar nicht von ihm stammen. Dieses Argument verliert allerdings an Bedeutung, wenn man die Formpflicht bei der Bürgschaft primär unter dem Aspekt des Übereilungsschutzes sieht: Dann kann es wohl nur darauf ankommen, ob die Unterschrift tatsächlich geleistet wurde. Gelegentlich wird aber auch verlangt, der Unterzeichner müsse das (ein) Original seiner Erklärung aus der Hand geben; nur dann könne von „schriftlicher Abgabe" die Rede sein, wäre der Warnfunktion Rechnung getragen. Der Bürge ist aber auch beim Absenden eines Telefax ausreichend gewarnt (anders der OGH!). Die Beweislast, dass es tatsächlich von dem als Bürgen Genannten stammt und von ihm eigenhändig unterschrieben wurde, hat allerdings der Gläubiger zu tragen.

Ergebnis: X kann Zahlung in Höhe von € 500.000 verlangen; mehr selbstverständlich nicht, da die Bürgschaft nicht weiter reicht.

382.
- Anspruch des B gegen G auf Rückzahlung von € 45.000 aus § 1431 ABGB: Die Tatbestandsmerkmale dieser Norm (allgemein Rz 813 f) sind unproblematisch erfüllt, da auf Grund der Akzessorietät der Bürgschaft die Schuld nur noch in Höhe der Hauptschuld bestand. Auch ein Rückforderungsausschluss (vgl Rz 820) ist nicht zu sehen. – Bezüglich der verbleibenden € 55.000 war die Leistung nicht rechtsgrundlos.
- Anspruch des B gegen A auf Rückzahlung von € 100.000 aus § 1014 ABGB: Hat B, was wahrscheinlich ist, die Bürgschaft auf Ansuchen oder zumindest mit Zustimmung des A übernommen, so besteht zwischen den beiden ein Auftragsverhältnis. B würde so € 55.000 als notwendigen Aufwand ersetzt bekommen. Er kann denselben Anspruch aber auch aus abgeleitetem Recht des Gläubigers, das über § 1358 ABGB auf ihn übergegangen ist, geltend machen.

  Bezüglich der weiteren € 45.000 kann von einem notwendigen oder nützlichen Aufwand nicht die Rede sein. B kann von A nur € 55.000 fordern.

383. siehe vor allem die §§ 25 c und 25 d KSchG (zum Mäßigungsrecht des § 25 d Rz 716 a) – zum Schuldenregulierungsverfahren mit Restschuldbefreiung Rz 1366.

386. zu c) und d) siehe die §§ 38 bis 39 a VersVG

388. siehe neben Rz 742 auch Rz 735

392. a) Ja. Rechtswidrigkeit wegen Verletzung eines absoluten Rechtsgutes und des Schutzgesetzes § 125 StGB (Sachbeschädigung).

b) Je nach den Umständen. Vgl Rz 761; in der Regel sind sogar so „krasse" Abwehrhandlungen von § 3 StGB, der die Voraussetzungen der Notwehr festlegt, gedeckt!

c) Nein. Im Rahmen der Verschuldenshaftung sind solche nicht vom Willen beherrschbare Handlungen selbstverständlich irrelevant (§ 1306 ABGB).

d) Ja. Es liegt keine Notwehrsituation vor, da Tiere nicht rechtswidrig angreifen können. Vgl auch Rz 761 a. Handeln im Notstand ist rechtswidrig, wenn die Interessen des Schädigers die des Geschädigten nicht überwiegen. Das ist hier der Fall.

e) Grundsätzlich nicht. Vgl zur Abgrenzung des Rechts von anderen Verhaltensordnungen Rz 5. Rechtswidrig wäre die Lüge etwa im Zusammenhang mit einer dadurch motivierten Schenkung der Eltern; vgl § 146 StGB (Betrug).

f) Nein. Eine Unterlassung ist nur rechtswidrig, wenn eine Handlungs-, hier konkret eine Untersuchungspflicht, besteht. Letztere ist zu verneinen, da viele Waren – mit (stillschweigendem) Einverständnis der Kunden – nur noch originalverpackt weiterverkauft werden, dem Verkäufer also schon das Öffnen der Verpackung nicht zugemutet werden kann. Unterscheiden Sie davon die ganz anders gelagerte kaufmännische Untersuchungspflicht (stichprobenartige Kontrolle zur Erhaltung der Gewährleistungsrechte), Rz 547!

g) Ja. Die Rechtswidrigkeit dieses Eigentumseingriffs wäre nur durch Zustimmung des *Eigentümers* ausgeschlossen. Trennen Sie davon die Frage des Verschuldens, Rz 767!

h) Nein. Vgl den Hinweis zu d) und Rz 761 a. (§ 1307 ABGB wäre erst bei Volltrunkenheit anwendbar.)

394. • Anspruch des W gegen D auf Schmerzensgeld, Ersatz der Heilungskosten und des Verdienstentganges, §§ 1295, 1311, 1325 ABGB: D hat durch sein rechtswidriges und schuldhaftes Verhalten den Diebstahl, W's Sturz und damit dessen Verletzung verursacht. Das allein führt jedoch noch nicht zur Ersatzpflicht (Rz 758). Fraglich ist, ob das gesetzliche Verbot des Diebstahls (§ 127 StGB) nicht nur den Eigentümer, sondern auch einen Dritten schützen will, der versucht, die Tat zu vereiteln. Das wird zu bejahen sein, da man dem Gesetzgeber unterstellen kann, dass er Dritte zu solchem Tun ermutigen und ihnen dazu auch den nötigen zivilrechtlichen Schutz gewähren will (strittig). Was im Einzelnen zu ersetzen ist, ergibt sich aus § 1325 ABGB. Der Anspruch besteht.

• Anspruch des Warenhauses gegen D auf Ersatz eines Teiles des dem Detektiv bezahlten Monatsgehaltes, §§ 1295, 1311 ABGB: Dieser Anspruch scheitert daran, dass das Warenhaus das Monatsgehalt ohnehin hätte zahlen müssen, D diesen Schaden also nicht *verursacht* hat. Es ist eben immer konkret zu prüfen, welcher Schaden verursacht worden ist. Der Detektiv wurde zwar wegen möglicher Diebe, jedoch nicht wegen des hier zu beurteilenden Diebstahls des D eingestellt. (Eine andere Frage ist die nach dem Ersatz bei einer dem Warenhaus obliegenden Entgeltfortzahlung an W trotz dessen Arbeitsunfähigkeit; dazu Rz 759, Schadensverlagerung.)

396. Die Regelungen über die Notwehr (Rz 761) gelten auch im Falle der *Nothilfe,* dh wenn sich der rechtswidrige Angriff gegen geschützte Rechtsgüter eines Dritten

richtet (so ausdrücklich § 3 StGB).Hat X aber eventuell die Grenzen zulässiger Nothilfe überschritten? Zur Anspruchsgrundlage Rz 777.

398. Lesen Sie dazu Rz 3! Hier hätte sich R als Verkehrsteilnehmer jedenfalls näher informieren müssen.

401. vgl auch Rz 437

404. beachte auch Rz 760!

407. zu a) und c) vgl Rz 201

b) In § 1313 a ABGB (Rz 782) ist der gesetzliche Vertreter ausdrücklich genannt!

410. a) Zur Rechtswidrigkeit Rz 756: Verletzung von Verkehrssicherungspflichten. Zum Verschulden Rz 783. B würde hier also nur haften, wenn *ihm selbst* eine Sorgfaltsverletzung vorzuwerfen wäre! A's Haftung ist hingegen problemlos zu bejahen.

b) Rz 777

414.
- Anspruch des R gegen A auf Zahlung von € 1100 nach §§ 1151, 1154 Abs 1 ABGB iVm dem RechtsanwaltstarifG: Zur Qualifikation als Dienstvertrag vgl Rz 653. Einwendungen gegen den Anspruch sind nicht erkennbar, insbesondere kann das Entgelt bei einem Dienstvertrag nicht wegen mangelhafter Ausführung gemindert werden, da der Dienstnehmer nur Bemühen, nicht aber einen Erfolg schuldet!
- Anspruch des A gegen R auf Ersatz von € 2900 nach §§ 1294, 1299 f ABGB: Nach § 1300 ABGB macht die Erteilung falscher Ratschläge schon bei leichter Fahrlässigkeit schadenersatzpflichtig, wenn sie entgeltlich erfolgte. Das ist hier der Fall. Die Fahrlässigkeit ist am Maßstab eines durchschnittlichen Sachverständigen, hier eines Rechtsanwaltes, festzustellen. Einem durchschnittlichen Rechtsanwalt ist es aber zuzumuten, an prominenter Stelle veröffentlichte Judikatur aus jüngerer Zeit zu kennen. Schließlich ist noch die Höhe des Schadenersatzes zu ermitteln: Durch seinen rechtswidrig falschen Rat hat R den Prozess erst verursacht, somit auch die entstandenen Prozesskosten und seinen eigenen Honoraranspruch, der sich für A als Schaden darstellt. Der Anspruch besteht daher in der oben genannten Höhe. – Zur Möglichkeit einer Aufrechnung vgl Rz 579.

415. Lesen Sie dazu beide Absätze des § 1330 ABGB und vergleichen Sie die Tatbestandsvoraussetzungen!

419. vgl Rz 802 und 777 f

420. b) Die Haftung nach EKHG und PHG ist verschuldensunabhängig; dafür finden sich hier jeweils eine *Eingrenzung der Ersatzpflichtigen* und *Haftungsausschlüsse.* Die Verschuldenshaftung ist *betraglich unbegrenzt;* die beiden anderen Gesetze enthalten entweder *Haftungshöchstgrenzen* (Rz 803) oder einen *Selbstbehalt* (Rz 809). – Schließlich sollten die unterschiedlichen *Verjährungs- bzw Präklusivfristen* nicht übersehen werden: Rz 794 und die sehr ähnliche Regelung in § 17 EKHG; anders das PHG, Rz 810.

421. beachte vor allem die Rz 804 und 805 sowie Rz 810, 775 und 758

422. a) Rz 813, § 1431 ABGB

b) Rz 820, 823. § 1431 ABGB ist durch § 1432 ABGB ausgeschlossen

c) Er hat schuldbefreiend gezahlt (vgl Rz 556) und daher in der Regel jedenfalls kein Interesse an einer Rückforderung.

d) Rz 820

e) vgl Rz 382 und 383. Das Pfand kann nach § 366 ABGB zurückverlangt werden.

426. vgl auch Rz 712, 456

428. Vgl Rz 822. Zu prüfen sind Ansprüche von D gegen F (§ 1170 ABGB) oder N (Bereicherung?) sowie von F gegen N.

432. a) vgl Rz 835

b) vgl Rz 836. Bezüglich Schuldschein (unterscheiden Sie davon Inhaberschuldverschreibung, Rz 898, und kaufmännischen Verpflichtungsschein, Rz 857) und Kaufvertragsurkunde, die nur Beweisfunktion haben und – da die Geltendmachung der Forderung nicht an die Innehabung des Papiers geknüpft ist – keine Wertpapiere sind, erübrigt sich eine Kraftloserklärung. E hat schlimmstenfalls Beweisnachteile.

433. Der Schuldschein ist, da nur Beweisurkunde für das Bestehen der Forderung, dann jedenfalls bedeutungslos. Bestehen – wie hier – Einreden gegen die zu Grunde liegende Forderung (die Werklohnschuld), sind aber auch die Rechte des E aus dem noch nicht weitergegebenen Scheck nicht durchsetzbar (vgl Rz 873 a). S wird daher nicht verurteilt.

434. a) Z gegen S auf Zahlung der Werklohnforderung, §§ 1170, 1394 ABGB: Die Forderung ist bereits durch Erfüllung erloschen. Der Schuldschein ist, wie ausgeführt, kein Wertpapier. Seine Bedeutung erschöpft sich in der leichteren Beweisbarkeit der Forderung; ist diese erloschen, kommt ihm keine darüber hinausgehende eigenständige Bedeutung zu. Ein einwendungsfreier Erwerb der Rechte aus dem Scheck setzt nach Art 22 ScheckG Innehabung des Schecks voraus. Z hat gegen S also keine Rechte.

b) Z gegen E auf Rückzahlung des für die abgetretene Forderung Geleisteten, § 1397 Satz 2 ABGB, dazu Rz 558: Dieser Anspruch ist unproblematisch zu bejahen; ebenso etwaige Schadenersatzansprüche. Ein wertpapierrechtlicher Anspruch des Z besteht jedoch nicht.

c) E gegen S auf Zahlung aus dem Scheck: Der Anspruch ist mit der Zahlung ebenso wie die Werklohnforderung (vgl Rz 873 a) erloschen.

S gegen E auf Herausgabe des Schecks aus § 366 ABGB: dazu eingehend Rz 838. (Ein Interesse an der Herausgabe folgt wegen der sehr kurzen Vorlagefristen beim Scheck [dazu Rz 893] vor allem aus dem weiter bestehenden Verfälschungsrisiko.)

438. a) vgl Rz 849

b) Die Forderung der P ist damit erloschen (Rz 838). Der Bank bleibt vor einer Kraftloserklärung (Rz 836) aber das Risiko, an einen gutgläubigen Sparbucherwerber zahlen zu müssen.

444. Lesen Sie Art 2 WG! Zu c) vgl Art 3 Ziffer 1 WG (für Fälle einer *bewusst* unvollständigen Begebung mit Ausfüllungsvereinbarung siehe auch Art 10 WG). – Ein eigener Wechsel unterscheidet sich in den Gültigkeitsvoraussetzungen nur dadurch, dass er keinen Bezogenen enthält (Art 75 WG).

447. Lesen Sie dazu (neben Rz 867) auch Art 6 WG!

449. a) Primär vom Akzeptanten, Herrn Schulz (Art 28 Abs 1 WG). Zahlt dieser nicht, kann nach Art 43 Abs 1 WG auf die Indossanten (Frau Gruber, Herr Pospisil und Herr Koller), den Aussteller (Herr Müller) und andere Wechselverpflichtete (hier Frau Müller als Bürgin, vgl Art 32 Abs 1 WG) zurückgegriffen werden (beachte dabei die Art 44 ff WG).

b) Dann gilt Herr Moser nicht mehr als durch eine (geschlossene) Indossamentenkette formell legitimierter Inhaber (Art 16 Abs 1 Satz 1 WG); eine Zahlung an ihn wirkt nur dann schuldbefreiend, wenn er im Wege einer geschlossenen Reihe von Abtretungen materiell berechtigt ist (Art 40 Abs 3 WG). Moser müsste also *beweisen*, dass er von Pospisil wirklich mittels Zession erworben hat. Ist die Abtretung nachweisbar und war Koller aus dem Wechsel berechtigt, hat Moser alle unter a) angeführten Rechte, außer gegen Pospisil, der ja auf dem Wechsel nicht unterschrieben hat.

c) Nach Art 7 WG hat auch die Unterschrift eines nicht Geschäftsfähigen auf die Gültigkeit der übrigen Unterschriften keinen Einfluss. Abgesehen von Frau Gruber, die keine gültige Wechselverpflichtung eingehen kann (dazu Rz 874), haften alle unter a) Genannten. Es kommt für die wechselrechtliche Haftung eben primär auf die geschlossene Indossamentenkette an. Koller konnte auf Grund der Indossamente (Rechtsschein!) daher wirksam vom nicht berechtigten Pospisil erwerben. – War hingegen Koller geschäftsunfähig, hat Moser mangels wirksamen Begebungsvertrages keinerlei Rechte erhalten.

d) Dann handelt es sich um ein so genanntes Blankoindossament (zur Bedeutung Rz 872). Nach Art 13 Abs 2 WG beeinträchtigt dies die Rechte von Moser nicht.

e) Siehe Art 32 Abs 3 WG. Frau Müller kann sich einmal an den halten, für den sie sich verbürgt hat. Das ist schon wegen der Position ihrer Unterschrift, jedenfalls aber infolge der Vermutung des Art 31 Abs 4 Halbsatz 2 WG Peter Müller. Zum Zweiten haften ihr nach Zahlung dessen Vormänner (Details dieses Rückgriffs in Art 49 WG). Da Herr Müller der Aussteller ist, ist Vormann hier nur der Akzeptant Schulz.

f) Schulz zahlt im Grundfall schuldbefreiend (Art 40 Abs 3 WG: die Unterschriften der Indossanten müssen nicht geprüft werden). In der Abwandlung kann er – durch Aussage des Koller – *nachweisen*, dass der Wechsel diesem gestohlen wurde, dessen Unterschrift daher gefälscht sein muss, weshalb Moser nicht berechtigt ist. Zahlt er trotzdem, handelt er, da er sowohl Kenntnis von der mangelnden Berechtigung des Moser als auch von deren Beweisbarkeit hat, unter Umständen sogar arglistig. Er wird nicht frei.

g) Es liegt ein Sicherungsakzept vor (zum Sicherungswechsel Rz 863 a). Wechselrechtlich ändert sich dadurch nichts. Gegen Müller hat Schulz einen Aufwandersatzanspruch nach § 1014 ABGB. (Ist Schulz durch die Weitergabe des Wechsels ein Schaden entstanden, würde Frau Gruber bei Verschulden dafür haften, wenn die Zweckbeschränkung [„nur zur Sicherung"] mit ihr vereinbart war.)

451.
- Anspruch der Oesterreichischen Nationalbank gegen G auf Zahlung von € 500.000 aus dem Wechsel: Mangels gegenteiliger Angaben im Sachverhalt ist davon auszugehen, dass der Wechsel gültig zustande gekommen ist. Persönliche Einwendungen aus seinem Verhältnis zur B-Bank wie das Erlöschen der besicherten Forderung kann G der Nationalbank nur entgegenhalten, wenn diese bewusst zu seinem Nachteil gehandelt hat (Art 17 WG). Dafür fehlt aber jeder Anhaltspunkt. Die Nationalbank kann von G daher € 500.000 verlangen.
- Anspruch des B gegen G auf Zahlung von € 300.000 aus dem Wechsel: Auch hier sind keine Einwendungen gegen die Gültigkeit des Wechsels ersichtlich. Persönliche Einwendungen aus dem Verhältnis zum Wechselinhaber selbst sind jedoch weder durch Art 17 WG noch sonst ausgeschlossen (vgl auch ausdrücklich § 364 Abs 2 UGB). Somit kann sich G zunächst auf die noch nicht eingetretene Fälligkeit der gesicherten Schuld berufen. Zum Zweiten hat B mit der Diskontierung gegen die Sicherungsvereinbarung verstoßen (Rz 863 a) und wird dem G daher schadenersatzpflichtig. Die Höhe der Gegenforderung beträgt € 500.000. Die Voraussetzungen einer Aufrechnung (Rz 580) sind gegeben. Erfolgt diese, führt das zum Erlöschen von B's Anspruch. **Ergebnis:** Der Anspruch des B ist nicht durchsetzbar.

454. dazu Art 43 WG

456. siehe dazu neben Rz 886 auch Rz 577: In der Regel wird ein Scheck nur zahlungshalber gegeben.

460. vgl Rz 895

462. zu c) vgl Rz 836 aE: Erst durch die gerichtliche Entscheidung verliert das Papier seine Kraft.

466. siehe auch Rz 706

472. siehe Rz 921

474. Siehe insb § 19 Abs 1 Z 4 UGB. Ohne Eintragung im Firmenbuch liegt eine GesbR vor. Würde die Kanzlei hingegen in der Rechtsform einer GmbH betrieben werden, so fehlte der gesetzlich vorgeschriebene Zusatz (zumindest „GmbH").

478. vgl Rz 929

479. Die Antwort ergibt sich bereits aus Rz 934 f. Diese Unterscheidung ist für das Verständnis des Gesellschaftsrechts grundlegend (getrennte Betrachtung von Außen- und Innenverhältnis)! S ferner Rz 1039.

483. vgl neben Rz 928 auch Rz 9

484. Lesen Sie neben Rz 935 auch Rz 959!

487. Lesen Sie (neben Rz 943) auch Rz 971!

490. Entscheidend ist, ob eine Registrierung erfolgt. *Davor* gelten im Innenverhältnis, also zwischen den Vertragspartnern (= Gründungsaktionären) nur allgemeine Regeln des Vertragsrechts (zum Außenverhältnis – Vorgesellschaft – s Rz 971). Folgen der Eintragung für

1. *Bestand der Gesellschaft:* Aktionäre, Vorstands- und Aufsichtsratsmitglieder haben ein Jahr Zeit zur Nichtigkeitsklage *nur* wegen Fehlens oder Unwirksamkeit von den in § 17 AktG vorgeschriebenen Satzungsbestimmungen.
2. (davon zu trennen) *Haftung der Gründer* und anderer in §§ 39 bis 42 AktG genannter Personen gegenüber der AG; verschiedenste Mängel (vgl Rz 972 bis 976).

496. Vgl Rz 982 f. Beachten Sie auch Rz 281, die Möglichkeit einer Haftung des A, Rz 282 f. Bei unternehmerischer Tätigkeit der ARGE selbst – die wohl im Regelfall anzunehmen ist – besteht allerdings an sich Alleinvertretungsmacht jedes Mitglieds, wenn die ARGE im Geschäftsverkehr unter einem eigenen Namen auftritt (Rz 983 a; § 178 UGB)!

500. Lesen Sie auch Rz 934 aE!

504. a) Rz 1019, § 97 Abs 1 AktG

b) Rz 1014

c) Rz 1014 und 1021

d) Ja. In der (im Gesetz vorgegebenen) Konstellation, dass für die Geschäftsführung das Mehrstimmigkeitsprinzip (Rz 1011) gilt, die gefassten Beschlüsse, sofern sie durch Rechtsgeschäfte umzusetzen sind, aber nur unter Mitwirkung aller Vorstandsmitglieder verwirklicht werden können (Gesamtvertretung, Rz 1013), kann man von einer diesbezüglichen Verpflichtung auch des überstimmten Mitglieds ausgehen (folgt wohl aus den allgemeinen Pflichten des Vorstandes, § 70 Abs 1 AktG).

509. Aus der Formulierung „beteiligt sich . . . am Unternehmen der X-GmbH" ist auf eine stille Gesellschaft zu schließen, § 179 UGB, Rz 916. Unterscheiden Sie davon die Beteiligung an der Gesellschaft selbst! Zur Haftung Rz 1030.

513 a. a) Ist der Gesellschafter G an der GmbH zu 50% beteiligt, gelten für ihn gemäß § 5 Abs 1 Z 2 EKEG die Bestimmungen dieses Gesetzes. Deshalb ist der Kredit, welchen G der GmbH in einer Krise iSd § 2 EKEG gewährt hat, als Eigenkapital ersetzend einzustufen. Folglich kann der Gesellschafter in der Insolvenz der

GmbH seinen Rückzahlungsanspruch nicht als Insolvenzforderung geltend machen. Es greift nämlich eine Rückzahlungssperre ein, solange die GmbH nicht saniert ist (§ 14 Abs 1 EKEG); dh solange sie zahlungsunfähig oder überschuldet ist bzw solange Reorganisationsbedarf besteht. Hat hingegen ein Gesellschafter, welcher bloß zu 15% an der GmbH beteiligt ist, den Kredit gewährt, fällt er nicht in den persönlichen Anwendungsbereich des EKEG (§ 5 EKEG e contrario) und kann somit seinen Rückzahlungsanspruch im Insolvenzverfahren anmelden.

b) Gesellschaftersicherheiten für von Dritten gewährte Kredite sind Gesellschafterkrediten in der Krise wertungsmäßig gleichzuhalten. Deshalb normiert § 15 EKEG, dass auch der bürgende Gesellschafter nach Bezahlung der fremden Schuld nicht Regress nehmen kann, solange die Gesellschaft nicht saniert ist (vgl Rz 1029 b).

c) Ist die Gesellschaft durch den Kredit des G saniert worden – ist sie also nicht mehr zahlungsunfähig oder überschuldet und besteht auch kein Reorganisationsbedarf –, so kann G seinen Rückzahlungsanspruch einschließlich 6% Zinsen geltend machen (§ 14 Abs 1 EKEG e contrario).

514. a) Rz 1034: Gesamthandeigentum! (Zu einem möglichen Gutglaubenserwerb durch K vor allem Rz 343 und 344.) Anspruchsberechtigt wäre die OG, Anspruchsgrundlage für einen Herausgabeanspruch gegen K § 366 ABGB. Bejaht man einen Gutglaubenserwerb, dann besteht ein Verwendungsanspruch der Gesellschaft gegen A, § 1041 ABGB, Rz 815 und 817; auch Schadenersatzansprüche sind denkbar.

b) Rz 1031 und 330; auch hier wäre ein Gutglaubenserwerb zu prüfen.

516. s § 160 UGB

520. vgl Rz 1042, 1043 und 1004 sowie namentlich § 25 Abs 3 Z 1 GmbHG

528. näher dazu Rz 1062 ff

534. vgl auch Rz 1060

543. a) Anspruch der AG gegen A auf Zahlung von € 11.000 gemäß § 49 Abs 2 AktG: A hat 20 Aktien mit einem Nennwert von je € 1000 um zusammen € 21.000 erworben. Die Zahlungsverpflichtung eines Aktionärs erstreckt sich nach § 49 Abs 2 AktG auch auf einen den Nennwert übersteigenden Ausgabebetrag. Er schuldet nach Zahlung von € 10.000 noch weitere € 11.000. Eine Aufrechnung gegen diese Verpflichtung ist nach § 60 AktG nicht möglich, die Forderung besteht daher in der genannten Höhe.

b) Ja. Nach § 58 AktG ist dafür allerdings regelmäßig Voraussetzung, dass eine entsprechende Androhung mit Nachfristsetzung dreimal in den Bekanntmachungsblättern (§ 18 AktG) veröffentlicht wird; Einzelheiten in Rz 1123.

c) Nach § 10 Abs 2 AktG können Aktien, deren Nenn- oder Ausgabebetrag nicht voll eingezahlt ist, immer nur Namensaktien, nie Inhaberaktien sein. Diese sind nach § 61 Abs 1 AktG ins Aktienbuch einzutragen.

d) Das bedeutet, dass eine Ausgabe von Aktien unter dem Nennwert nicht zulässig ist. Diese Bestimmung soll neben anderen die Aufbringung des gesamten Grundkapitals sichern und damit die Gläubiger schützen.

546. a) Da es sich dabei immer auch um eine Änderung des Gesellschaftsvertrages handelt (§ 4 GmbHG), ist eine *Stimmen*mehrheit von $^3/_4$ erforderlich (§ 50 Abs 1 GmbHG).

b) Da auch dieses Recht nur unter bestimmten Voraussetzungen im Gesellschaftsvertrag eingeräumt werden kann (§ 30c Abs 1 und 2 GmbHG), ist auch hier eine Dreiviertelmehrheit der abgegebenen Stimmen erforderlich. Zusätzlich muss wegen § 50 Abs 4 GmbHG auch der durch den Beschluss benachteiligte Sonderrechtsinhaber X zustimmen.

c) Auch hier handelt es sich um eine Änderung des Gesellschaftsvertrages (§ 52 Abs 1 GmbHG), daher wie a).

d) Da es sich um eine Änderung des Unternehmensgegenstandes handelt, ist nach § 50 Abs 3 Einstimmigkeit erforderlich.

e) Auch das ist als Rechtsakt zu Lasten des G nur mit dessen Zustimmung möglich (Rz 1093). Der Interessent müsste dann G's Geschäftsanteil erwerben (Rz 1133 ff).

547. zum Geschäftsanteil Rz 1078, zum „Kauf" eines GmbH-Geschäftsanteils Rz 1133, Rz 1134 allgemein zur Wertermittlung

550. vgl Rz 1135 und § 78 GmbHG (Auf Grund der Veräußerung müsste der „Altgesellschafter" jedoch im Sinne des neuen abstimmen. Lösung: Bevollmächtigung.)

554. a) Vgl Rz 1147 und neben den Zulässigkeitsgründen des § 65 Abs 1 Z 1–9 AktG auch die absolute 10-%-Schranke des Abs 2.

b) Siehe § 65 Abs 4 und § 65a AktG, die besondere Rechtsfolgen enthalten. Zu möglichen Konsequenzen siehe auch Rz 1014. Wo der Erwerb von eigenen Aktien nicht zulässig ist, handelt es sich um eine verbotene Rückgewährung von Einlagen.

561. Vgl § 186 Abs 2 UGB und Rz 1172. Die Antwort lautet jeweils „ja".

zu c)

Damit kommt mangels Gewinns auch eine Gewinnbeteiligung des S nicht mehr in Frage. Hat U den Verzug verschuldet, könnte er S schadenersatzpflichtig werden, wobei er nach § 347 UGB für die Sorgfalt eines ordentlichen Unternehmers einzustehen hat.

zu d)

Der Sachverhalt legt nahe, dass das Vorgehen ausschließlich zu dem Zweck gewählt wird, S zu schaden. Mögliche Ansatzpunkte zur Lösung: § 916, § 1295 Abs 2 ABGB.

565. a) Vgl Rz 1183. Nach § 133 Abs 1 UGB kann jeder Gesellschafter die Auflösung der OG aus wichtigem Grund gerichtlich verlangen. Nach Abs 2 ist ein solcher Grund auch vorhanden, wenn die Erfüllung einer wesentlichen Verpflichtung

unmöglich wird. Die vertragliche Pflicht zur Mitarbeit ist fraglos wesentlich. Sowohl A als auch B können daher die Auflösung der Gesellschaft verlangen. *Beide zusammen* können nach § 140 UGB statt der Auflösung aber auch die Ausschließung des C beantragen. Diese kann ebenfalls nur gerichtlich erfolgen.

b) War C *reiner Arbeitsgesellschafter*, stand ihm mangels anderer Vereinbarung keine Beteiligung „an der Gesellschaft" (besser wohl: am Gesellschaftsvermögen) zu (§ 109 Abs 2 UGB). Dann erhält er zwar seinen Gewinnanteil, hat bei Auflösung der OG bzw bei seinem Ausschluss aus der OG jedoch keinen Anspruch auf einen Teil des OG-Vermögens (vgl § 155 Abs 1 UGB). Besaß C hingegen einen *Kapitalanteil* (§ 109 Abs 1 UGB), hat er Anspruch auf seinen Anteil am Auseinandersetzungsguthaben, das sich im Falle seines Ausschlusses nach der Vermögenslage im Zeitpunkt der Klage auf Ausschließung bestimmt (§ 140 Abs 2 UGB). C steht das zu, was er im Falle einer Auflösung der OG erhalten würde, nämlich der Anteil am nach Schuldenbereinigung verbleibenden Gesellschaftsvermögen, der proportional seinem Kapitalanteil entspricht (vgl § 137 Abs 2, § 155 UGB).

568. Rz 1162, 1194, 1351 f

577. a) Eine Legaldefinition enthalten § 115 GmbHG und § 15 AktG sowie implizit auch § 244 UGB.

b) Vgl Rz 1223. Für die wirtschaftliche Lage der einzelnen Gesellschaften ist auch die Situation des Gesamtkonzerns bedeutsam. Das muss aus Gründen von Gläubiger- und Anlegerschutz etwa in einem einheitlichen Jahresabschluss zum Ausdruck kommen.

c) Rz 1223, 1224 und 1253. Kurz gesagt fehlt es bei Kartellen an der einheitlichen Leitung der beteiligten Unternehmen. Jedoch kann auch die Bildung eines Konzerns kartellrechtlich relevant sein: Rz 1266. – Genau genommen geht es also um die Zielsetzung der betroffenen Rechtsgebiete: *Konzernrecht* soll Minderheitsgesellschafter und Gesellschaftsgläubiger schützen, *Kartellrecht* primär die Konkurrenten der am Kartell beteiligten Unternehmen, damit aber mittelbar auch die Verbraucher.

589 a. siehe Rz 1266 sowie die §§ 7 ff, insb § 9 KartG

589 b. siehe Rz 1268, 1274

593. a) Nein, da es sich bei Bekleidung nicht um Gesundheitsprodukten gleichartige Waren handelt (§ 10, § 51 Z 1 MarkSchG).

b) Nach § 2 UWG ist jegliche Art von Irreführung im geschäftlichen Verkehr zu Zwecken des Wettbewerbs verboten. Verwendet U eine Marke, die ganz allgemein bei verschiedensten Produktgruppen für Qualität steht, so liegt für potenzielle Kunden der (falsche) Schluss nahe, es handle sich auch bei den Kleidungsstücken um Produkte aus demselben Unternehmen. Zudem kann auch § 1 UWG verletzt sein, wenn man in dem Markengebrauch eine Anlehnung an bekannte Produkte zwecks Ausnützung des Werbeeffektes sieht. – Von allgemeinem Interesse sind in diesem Zusammenhang insbesondere mögliche Unterlassungsansprüche (zu anderen Ansprüchen Rz 1241 und 1245). Diese können im gegebenen Fall nach § 14 UWG von jedem Mitbewerber, von Vereinigungen zur Förderung wirtschaftlicher Interessen von Unternehmern sowie der Bundesarbeitskammer, der Wirtschaftskammer Österreich (früher: Bundeskammer der gewerblichen Wirtschaft), der Präsidentenkonferenz der Landwirtschaftskammern Österreichs oder vom Österreichischen Gewerkschaftsbund geltend gemacht werden.

604. Das UrhG und das GebrauchsmusterG, *nicht* aber das PatG.

608. 1. Zum Schutz des *Werkes:* Hier kann zunächst die Werkhöhe problematisch sein (Rz 1312). Zur Einordnung Rz 1313 und § 2 UrhG. Bejaht man das Vorliegen eines Werkes, ist anschließend zu prüfen, ob S im Rahmen einer freien Werknutzung (§§ 41 ff UrhG, insbesondere § 42 UrhG; Rz 1317) handelt. – Zum Schutz *des Vortrages selbst* §§ 66 ff UrhG.

2. Der Vorgang könnte auch einen Eingriff in die Persönlichkeitsrechte des Vortragenden darstellen; vgl Rz 89.

610. Anspruch von B's Rechtsnachfolger(n) gegen P auf Unterlassung weiterer Aufführungen nach § 18, § 81 Abs 1, § 23 Abs 1 UrhG: Der Urheber hat das ausschließliche Recht, ein Sprachwerk öffentlich vorzutragen oder aufzuführen (§ 18 UrhG); dieses ist vererblich und kann auch auf einen Sondernachfolger übertragen werden (§ 23 Abs 1 UrhG). Da nach dem Sachverhalt weder Werknutzungsrecht noch Werknutzungsbewilligungen (dazu Rz 1322 ff) eingeräumt wurden und auch kein Fall einer freien Werknutzung vorliegt (zu denken wäre nur an § 50 UrhG, der jedoch voraussetzt, dass die öffentliche Wiedergabe unentgeltlich und ohne Erwerbsabsicht erfolgt oder der Ertrag ausschließlich für wohltätige Zwecke bestimmt ist und die Mitwirkenden kein Entgelt erhalten), kann nach § 81 Abs 1 UrhG Unterlassung weiterer Aufführungen verlangt werden. (Soweit der Einwand des Intendanten betreffend seine künstlerische Freiheit deren grundrechtlichen Schutz betrifft, ist zu bemerken, dass Grundrechte unmittelbar nur das Verhältnis des Einzelnen zum Staat betreffen. Andererseits handelt es sich im Urheberrecht gerade auch um einen Ausgleich der Verwertungsinteressen und des Schutzes der Urheberpersönlichkeit mit bestimmten Interessen der Allgemeinheit; dabei wird die Entscheidungsfreiheit des Autors im hier relevanten Bereich vom Gesetz höher bewertet. Geht es tatsächlich nur um nicht kommerzielle Interessen, ist die Aufführung nach § 50 UrhG ohnehin möglich.)

Nach § 85 UrhG kann B's Rechtsnachfolger überdies Veröffentlichung eines seinem Unterlassungsbegehren stattgebenden Urteils verlangen; nach § 86 Abs 1 Z 1 UrhG besteht weiters ein Anspruch auf ein angemessenes Entgelt. Nach § 87 UrhG kann schließlich Schadenersatz verlangt werden, dazu Rz 1319.

624. Rz 1349. Da der Verzicht unentgeltlich erfolgt ist, vgl auch Rz 618.

626 a. siehe dazu Rz 1359 a, 1388

629. Zur Ergebniskontrolle: A erhält € 4 Mio, B € 1,25 Mio. (Die restlichen € 750.000 teilen sich die übrigen Gläubiger.)

635. siehe Rz 1370

637. a) vgl Rz 1374 bis 1378 und 1333f
b) siehe im Gegensatz zu Rz 1374 Rz 613a.

638. Der Holländer klagt den Deutschen vor einem österreichischen Gericht (Beklagtenwohnsitz). Die Antwort folgt aus Art 4 VO Rom II.

639. Zur Zuständigkeit beachte § 92a JN: Gerichtsstand am Ort der Schadenszufügung. Über die Vollstreckbarkeit des Urteils in Holland entscheidet die EuGVVO (s Rz 1386).

639a. Es handelt sich um keinen Kaufvertrag, weshalb das UNK unanwendbar ist. Durch den Verweis auf eine Bestimmung des ABGB haben die Vertragsparteien schlüssig österreichisches Sachrecht vereinbart (vgl Art 3 Abs 1 VO Rom I).

Variante: Gustav erbringt die charakteristische Leistung, weswegen österreichisches Sachrecht heranzuziehen ist (Art 4 Abs 2 VO Rom I).

639b. Zwar erbringt die deutsche GmbH die „charakteristische Leistung" iS des Art 4 Abs 2 VO Rom I. Allerdings enthält Art 5 Abs 1 leg cit eine Sonderanknüpfung für Güterbeförderungsverträge. Da keine Rechtswahl erfolgte und weder der Verladeort (Indien) noch der Entladeort (Tibet) noch der gewöhnliche Aufenthalt des Absenders Bernhard (Österreich) in Deutschland liegt, unterliegt der Vertrag danach dem – in Tibet geltenden – chinesischen Recht. Zwar sieht eine Ausweichbestimmung in Art 5 Abs 3 VO Rom I vor, dass bei einer offensichtlich engeren Verbindung zu einem anderen Staat dessen Rechtsordnung zur Anwendung gelangen soll. Es fehlt hier aber an einer solchen Verbindung: Der bloße Hinweis darauf, dass das deutsche Unternehmen in Österreich inserierte und damit eine gewisse allgemeine Nahebeziehung zu Österreich hatte, reicht dafür nicht aus. Immerhin müsste die engere Verbindung zu Österreich „offensichtlich", also manifest bzw evident sein; dieser strenge Maßstab ist nicht erreicht. Auch Art 6 VO Rom I ist nicht heranzuziehen: Zwar ist Bernhard Verbraucher, doch geht Art 5 vor (s Art 6 Abs 4). Somit bleibt es grundsätzlich bei der Anwendung chinesischen Rechts. Allerdings hat der österreichische Richter die verbraucherschützende Eingriffsnorm des § 13a Abs 2 KSchG zu beachten, die auf Grund des Inserates der GmbH in der Wiener Tageszeitung anzuwenden ist: Nach § 6 Abs 1 Z 11 KSchG darf Bernhard keine Beweislast auferlegt werden, die ihn von Gesetzes wegen nicht trifft. Gemäß § 1298 ABGB muss die deutsche GmbH beweisen, dass sie (bzw ihr Erfüllungsgehilfe) am Verschwinden des Transportguts schuldlos ist. Punkt 7 des Vertrages versucht hingegen, Bernhard die Beweislast aufzuerlegen, und ist daher gemäß § 6 Abs 1 Z 11 KSchG iVm § 1298 ABGB für Bernhard nicht verbindlich.

Lösungen zu den komplexen Fällen 640–704

644. Der Kaufvertrag zwischen A und B ist nicht zustande gekommen, da C für einen Kaufpreis von € 105 keine Vertretungsmacht hatte. C hat A aber den Schaden zu ersetzen, der ihm aus seinem Vertrauen auf C's Vertretungsmacht entstanden ist (Vertrauensschaden; vgl Rz 282, 764): A hätte ansonsten die Gitarre um € 110 verkauft, sein Ertrag wäre also € 10 gewesen. Diese € 10 entgehen ihm nun, da D nicht mehr zum Kauf um € 110 bereit ist und A sie um € 100 verkaufen muss. Allerdings ist der Vertrauensschaden mit dem Erfüllungsinteresse begrenzt: Bei Erfüllung des Vertrages durch B hätte A nur einen Gewinn von € 5 gehabt; mehr hat ihm C daher nicht zu ersetzen.

Variante: Hier legt C nicht offen, dass er nur als Vertreter für B auftritt (vgl Rz 251), es liegt also ein Eigengeschäft C's vor, aus dem er selbst berechtigt und verpflichtet wird. A kann daher von ihm die Kaufsumme fordern. C ist aber aus dem Innenverhältnis zu B (Auftrag!) verpflichtet, diesem die Gitarre gegen den Ersatz seines Aufwandes zu übergeben. Eigentümer der Gitarre wird zunächst C, er hat das Eigentum aber an B zu übertragen.

646. E hätte Anspruch auf Lieferung des Lusters gegen L, wenn zwischen ihr und L ein Kaufvertrag darüber zustande gekommen ist. Der Sachverhalt spricht nicht davon, dass E ihren Ehemann zu den Lampenkäufen bevollmächtigt hat; er konnte E daher nicht wirksam vertreten und für sie keine Geschäfte abschließen. Allerdings schloss V immer wieder in E's Namen Geschäfte ab, die sie auch anstandslos bezahlte. Dadurch musste bei L der Eindruck entstehen, dass V für E solche Geschäfte tätigen durfte. Nun stellt sich die Frage, ob E im Fall des Lusterkaufs den Anschein einer Vertretungsmacht V's gesetzt hat. Das ist hier zu verneinen: L durfte aus seinen bisherigen Geschäftserfahrungen mit dem Ehepaar nur darauf vertrauen, dass V bis ca € 500 vertretungsbefugt war, nicht aber für einen Kauf um das Vierfache. V ist also hier Vertreter ohne Vertretungsmacht, der E nicht verpflichten konnte. Der „Vertretene" hat aber die Möglichkeit, ein solches Geschäft zu genehmigen, solange es noch schwebend unwirksam ist. Zu diskutieren ist nun, ob V mit seinem „Geständnis" den Schwebezustand rückwirkend beseitigt und E damit die Möglichkeit der Genehmigung genommen hat. Zur Beseitigung des schwebend unwirksamen Vertrages reicht es nicht, wenn dem Vertragspartner, hier L, – unabhängig von dessen Zustimmung – die fehlende Vertretungsmacht bloß zur Kenntnis gebracht wird; dies analog zu § 865 ABGB, dem gemäß der Minderjährige auch nicht die Möglichkeit hat, die Vertragsbindung durch einseitige Erklärung zu lösen. Vielmehr muss der gesetzliche Vertreter den Schwebezustand endgültig beseitigen. Demzufolge konnte E den Vertrag noch genehmigen; ihr steht der Anspruch auf Lieferung des Lusters gegen L zu.

(Vertretbar erscheint es aber auch, die Analogie zu § 865 ABGB abzulehnen, da die Interessenlage des Minderjährigen durchaus anders gewertet werden kann als die des falsus procurator. Dem Scheinvertreter wäre dann zuzugestehen, dass er durch die Erklärung, nicht bevollmächtigt zu sein, den von ihm hervorgerufenen Schwebezustand wieder beseitigen kann. E's Genehmigung bleibt damit wirkungslos; ein Leistungsanspruch besteht nicht.)

647. M könnte von V den Preis der Stereoanlage verlangen, wenn V wirksam durch S vertreten worden ist. Dazu wäre notwendig, dass S zur Vertretung von V bevollmächtigt worden ist. Das ist nicht der Fall. Zu erwägen bleibt, ob V zumindest den Anschein einer Vollmachtserteilung an seinen Sohn erweckt hat. Das wird man nur dann bejahen können, wenn S schon einmal das Briefpapier des Vaters entwendet und es missbräuchlich verwendet hat und der Vater das Briefpapier dennoch nicht sorgsamer aufbewahrt. Davon ist hier nicht auszugehen. S' Handeln ist also dem V nicht zurechenbar. V wurde nicht verpflichtet. S wiederum kann nicht verpflichtet worden sein, da er das Geschäft ja nicht in seinem eigenen Namen abschließen wollte. Der Kaufvertrag ist demnach ungültig. S haftet M gemäß § 1019 ABGB auf den Schaden, den M ohne Vertrauen auf Vertragsperfektion nicht erliten hätte (Vertrauensschaden). Dieser besteht hier nach dem Sachverhalt in den € 20 Lieferungskosten, uU auch in weiteren Aufwendungen für das Wiederabholen der Anlage und in einer Wertminderung der Anlage aufgrund bereits erfolgter Benutzung.

648. Rz 274 sowie Rz 461 ff

649. • M gegen P: M könnte von dem Pensionisten die Bezahlung des Ledersessels verlangen, wenn ein gültiger Kaufvertrag zwischen ihnen zustande gekommen ist. Da F beim Geschäftsabschluss seine Vertretungsmacht nicht offen legte, konnte er P nicht wirksam verpflichten. Gegen P hat M daher keine Ansprüche.

• M gegen F: Aus M's Sicht ist F sein Vertragspartner, mit ihm schloss M den Vertrag. Zu überlegen ist, ob F nicht durch M's Werbung in die Irre geführt wurde, da er auf Grund der Anpreisung denken musste, er kaufe tatsächlich günstig ein. Er hätte dann die Möglichkeit, den Vertrag wegen Irrtums gemäß § 871 Abs 1 ABGB anzufechten. Eine falsche Preisvorstellung – selbst wenn von anderen veranlasst – stellt aber keinen zur Anfechtung berechtigenden Irrtum dar, da er nicht eine wesentliche Eigenschaft der Sache selbst betrifft (vgl Rz 462). F kann sich daher vom Vertrag (wenn M auf Erfüllung bestehen sollte) wegen Irrtums nach § 871 ABGB nicht lösen. Allerdings sieht § 870 ABGB ein Anfechtungsrecht vor, wenn jemand durch List zu einem Vertrag veranlasst wurde. Dann sind auch Motivirrtümer beachtlich (vgl Rz 471). Zweifellos handelte M listig, da er wusste, dass das Ledersesselmodell in anderen Kaufhäusern billiger verkauft wird und dennoch sich als den günstigsten Anbieter anpries. Der deswegen getäuschte F kann daher den Vertrag gemäß § 870 ABGB anfechten und damit völlig beseitigen, wenn man annehmen kann, dass der Vertrag ansonsten überhaupt nicht zustande gekommen wäre. Es entspricht in diesem Fall aber eher dem hypothetischen Parteiwillen, den Vertrag bloß anzupassen (vgl Rz 464) und daher einen niedrigeren Kaufpreis zu vereinbaren. – Die Pflicht zu dieser Vertragsanpassung hat F schon aus dem Auftragsverhältnis zu P (siehe sogleich); er hat P's Geschäfte gemäß § 1009 ABGB „emsig und redlich" zu besorgen. – M könnte dann von F diesen neuen Preis (ca € 350) verlangen.

• F gegen P: Zwischen F und P besteht ein Auftragsverhältnis, aus dem F verpflichtet ist, alles, was er aus dem Auftrag erlangt hat, an P herauszugeben (er handelte zwar im eigenen Namen, aber auf Rechnung des P). P hat seinen Auftrag mit der Zurückweisung des teuren Ledersessels wohl nicht widerrufen (§ 1020 ABGB), sodass ihm F den nunmehr günstigeren Sessel gegen Rechnungslegung herauszugeben hat. Dafür kann F aber auch den Ersatz seiner notwendigen oder nützlichen Aufwendungen gemäß § 1014 ABGB verlangen: Diese umfassen zum einen den angepassten Kaufpreis für den Ledersessel, dann aber auch die Benzinkosten. Eine Vergütung kann gemäß § 1013 ABGB nur dann vom Gewalthaber verlangt werden, wenn sie nach § 1004 ABGB vereinbart war. Da dies der Fall ist und F den Auftrag erfüllte, hat P ihm auch die Belohnung von € 15 zu bezahlen.

651. a) E ist Eigentümer geblieben, da das Ausstellen von Waren auf einem Flohmarkt aus V keinen befugten Gewerbsmann macht. Der Dieb hat selbstverständlich kein Eigentum erworben, für einen Eigentumserwerb durch V fehlt es ebenfalls an einer der besonderen Zusatzvoraussetzungen nach § 367 ABGB. Auf dem Weg der Uhr zu K hat somit weder ein originärer noch ein derivativer Eigentumserwerb stattgefunden.

b) Als Verpflichtungsgeschäft bleibt der Kaufvertrag von der Eigentumslage unberührt. Ursprüngliche (rechtliche) Unmöglichkeit (Rz 452) liegt nicht vor, da zwar V dem K kein Eigentum verschaffen kann, jemand anderer (E) dies aber sehr wohl könnte. Es ist also allenfalls Unvermögen (Rz 453) des V gegeben. Der Vertrag ist mangels Anhaltspunkten im Sachverhalt – etwa für Hehlerei (§ 164 StGB) – auch nicht gesetz- oder sittenwidrig, daher wirksam.

c) Erwerb einer Sache von einer Person, der die Sache vom Eigentümer bewusst überlassen wurde (vgl Rz 344).

Um Missverständnissen vorzubeugen:

1. Der Erwerb muss selbstverständlich auch hier auf Grund eines gültigen Titels erfolgen; ein Einbruch beim Uhrmacher ist davon nicht erfasst.
2. Auf ein besonderes Vertrauen *des Käufers* kommt es nicht an (das betrifft bloß die *Gutgläubigkeit,* Rz 343).

652. a) E gegen C auf Herausgabe der Uhr (§ 366 ABGB): kein Eigentumsverlust des E, da die Sache gestohlen wurde und B mangels Angaben im Sachverhalt auch kein zum Handel mit Uhren befugter Gewerbsmann ist. Alternativ dazu auch Ansprüche gegen A aus § 1041 und § 1295 ABGB sowie gegen B aus § 1041 ABGB; zum Inhalt Rz 817 f. E kann die Uhr herausverlangen. – C gegen B auf Rückerstattung des Kaufpreises aus § 1435 ABGB: setzt wirksame Wandlung wegen Rechtsmangels voraus (§§ 932, 922 ABGB); im Verhältnis zwischen C und B ist auch die Zweijahresfrist des § 933 ABGB noch nicht verstrichen. Der gleiche Anspruch könnte sich auch aus § 877 ABGB nach wirksamer Anfechtung wegen Irrtums ergeben. Bejaht man (mit der hA) die Konkurrenz von Irrtums- und Gewährleistungsrecht, so liegt wohl ein, von B auch veranlasster, Irrtum über eine wertbildende Eigenschaft der Kaufsache vor (Rz 461). C kann den Kaufpreis von B zurückverlangen. – Für das Verhältnis zwischen B und A gilt weitgehend dasselbe wie für das zwischen C und B; jedoch ist hier die Frist des § 933 ABGB bereits abgelaufen. B kann den Kaufvertrag allerdings zusätzlich wegen List anfechten (allgemein Rz 471).

b) Im ersten Fall würden B und in der Folge C Eigentümer der Uhr, da ein Schmuckhändler ein zum Handel mit Uhren befugter Gewerbsmann ist. B erwarb nach § 367 ABGB Eigentum, C kaufte damit von der Eigentümerin B. (Entgeltlicher Erwerb ist gegeben, Redlichkeit ist nach § 328 ABGB zu vermuten.) Zum Kauf von einem Privaten siehe hingegen a).

654. • B gegen F auf Herausgabe der Scheine aus § 366 oder § 1041 ABGB: Die Bank könnte das Eigentum an den Scheinen wegen § 371 ABGB verloren haben. Fraglich ist, ob im Rahmen des § 371 ABGB Entgeltlichkeit des Erwerbs gefordert wird. Der Wortlaut der Bestimmung und das Bedürfnis nach gesteigerter Verkehrsfähigkeit bei Geld und anderen ununterscheidbaren Sachen spricht eher dagegen, wegen der Grundwertung des § 367 ABGB könnte die Frage aber dennoch zu bejahen sein. Eine vermittelnde Lösung, der hier gefolgt wird, lässt Eigentum übergehen, setzt den Beschenkten jedoch einem Bereicherungsanspruch aus (vgl Rz 346). Nach den Angaben im Sachverhalt besitzt F den einen Schein keinesfalls mehr. Bezüglich des anderen ist der Herausgabeanspruch gemäß § 1041 ABGB zu bejahen.

- B gegen F auf Wertersatz (€ 500) aus § 1041 ABGB: F hat € 500 der Bank zu ihrem Vorteil verwendet. Problematisch ist, ob F das Geld gutgläubig verbraucht hat (vgl Rz 817): Im Zweifel ist anzunehmen, dass F redlich ist (§ 328 ABGB); der Anspruch ist daher bezüglich € 200 zu verneinen. Die in Gestalt des Walkman noch vorhandene Bereicherung hat sie aber herauszugeben (stellvertretendes Commodum, vgl Rz 514).

657. zu a) vgl Rz 319, 320 und 365; zu b) vor allem Rz 756 ff

658. vgl schon die Lösung zu Fall 198

659. a) Anspruch der Bank G gegen K auf Herausgabe des Wagens auf Grund eines Pfandrechtes: Ein solches wurde nicht wirksam begründet, da eine Übergabe durch Zeichen in diesem Fall nicht zulässig war (§ 452 ABGB; vgl Rz 380). K hat also in jedem Falle (lastenfreies) Eigentum erworben.

b) Hier ändert sich nichts, da auch bei einer Sicherheitsübereignung die Offenkundigkeit gewahrt bleiben muss (Rz 392).

660. *Vorbemerkung:* Der an sich rechtlich unproblematische Erfüllungsanspruch gegen P spielt keine große Rolle mehr, da er nur in Höhe der Insolvenzquote (Rz 1356) befriedigt würde.

- Anspruch des R gegen die Insolvenzmasse auf Aussonderung der bei P lagernden Steine nach § 44 IO: Dies setzt zunächst voraus, dass R vom Kaufvertrag zurücktritt. Das ist bei Verzug mit der Zahlung gemäß § 918 ABGB möglich. Da nicht ersichtlich ist, dass R an den Steinen Eigentum verloren hätte, kann er sie dann zu Recht herausverlangen.
- Anspruch R gegen B auf Bezahlung der Steine, die dieser von P gekauft hat, § 1062 iVm §§ 1392 ff ABGB: Dies scheitert schon daran, dass die Zession, da zu Sicherungszwecken erfolgt, eines Publizitätsaktes bedarf (Rz 398 und 555). Im Übrigen hat B schuldbefreiend an P gezahlt, vgl Rz 556.

- Anspruch R gegen B auf Herausgabe der bei ihm befindlichen 30% der Steine, § 366 ABGB: R könnte das Eigentum an B verloren haben. Ein abgeleiteter Erwerb des B von P scheidet aus, da bei einem verlängerten Eigentumsvorbehalt (Rz 398) die Weiterveräußerungsermächtigung regelmäßig an die wirksame Abtretung geknüpft wird. Ein Gutglaubenserwerb des B nach § 367 ABGB scheitert daran, dass dieser nicht redlich ist: Als Unternehmer muss ihm klar sein, dass solche Rohmaterialien in aller Regel unter Eigentumsvorbehalt verkauft werden (vgl zu einem ähnlichen Problem auch Rz 343). Der Anspruch ist daher zu bejahen.
- Anspruch gegen B auf Herausgabe des durch die Verwendung der restlichen 20% Erlangten aus § 1041 ABGB: nach dem Gesagten dem Grunde nach unproblematisch zu bejahen; zur Höhe Rz 817.
- Anspruch gegen X auf Herausgabe der bei diesem eingebauten Steine: X hat aber jedenfalls nach § 417 ABGB Eigentum erworben (Rz 352).
- Anspruch gegen X auf Wertersatz nach den §§ 417 und 1041 ABGB: Zu bejahen, wenn nicht auch ein Gutglaubenserwerb des X stattgefunden hat. X als Privatperson muss nicht bekannt sein, dass Baumaterialien üblicherweise unter Eigentumsvorbehalt veräußert werden. Er darf also davon ausgehen, dass B Eigentümer der Steine ist. Zu prüfen ist nun das Vorliegen einer der Zusatzvoraussetzungen des § 367 ABGB: B ist „Vertrauensmann" des P, dieser Vertrauensmann des R. Das Vorliegen einer solchen „Vertrauensmännerkette" reicht aus, um den Erwerb vom Vertrauensmann zu bejahen. (Überdies gehört die Veräußerung von Ziegeln durch einen Bauunternehmer durchaus zum gewöhnlichen Betrieb seines Unternehmens, so dass auch diese alternative Voraussetzung des § 367 ABGB erfüllt ist.) Somit ist X Eigentümer der Steine geworden. Die Bejahung von § 367 ABGB schließt jede bereicherungsrechtliche Belastung des Erwerbers aus. Der Anspruch ist zu verneinen.

661. zu b): Vertrag, Legat, Eigentum; ferner etwa Rückgabeanspruch aus Besitzentziehung, Naturalrestitutionsanspruch als Schadenersatz

662. a) B's Brief an A stellt noch kein Angebot dar, da es inhaltlich nicht hinreichend bestimmt ist: Es fehlt eine Angabe über den Kaufpreis. Das Schreiben ist vielmehr nur eine Aufforderung, mit B in Verhandlungen über den Autokauf zu treten. B ist daher nicht gebunden und darf anderweitig über das Auto verfügen.

b) Hier liegt B's Brief zwar eine Vorstellung vom Kaufpreis zu Grunde, fraglich bleibt jedoch, ob B schon einen entsprechenden Bindungswillen zum Verkauf hat. Kann man dem Brief diesen Willen entnehmen, stellt er ein Angebot an A mit einer Bindungsfrist von einer Woche dar. Binnen dieser Frist hat A die Möglichkeit, das Angebot anzunehmen. Da auch die Annahme eine empfangsbedürftige Willenserklärung ist, kommt es grundsätzlich nicht auf das Absenden von A's Antwort, sondern auf deren Zugang bei B innerhalb der Frist an. Da der Zugang hier aber ohne Verschulden A's verspätet erfolgt und B offenbar erkannt hat, dass die Antwort rechtzeitig abgeschickt wurde, kommt der Vertrag zustande (§ 862a ABGB). B hat nur die Möglichkeit, unverzüglich seinen Vertragsrücktritt wegen der verspäteten Annahme zu erklären.

663. a) A hat B's Angebot rechtzeitig angenommen, indem er sofort an B einen Brief geschrieben hat und dieser auch in B's Machtbereich gelangt ist. An sich ist man an seine Willenserklärung gebunden und kann nicht einseitig von ihr abgehen. Damit sollen die Interessen des Erklärungsempfängers, der auf das Bestehen der Willenserklärung vertraut, geschützt werden. Wenn nun B die Annahme A's nicht vor dem Telegramm zur Kenntnis genommen hat, verdient er auch keinen Vertrauensschutz auf Vertragsperfektion. Demnach durfte A seine Annahme per Telegramm widerrufen. Der Widerruf hat seine Annahme beseitigt. B kann von A keine Zahlung verlangen.

b) Gemäß § 862 a ABGB gilt auch eine verspätet zugegangene Annahme als noch rechtzeitig, wenn der Erklärungsempfänger erkennen konnte, dass sie rechtzeitig abgeschickt wurde. Das ist hier der Fall. B müsste daher A unverzüglich davon verständigen, dass er vom Vertrag zurücktritt. Da er A's Brief bloß in den Papierkorb wirft, bleibt der Vertrag aufrecht, sodass A von B die Übergabe des Radios verlangen kann. Natürlich kann B wirksam mehrere Kaufverträge über ein und dieselbe Sache abschließen (daher auch wirksamer Vertrag mit D), erfüllen kann er jedoch nur einmal. Hat D in der Zwischenzeit das Radio erhalten, ist er dessen Eigentümer geworden. B kann den Vertrag mit A nicht mehr erfüllen, sodass A vom Vertrag zurücktreten und Schadenersatz wegen Nichterfüllung verlangen kann (§§ 920 f ABGB).

664. In diesem Fall stellt nur der Kauf der Rührschüssel ein Problem dar. Basar könnte sich nur dann zu Recht weigern, € 10 zurückzuzahlen, wenn ein gültiger Kaufvertrag über die Rührschüssel vorliegt. Die Zusendung der Schüssel durch Basar stellt ein Realangebot dar: Es ist erkennbar Basars Wille, dass sie Agathe kaufen soll (zur Zusendung unbestellter Sachen Rz 430 a). Agathes Annahme dieser Offerte liegt möglicherweise in der Bezahlung des Mehrbetrages von € 10. Zwar hat Agathe nicht den Willen, die Schüssel zu erwerben. Da aber auch die Annahme eine empfangsbedürftige Willenserklärung ist, kommt es darauf an, wie Agathes Verhalten beim Erklärungsempfänger Basar verstanden werden durfte. Durch die Überweisung der € 10 kommt eine Erklärung Agathes in Basars Machtbereich, die aus seiner Sicht nur die Annahme des Angebotes bedeuten konnte. Agathe hat durch ihren Brief die Annahme widerrufen. Ein solcher Widerruf ist dann wirksam, wenn beim Empfänger Basar noch kein schutzwürdiges Vertrauen auf die Gültigkeit der Willenserklärung bestanden hat. Da der Sachbearbeiter erst nachmittags von der Überweisung und dem Brief Kenntnis nimmt, ist bei ihm kein Vertrauen auf die Wirksamkeit der Annahme entstanden. Agathe hat wirksam widerrufen und kann die € 10 zurückverlangen.

Variante: Anders ist der Fall, wenn Basar vom Widerruf erst nach Kenntnisnahme von der Einzahlung erfährt. Hier ist der Widerruf unwirksam, und Basar darf die € 10 behalten. Agathe könnte den Vertrag aber wegen wesentlichen Erklärungsirrtums gemäß § 871 Abs 1 ABGB anfechten, da der Irrtum noch rechtzeitig, das heißt vor einer Disposition Basars über das Geld, aufgeklärt wurde. (Das Zusenden der Schüssel ist nicht zu berücksichtigen, da es vor Vertragsabschluss – und damit nicht im Vertrauen auf Vertragsperfektion! – erfolgte.)

665. Schmuckverkauf aus dem Einbruch: Da Egon es zumindest in Kauf nahm, dass der Schmuck gestohlen war, handelte er vorsätzlich. Der Kauf ist wegen Hehlerei (§ 164 Abs 2 StGB) gesetzwidrig und daher gemäß § 879 Abs 1 ABGB nichtig. Eigentum weder bei Dieb Max noch bei Käufer Egon (kein gutgläubiger Eigentumserwerb); Bereicherungsansprüche prüfen. Kauf des goldenen Anhängers: Rz 452 f.

667. Rz 461, 467 f

668. Rz 247, 282, 466

671. Rz 431, 435, 599 f

672. Rz 274, 428, 517 f

673. a) Zwischen I und S ist ein Werkvertrag zustande gekommen. Da sie allerdings keinen Preis vereinbart haben, hat I gemäß § 1152 ABGB bloß ein angemessenes Entgelt zu leisten. Das ist in diesem Fall der branchenübliche Nachttarif von € 1800. € 3000 kann S von I also nicht verlangen.

b) Der Vertrag zwischen G und I stellt ein Fixgeschäft dar, da anzunehmen ist, dass I die Leistung durch G wie vereinbart unverzüglich erbracht haben wollte und sie zu einem späteren Zeitpunkt, insbesondere nach dem Geschäftsschluss um 18.00 Uhr, für ihn unzumutbar war. Dadurch, dass G die Reparatur nun nicht zur vereinbarten Zeit erbracht hat, ist er in Verzug geraten, wodurch der Vertrag von selbst weggefallen ist (§ 919 ABGB). Hat der Schuldner G den Verzug zu vertreten (schuldhafte Nichterfüllung), so wird er schadenersatzpflichtig und hat I daher den Nichterfüllungsschaden zu ersetzen. Da jetzt kein Austauschanspruch mehr in Frage kommt (vgl Rz 511), kann I bloß den Differenzschaden geltend machen. Die Höhe dieses Schadens berechnet sich aus dem konkreten, also tatsächlich vorgenommenen, Deckungsgeschäft mit dem Schnelldienst S. G hat I die Mehrkosten von € 800 zu zahlen.

Variante: Hier hat I zwar von Anfang an den hohen Preis gekannt und akzeptiert, allerdings ist das Geschäft mit S wegen Wuchers gemäß § 879 Abs 2 Z 4 ABGB nichtig, da dieser I's Zwangslage ausgenützt hat und seine Leistung in auffallendem Missverhältnis zur Gegenleistung steht (nahe der Laesio-enormis-Grenze!). I muss im Interesse G's diese Nichtigkeit geltend machen (Schadensminderungsobliegenheit, damit ihm G nicht den Preis aus dem ungünstigen Deckungsgeschäft zu ersetzen hat). Ohne Vertrag hat I den Werklohn von € 3000 nicht zu leisten. S steht für seine Leistung dann bloß ein Bereicherungsanspruch (Leistungskondiktion gem § 1431 ABGB, da kein Rechtsgrund für die Leistung besteht; vgl Rz 813) gegen I in Höhe des Wertes seiner Leistung, also maximal € 1800, zu.

674. Rz 522; § 1419 ABGB; weit überhöhter Preis: laesio enormis? Rz 538

675. • Bezüglich der 6 „richtigen" Flaschen vgl Rz 522.

• Bezüglich der 2002er-Flaschen war Bertram im Verzug (§ 918 ABGB): Da Alois Feinschmecker ist und daher wohl etwas von Wein-Jahrgängen versteht, wird es ihm eben auf den Jahrgang 2001 der Trockenbeerenauslese angekommen sein. Dass er gerade an diesem Jahrgang Interesse hat, zeigt sich auch daran, dass er sich über dessen Lieferbarkeit vergewissert. Wenn Bertram, dem das Verhalten seines Lehrlings zurechenbar ist (§ 1313 a ABGB), am Samstagvormittag nun eine der Vereinbarung widersprechende Weinqualität bereithält, hat zunächst er seine Leistung nicht erbracht. Die Folgen aus diesem (durch den Lehrling verschuldeten, da zumindest leicht fahrlässigen) Verzug treffen gemäß § 1419 ABGB Bertram: Alois kann wählen, ob der Vertrag – wenngleich verspätet – erfüllt werden soll (da es sich bei den 2001er-Flaschen um eine Gattungsschuld handelt, kann noch nachgeliefert werden) oder ob er vom Vertrag zurücktreten will. Da er am darauf folgenden Dienstag bei Bertram erscheint, hat er offenbar Interesse an der Lieferung. Alois kann daher von Bertram noch sechs Flaschen verlangen, muss ihm aber zwölf bezahlen (in Bezug auf die „richtigen" Flaschen war ja Alois in Annahmeverzug; die Preisgefahr für deren Untergang trifft daher ihn).

676. • Die Nähmaschine: Pauline kann dann € 240 von Kuno zurückverlangen, wenn der Nähmaschinenkauf für sie nicht wirksam ist. Da Norbert Vertretungsmacht hatte (auch bei beschränkter Geschäftsfähigkeit möglich!) und seine Stellvertretung auch offen legte, hat er für Pauline ein wirksames Angebot gemacht, dem Kuno letztlich zustimmte. Die Annonce hingegen stellt nur eine Einladung zum Angebot dar (vgl Rz 422). Auf Grund der Annonce hat Pauline angenommen, dass sie die Nähmaschine ohne fremde Hilfe in kurzer Zeit alleine bedienen können werde. Diese Eigenschaft der einfachen Handhabbarkeit der „Stichfroh Premium" wurde auch Inhalt des Angebotes, da Norbert ausdrücklich die Annonce erwähnte. Durch Kunos Annahme durfte Norbert von der Zusicherung dieser Eigenschaft ausgehen. Dass die Nähmaschine nun doch nicht so leicht zu bedienen ist, stellt einen Mangel im Sinne des § 922 ABGB dar. Somit hat Pauline gemäß § 932 primär Anspruch auf Austausch oder Verbesserung. Jedenfalls der Austausch ist aber unmöglich, da die komplizierte Technik und Handhabbarkeit der „Stichfroh Premium" selbst anhaftet und daher kein einziges Exemplar der Gattung für Laien geeignet ist. Ebenso scheidet aber wohl auch die Verbesserung in Gestalt eines (Gratis-)Kurses aus. Trotz des Kurses ist nämlich nicht sichergestellt, dass Pauline die Nähmaschine dann jederzeit problemlos bedienen kann (wie leicht vergisst man rasch Gelerntes!). Es verbleiben daher nur die sekundären Gewährleistungsbehelfe (Preisminderung und Wandlung). Da der Mangel (Unbrauchbarkeit der „Stichfroh Premium" für Laien) nicht bloß geringfügig ist (§ 932 Abs 4), hat Pauline somit das Recht, den Vertrag zu wandeln, sodass Pauline von Kuno € 240 zurückverlangen kann. Sie muss ihm dafür aber selbstverständlich die Nähmaschine zurückgeben.

• Das Pflegeset: Für den Kauf des Pflegesets hatte Norbert keine Vertretungsmacht, sodass er Pauline nicht wirksam verpflichten konnte. Kuno kann von Pauline daher nur Rückgabe des Sets verlangen (§ 1431 bzw § 366 ABGB). Fraglich ist, ob er von Norbert als Scheinvertreter auch Schadenersatz nach § 1019 ABGB begehren kann (dazu Rz 283). Für den Fall der Rückerlangung des Sets spricht dagegen bereits, dass im Sachverhalt nicht zu sehen ist, welchen (weiteren) Schaden Kuno im Vertrauen auf den Vertrag erlitten haben sollte. Überdies hat er auf die Vertretungsmacht Norberts auch zu diesem

Geschäft offenbar gar nicht vertraut (jedenfalls aber wäre sein Ersatzanspruch wegen Mitverschuldens nach § 1304 ABGB deutlich zu kürzen). Schließlich ist Norbert wegen seiner Minderjährigkeit zumindest milder zu behandeln (zur Deliktsfähigkeitsgrenze, die aber wohl vor allem für Schädigungen außerhalb rechtsgeschäftlicher Beziehungen konzipiert ist, siehe Rz 70).

- Die versprochenen € 10: Pauline hat Norbert einen Auftrag zum Nähmaschinenkauf erteilt und ihm für die Besorgung € 10 als Entgelt versprochen. Zu diesem Auftrag konnte sich Norbert gemäß § 152 ABGB selbst verpflichten. Da er seinen Pflichten nachgekommen ist (er hat den Vertrag für Pauline zunächst wirksam geschlossen, hat bezahlt und ihr auch die Nähmaschine am selben Tag übergeben), dürfte ihm gemäß § 1004 ABGB das Recht zustehen, von Pauline € 10 für die Geschäftsbesorgung zu verlangen. (Diskutable Lösungsalternative: Es entspricht der Lebenserfahrung, dass in Fällen wie diesem, wo eine ältere Frau dem noch minderjährigen Nachbarssohn eine Belohnung verspricht, keiner der beiden Seiten ein einklagbares Recht oder eine gerichtlich durchsetzbare Pflicht begründen wollte. Damit fehlt für die Geschäftsbesorgung ein rechtlich relevanter Bindungswille. Norbert ist dann auf die Großzügigkeit von Pauline angewiesen. Gegen diese Ansicht spricht aber wohl die vorweg gemachte Zusage des Geldbetrages.)

677. Da B nach dem Sachverhalt nicht Eigentum an der deutschen Briefmarke erworben hat (Voraussetzungen des gutgläubigen Erwerbs gemäß § 367 fehlen!), hat er die Briefmarke mit einem Rechtsmangel erhalten und kann deshalb gegen A Gewährleistungsrechte geltend machen. Briefmarke und Kuvert stellen eine Speziesschuld dar, weswegen ein Austausch von vornherein nicht in Betracht kommt (§ 932). Da davon auszugehen ist, dass A nicht im Stande ist, dem B nachträglich Eigentum zu verschaffen, scheidet aber auch der andere primäre Gewährleistungsbehelf, die Verbesserung, aus. Da B keine Aussicht hat, die Briefmarke „Rostock" zu erhalten, ist aber auch eine Preisminderung nicht adäquat. B wird daher die Aufhebung des Vertrages begehren (*Wandlung;* § 932 Abs 4 ABGB) und seine österreichische Briefmarke zurückverlangen. Auch eine Anfechtung wegen *Arglist* (§ 870 ABGB) kommt in Betracht.

Er bekommt darüber hinaus € 100 als Vertrauensschaden ersetzt: A war schon bei Vertragsschluss nicht Eigentümer des Poststücks: Er konnte also schon von vornherein nicht Eigentum verschaffen (ursprüngliche Unmöglichkeit: Rz 452 f, 509), und er wusste das auch. Wäre B insofern nicht schuldhaft in Irrtum geführt worden, so hätte er die Marke von C um € 1900 erstanden. Sein Gewinn hätte € 100 betragen. Diese Summe steht ihm als Vertrauensschadenersatz zu; nicht hingegen € 200, da er diesen Gewinn auch bei korrektem Verhalten des A nicht gemacht hätte.

678. Rz 525 ff, 566 ff, 40

679. Austrocar könnte die noch ausständigen € 12.000 dann sofort von Raser verlangen, wenn er wirksam einen Terminsverlust vereinbart hat und Raser ihm keine Gewährleistungsrechte entgegenhalten kann. Gemäß § 13 KSchG (§ 14 Abs 3 VKrG trat erst im Juni 2010 in Kraft und ist auf den Kaufvertrag daher nicht anzuwenden) kann der Unternehmer sich nur dann auf Terminsverlust berufen und

den Restkaufpreis sofort auf einmal verlangen, wenn eine Rate des Käufers seit mindestens sechs Wochen fällig ist und der Unternehmer unter Androhung des Terminsverlustes sowie unter Setzung einer Nachfrist von mindestens zwei Wochen erfolglos gemahnt hat. Die Klage von Austrocar auf die gesamte Restsumme ist also erfolglos, da nicht qualifiziert gemahnt wurde. Austrocar kann somit bestenfalls die offenen und schon fälligen Raten in Höhe von € 3000 (Stand März 2009) einklagen.

- Raser hingegen wird Gewährleistungsrechte geltend machen wollen: Da der Wagen nicht die zugesicherten 240 km/h fährt, liegt ein Mangel vor (§ 922 ABGB). Fraglich ist, ob dieser bereits bei Übergabe (§ 924 Satz 1 ABGB) bestanden hat. Grundsätzlich hat der Gläubiger das Vorliegen dieser Voraussetzung zu beweisen. Tritt jedoch der Mangel innerhalb von 6 Monaten ab Übergabe auf (wann der Mangel angezeigt wird, ist gleichgültig, die Beweislast für das Auftreten innerhalb der 6 Monate trifft jedoch immer den Käufer), so wird dies bis zum Beweis des Gegenteils vermutet (§ 924 Satz 2 ABGB). Der Wagen erreicht 240 km/h nachgewiesenermaßen nicht, was noch innerhalb der 6 Monate hervorgekommen ist. Wie das Sachverständigengutachten zeigt, kann ein solcher Mangel durchaus bereits bei Übergabe vorhanden gewesen sein; er ist daher mit der Mängelvermutung nicht unvereinbar (vgl § 924 Satz 3 ABGB). Daher genügt es nicht, dass Austrocar eine andere Ursache als möglich ins Spiel bringt. Vielmehr wäre der Beweis notwendig, dass die Veränderung der Karosserie durch Raser tatsächlich für das Nichterreichen der Höchstgeschwindigkeit verantwortlich ist. Letzteres gelang Austrocar aber offensichtlich nicht.
- Weil Raser keinen Cent an Austrocar zahlen, aber auch den Wagen nicht zurückgeben möchte, ist davon auszugehen, dass er Preisminderung geltend machen wird, was ihm auch möglich ist: Da Austrocar sowohl eine Reparatur als auch einen Austausch ablehnt, kann sich Raser gemäß § 932 Abs 4 Satz 2 ABGB sogleich auf die an sich subsidiären Gewährleistungsrechte stützen und im Prozess die Preisminderung (Gestaltungsrecht) erklären. Die vereinbarte Verjährungsfrist von einem Jahr (nach dem Sachverhalt bereits abgelaufen) hindert Raser daran nicht, da diese Vereinbarung wegen Verstoßes gegen § 9 KSchG nichtig ist; es handelt sich ja um keinen Gebrauchtwagen. Es bleibt daher bei der gesetzlich vorgesehenen Verjährungsfrist von zwei Jahren gemäß § 933 ABGB. Zwar ist auch diese bereits abgelaufen, jedoch wurde durch die fristgerechte Mängelanzeige das Recht zur Erhebung der Gewährleistungseinrede perpetuiert (§ 933 Abs 3 ABGB). Hinsichtlich des Gesamtkaufpreises kann Raser somit einredeweise Preisminderung in Höhe von € 1800 (relative Berechnungsmethode: 36.000 : p = 40.000 : 38.000; p = 34.200; 36.000 – 34.200 = 1800) geltend machen. Dabei ist jedoch zu beachten, dass sich Raser diesen Betrag nicht zur Gänze vom fälligen Anspruch Austrocars abziehen kann: Auch bei von vornherein reduziertem Kaufpreis wäre wohl Zahlung in 36 Raten vereinbart worden, so dass der gesamte Minderungsbetrag aliquot auf die einzelnen Raten zu verteilen ist. Daher mindert sich jede einzelne Monatsrate von € 1000 auf € 950 (1800 : 36 = 50). Da bisher (für Jänner 2007 bis März 2009) erst 27 Monatsraten fällig geworden sind, steht Raser bis dato eine Preisminderung in Höhe von € 1350 (27 × 50)

zu. Im Ergebnis dringt Austrocars Klage demnach mit € 1650 (3000-1350) durch.

- Eine auf § 872 ABGB gestützte Vertragsanpassung wegen eines unwesentlichen Geschäftsirrtums (Raser möchte den Wagen ja behalten) ist ausgeschlossen, da es durchaus Exemplare des Wagentyps Monte-Carlo-CX gibt, die die gewünschte Höchstgeschwindigkeit erreichen, und beim Neuwagenkauf eine Gattungsschuld gegeben ist. Bei Vertragsschluss lag daher kein Irrtum (über Gegenwärtiges) iS des § 871 ABGB vor.

680. Rz 517 a, 556; zum Schadenersatz von C vgl Rz 518, ferner Rz 750, 753 (vorwerfbarer Irrtum A's, dass Zession nicht ohne seine Zustimmung möglich sei; schuldhaftes Zögern B's mit der Überweisung). **Variante:** vgl §§ 1400 f ABGB

682.
- Anspruch des B gegen P auf Bezahlung des Werklohnes von € 200 (§ 1170 ABGB): Ein solcher besteht grundsätzlich, da der Teppich gereinigt und zugestellt wurde; im Zweifel ist wohl allerdings auch bei Werkverträgen mit Verbrauchern die Umsatzsteuer als im vereinbarten Entgelt enthalten zu betrachten (zum Kauf Rz 591). Die Reinigung *als solche* weist offenbar keine Mängel auf, weswegen der Anspruch besteht.
- Anspruch der P gegen B auf Ersatz des Schadens am Teppich (€ 100) aus positiver Vertragsverletzung (Rz 550): P hat offenkundig seine vertragliche Nebenpflicht verletzt, mit dem Eigentum der P sorgsam umzugehen. Das Verschulden des L ist ihm nach § 1313 a zuzurechnen, da er sich desselben zur Vertragserfüllung bedient (zum Problem Rz 780 bis 782). P bekommt den Schaden ersetzt; sie kann im Übrigen gegen den Zahlungsanspruch des B aufrechnen (die Voraussetzungen liegen vor, vgl Rz 580).

683. a) Ein Anspruch auf Zahlung von € 127.000 könnte aus einem Darlehensvertrag stammen. Dessen wirksames Zustandekommen ist jedoch problematisch. Der Vertrag wäre wegen Wuchers nichtig (§ 879 Abs 2 Z 4 ABGB, Rz 449), wenn dessen objektive und subjektive Voraussetzungen gegeben sind. Das auffallende Missverhältnis ist in der momentanen Niedrigzinsphase problemlos zu bejahen. G kennt A's Notsituation und macht sie sich zur Vereinbarung des überhöhten Zinses zu Nutze (Ausbeutung). *Sanktion* ist im Falle des Kreditwuchers jedoch nicht Gesamtnichtigkeit, sondern bloße Teilungültigkeit (§ 7 Abs 2 WucherG): A hat das Doppelte des im Abschlusszeitpunkt von der Oesterreichischen Nationalbank festgesetzten Eskontzinsfußes zu zahlen. Die *Rückzahlungspflicht* hinsichtlich der Kreditsumme selbst bleibt davon aber selbstverständlich zur Gänze unberührt!

Im Ergebnis hat G also einen Anspruch auf Zahlung von € 100.000 zuzüglich der nach § 7 Abs 2 WucherG berechneten Zinsen gegen A.

b) Der Anspruch auf Zahlung der € 127.000 aus dem Bürgschaftsvertrag könnte zum einen daran scheitern, dass keine *Hauptverbindlichkeit* besteht (§ 1351 ABGB, Akzessorietät der Bürgschaft, Rz 713). Nach dem oben Gesagten trifft das jedenfalls für die überhöhten Zinsen zu. – Aus dem Sachverhalt geht nicht sicher hervor, ob A bereits gemahnt wurde (Subsidiarität, § 1355 ABGB), der Sachverhalt deutet aber eher darauf hin. – S hat sich mündlich nur für € 50.000 verbürgt; für darüber hinausgehende Beträge mangelt es bereits an einer Willenserklärung. Überdies könnte der *Bürgschaftsvertrag* zur Gänze mangelhaft sein. Zu seiner Wirksamkeit bedarf es einer schriftlichen Bürgschaftserklärung. Da diese vor Übereilung schützen soll, kann man davon ausgehen, dass zumindest ein Höchstbetrag bereits zum Zeitpunkt der Unterfertigung in der Erklärung enthalten sein muss. Die vorliegende *Blankobürgschaft* wahrt die Schriftform daher nicht. G kann von S also nichts fordern.

c) Dann ist ihr in Bezug auf die € 50.000 wegen § 1432 ABGB die Rückforderung verwehrt (Rz 820).

684. • Anspruch von V gegen K auf Zahlung des Restkaufpreises von € 5100, § 1062 ABGB: Mangels ausdrücklicher Vereinbarung eines Terminsverlustes kann V von K jedenfalls nur die bereits fälligen Beträge fordern (vgl Rz 487). Es besteht also bloß ein Anspruch in entsprechender Höhe. Zusätzlich kann K den Preis mindern. Die Minderung erfolgt nach der relativen Berechnungsmethode, vgl Rz 534 f: Diese wird hier dazu führen, dass K um € 200 mindern kann (6000 : 5800 = 6000 : p). Ein Anspruch des V besteht also nur in Höhe der *anteilig* geminderten und bereits fälligen Raten. (Da es sich hier um ein altes Möbelstück handelt, liegt wohl kein wesentlicher Mangel vor, Wandlung schiede aus; K will die Kredenz aber ohnehin behalten.)

Die §§ 16 ff KSchG (bedeutsam wäre hier insbesondere § 20) sind hier nicht beachtlich, da V im Sachverhalt nicht als Unternehmer im Sinne des § 1 KSchG beschrieben wird.

• Gleicher Anspruch gegen B aus dem Bürgschaftsvertrag: Wegen der Akzessorietät der Bürgschaft kann auch von B nicht mehr verlangt werden als von K. (Auf das schwierige Problem der Rechte eines Bürgen, wenn der Hauptschuldner ein Gestaltungsrecht – etwa Wandlung – noch nicht ausgeübt hat, seien besonders Interessierte kurz hingewiesen.)

685. a) Nach geltendem Recht bedarf (seit 1. 1. 2007) die Bürgschaft auch jedes Unternehmers der Schriftform. Näher zur Bürgschaftsform Rz 712, zur Bedeutung der Schriftlichkeit Rz 455.

b) Rz 718 und 670

686. Anspruch des P gegen G auf Herausgabe der Pfandsache aus § 366 ABGB:

• Dem steht ein Pfandrecht des G entgegen. Das Pfandrecht erlischt erst dann, wenn der Gläubiger zur Gänze befriedigt ist; davor kann nicht von Tilgung der Schuld (§ 469 ABGB) gesprochen werden; das Pfand haftet also für die gesamten € 100.000. P kann daher die Sache nicht wegen der Zahlung des B zurückverlangen.

• Wäre der Pfandbestellungsvertrag wegen Nichteinhaltung der Schriftform nichtig, so wäre ein wirksames Pfandrecht nicht begründet worden, da es an dem zum Erwerb dinglicher Rechte notwendigen Titel fehlte. Nach herrschender Ansicht ist der Pfandbestellungsvertrag mangels entgegenstehender gesetzlicher Anordnung jedoch formfrei möglich. Selbst bei gegenteiliger Auffassung wäre dieser Mangel hier aber wegen der Übergabe der Pfandsache analog § 1432 und/oder § 943 ABGB geheilt.

- (Die Nichterfüllung der Schuld im Grundverhältnis gewährt dem Hauptschuldner zunächst nur die Einrede des nicht erfüllten Vertrages [§ 1052 Satz 1]; für die Annahme von Rücktrittsrechten ist der Sachverhalt zu dünn. Da es sich dabei nur um eine rechtshemmende Einrede handelt, berührt sie den Bestand des Pfandrechtes nicht.)

Recht des G gegen P auf Pfandverwertung (§ 461 ABGB): Dieses setzt voraus, dass dem Pfandgläubiger im Grundverhältnis ein *einredefreier* Anspruch zusteht. Dies ist nach dem oben Gesagten jedoch nicht der Fall: Hier wird die dem S zustehende Einrede des nicht erfüllten Vertrages also auch für P bedeutsam.

688. a) Der Fall dient in weiten Teilen (einschließlich der Variante) schon als Beispielfall in den Rz 760 und 775. Zum Ersatz des entgangenen Gewinns vgl Rz 753 f; A handelt jedenfalls grob fahrlässig.

b) Kernproblem ist hier jeweils der Rechtswidrigkeitszusammenhang: Sowohl Stopptafeln als auch Geschwindigkeitsbeschränkungen haben wohl in der Regel nicht den Zweck, an der Unfallsituation selbst gar nicht Beteiligte vor Nervenzusammenbrüchen zu schützen (anders, wenn die Geschwindigkeitsbeschränkung etwa vor Lärm schützen soll und gerade durch erhöhten Lärm traumatische Folgen ausgelöst werden).

Zur Variante: Beachte, dass bei geringerer Geschwindigkeit eventuell bloß mildere Folgen eingetreten wären.

689. a) Rz 659

- Hermine gegen Paul auf Ersatz des an der Bluse entstandenen Schadens (vermutlich der gesamte Wert der Bluse, € 200) aus positiver Vertragsverletzung: Zur Anspruchsgrundlage vgl Rz 550; daraus ergibt sich auch das Verhältnis zur eingewendeten Sauberkeit der Bluse. Zum Einwand, ein Angestellter habe den Schaden verursacht, Rz 780 ff. Zu den AGB vgl zunächst Rz 436, dann Rz 437 und § 6 KSchG Besteht Pauls Anspruch auf den Putzlohn, so ist an eine Aufrechnung zu denken, Rz 579 f.
- Paul gegen Hermine auf Zahlung von € 20 aus dem Werkvertrag, § 1170 ABGB: Problematisch ist insbesondere, ob Hermine Gewährleistungsrechte (Rz 663, 523 ff) zustehen – zur Abgrenzung vgl nochmals Rz 550. Verneint man dies, ist auch hier an die Möglichkeit einer Aufrechnung zu denken.

c) Rz 779 ff

d) Rz 435 ff

690. a) zu den Rechten der E vgl Rz 502 und 782

b) Rz 772: Ein Rückersatzanspruch des M gegen G aus § 1313 Satz 2 ABGB kann nach § 2 DHG gemäßigt werden. Ein gänzlicher Erlass ist hier nicht möglich, da Schaukeln auf Leitern in jedem Fall grob fahrlässig ist.

691. a) Der Ersatz des Schadens an der Maschine sollte keine Probleme bereiten (zum Verschulden Rz 781; Anspruchgrundlage ist § 1295 ABGB in Verbindung mit dem Vertrag und § 1313 a ABGB).

Zur Einordnung des Produktionsausfalles Rz 753; in Rz 754 dann zu den Voraussetzungen des Ersatzes eines Gewinnentganges.

b) Hier kann der Regressanspruch des V gegen A (§ 1313 Satz 2 ABGB) unter Umständen sogar zur Gänze erlassen werden (§ 2 Abs 1 DHG; in Abs 2 sind die relevanten Umstände beispielhaft aufgezählt).

692. • Anspruch des S gegen I auf Zahlung von € 5200 samt 12% Zinsen seit August 2009, § 1 EKHG: Rz 798. Zu den Zinsen Rz 517 a; höhere Zinsen können nur im Rahmen der allgemeinen Voraussetzungen eines Schadenersatzanspruches verlangt werden! Zur Aufrechnung allgemein Rz 579 f. Zu prüfen ist nunmehr der Gegenanspruch des I aus § 1170 ABGB: zur Höhe Rz 661 f und besonders § 1170 a Abs 2 ABGB. Zur Fälligkeit dieser Forderung § 1170 ABGB; zum Beginn der Verjährung § 1478 ABGB und Rz 40 (hier wird der Zeitpunkt zu bestimmen sein, in welchem I bei sorgfältigem Vorgehen Rechnung legen hätte können). Zur Länge der Verjährungsfrist im vorliegenden Fall § 1486 Z 1 ABGB. Zur Möglichkeit einer Aufrechnung mit verjährten Ansprüchen Rz 580. Zur Verzinsung vgl nochmals Rz 517 und Rz 581; überlegen Sie, ab wann I Zinsen verlangen kann!

Gleicher Anspruch aus § 1295 ABGB: Vgl aber Rz 780 f und 783.

• Gleicher Anspruch gegen A aus § 1295 ABGB und § 6 Abs 1 EKHG: unproblematisch. Bezüglich der Höhe der Zinsen kann das Ergebnis (wegen des unterschiedlichen Beginns des Zinsenlaufs) durchaus von dem oben gefundenen abweichen.

• Gleicher Anspruch gegen V aus § 26 Kraftfahrzeug-Haftpflichtversicherungsgesetz (vgl Rz 744) iVm § 1295 ABGB bzw EKHG: inhaltlich weitgehend wie beim Anspruch gegen I.

Hinweis: A und V können aber selbstverständlich nicht mit I's Anspruch aufrechnen (Rz 580). Hat I bereits wirksam aufgerechnet, sind auch die Ansprüche gegen A und V erloschen.

694. • Anspruch des E gegen V auf Schadenersatz, §§ 1, 5 Abs 1 EKHG: V als Eigentümer ist hier auch Halter des Kraftfahrzeuges im Sinne des EKHG, da er über dessen Verwendung bestimmen kann. Die Haftung könnte jedoch ausgeschlossen sein, da S als „Schwarzfahrer“ das Auto ohne Willen des Vaters benutzt hat (§ 6 Abs 1 Satz 1 EKHG). Nach Abs 1 Satz 2 der letztgenannten Bestimmung haftet der Halter dennoch, wenn er die Benutzung durch sein Verschulden ermöglicht hat. Generell ist wohl auch ein Vater nicht verpflichtet, seine Autoschlüssel für Familienmitglieder unzugänglich zu verwahren. Eine gewisse Beaufsichtigung des Sohnes ist ihm aber gerade in Hinblick auf im Haushalt vorhandene gefährliche Gegenstände zumutbar. V hätte dann von den Touren seines Sohnes Kenntnis erlangen und die Schlüssel besser verwahren müssen. Daher haftet er.

• Anspruch des E gegen S auf Schadenersatz, § 6 Abs 1 EKHG: Diese Haftung, die neben die des Vaters tritt (vgl Rz 799), ist nach dem oben Gesagten problemlos zu bejahen.

Auch ein verschuldensabhängiger Schadenersatzanspruch aus §§ 1295, 1311 ABGB ist zu bejahen (Rechtswidrigkeit folgt aus einem Schutzgesetz im Sinne des § 1311 ABGB, der StVO), wobei das im Unfallmoment möglicherweise fehlende Verschulden wegen §§ 1307 oder 1311 ABGB (verschuldete Veranlassung eines Zufalls) bedeutungslos ist; er hätte sich eben vor einer Autofahrt nicht betrinken dürfen. Bedeutsam kann dieser Anspruch wegen der betraglichen Haftungsbegrenzung im EKHG sein.

Fraglich ist, ob E ein Mitverschulden trifft, das seinen Anspruch mindert (Rz 775). Das ist zu verneinen, da die Bestimmungen, die das Parken in Diplomatenzonen verbieten, nicht der Verkehrssicherheit dienen (Rz 758); es fehlt also am Rechtswidrigkeitszusammenhang.

695. Mögliche *Anspruchsberechtigte* sind der Eigentümer B, die Gemeinde G, C und – für das Polizeiauto – die Republik Österreich. – Bezüglich der *Anspruchsgegner* sollte man erkennen, dass B im Grundfall nicht haftet, in der Variante wohl schon (Rz 798; § 6 EKHG genau lesen!). Bei den Ansprüchen gegen A ist jeweils sorgfältig zu prüfen, welche Schäden im Schutzbereich der jeweils übertretenen Normen liegen (Rz 758 f). Schließlich ist im Zusammenhang mit Ansprüchen des C gegen die Republik Österreich neben dem AHG (Rz 788 f) auch das Polizeibefugnis-Entschädigungsgesetz (Rz 789 a) zu beachten. Letzteres ist besonders bedeutsam, sollte man zum Ergebnis kommen, dass den Polizisten kein Vorwurf gemacht werden kann.

696. Rz 502, 794, 804, 810

697. Beachte neben Rz 805, 806 und 808 auch die dort enthaltenen Verweise auf die Rz 502 und 523 ff sowie Rz 550. Entscheidend ist hier, zu erkennen, wer durch welches Rechtsinstitut geschützt ist (Vertragspartner, Personen in dessen Schutzbereich, unbeteiligte Dritte), was in welcher Höhe ersetzt wird (Schaden an der Sache oder Folgeschäden; welche Folgeschäden? vgl Rz 777, 804, 809) und wen gegebenenfalls woran ein Verschulden trifft, sofern dies beim betreffenden Haftungsgrund überhaupt vorausgesetzt wird.

698.
- Anspruch des Z gegen K auf Zahlung des Kaufpreises, § 1062 ABGB: Ein solcher scheitert an der fehlenden Geschäftsfähigkeit der K (Rz 61); die Ausnahme des § 151 Abs 3 ABGB greift nur bei Erfüllung durch das Kind ein; die Zahlung fehlt hier.
- Anspruch des Z gegen K auf Ersatz des Wertes der Schwedenbombe, § 1431 ABGB: Dieser scheitert an § 1424 ABGB, da die Schwedenbombe bereits vertilgt ist und sich K dadurch auch keine echte Mahlzeit erspart hat (vgl Rz 820).
- Ein Anspruch Z gegen M ist ebenfalls nicht zu begründen.

699. a) Rz 951 und Rz 946: Im Innenverhältnis zwischen A und B sind der Gesellschaftsvertrag und subsidiär die Regeln der §§ 163 ff UGB maßgeblich. – Im Außenverhältnis zwischen A, B einerseits und dem Eislieferanten andererseits ist, da für die Entstehung einer KG die Registrierung im Firmenbuch immer notwendig ist, das Recht der GesbR (§§ 1175 ff ABGB) anzuwenden.

b) Anspruch des Eislieferanten gegen A auf Zahlung von € 300 (aus Kaufvertrag, § 1062 ABGB): Nach dem Sachverhalt handelt A für die Gesellschaft. Da er das im Einverständnis mit B tut, hat er jedenfalls auch Vertretungsmacht. Das bedeutet im Ergebnis eine Verpflichtung beider Gesellschafter (Rz 920 und

1032; siehe auch § 178 Satz 1 UGB). Da offenbar noch kein Sondervermögen der Gesellschaft besteht, das dem Gläubiger primär zum Zugriff offen steht, haften beide Gesellschafter gemäß § 1203 ABGB. Die dort aE genannten „Handelsleute" müssen heute als „Unternehmer" gelesen werden. Der Betrieb eines Strandbuffets ist unternehmerische Tätigkeit. Daher haften A und B mit ihrem Privatvermögen solidarisch auf die gesamten € 300 (§ 348 UGB).

Anspruch des Eislieferanten gegen B auf Zahlung von € 300: Wegen § 1203 ABGB haftet auch B auf den gesamten Betrag. Auf die geringere Haftsumme von € 100 hätte er sich – rückwirkend – wohl nur dann berufen können, wenn es in der Folge zur Eintragung im Firmenbuch gekommen wäre (vgl § 176 Abs 1 UGB).

c) Dann haftet B wegen § 176 UGB bis zur Höhe der von ihm übernommenen Haftsumme, hier also bis maximal € 100.

700. Ein Zahlungsanspruch des V gegen A ergibt sich schon aus den §§ 161 Abs 2, 128 UGB (unbeschränkte persönliche Haftung des Komplementärs). Ein direkter Zahlungsanspruch gegen den Kommanditisten B ist nach § 171 Abs 1 UGB zum einen mit der Höhe der im Firmenbuch eingetragenen Haftsumme beschränkt, zum anderen überhaupt ausgeschlossen, soweit die Einlage geleistet ist. – Dementsprechend begründet erst eine wirksame Bürgschaft die volle (bzw weiter gehende) Haftung des B. Eine Bürgschaft des Komplementärs A ist für den Gläubiger hingegen nur ausnahmsweise von Bedeutung, nämlich dann, wenn A nach seinem Ausscheiden aus der KG von der Haftung für die betreffenden Gesellschaftsschulden befreit ist (vgl § 160 UGB), die gesicherte Forderung jedoch von der weiter bestehenden Bürgschaft erfasst wird.

702. a) vgl die Rz 993 und 283

b) Rz 281, 1039 und 1035

703. a) Das in § 112 UGB normierte Wettbewerbsverbot betrifft nur das Innenverhältnis. Das Geschäft mit dem Verein ist daher wirksam.

b) Die Gesellschaft kann auf Beschluss von A und B (§ 113 Abs 2 UGB) Schadenersatz fordern (in Höhe dessen, was die Gesellschaft am Verkauf der Segel verdient hätte), sie kann verlangen, dass die von C abgeschlossenen Geschäfte als für Rechnung der OG zu gelten haben oder auch die Abtretung des Anspruchs auf Vergütung in der Höhe von € 4000 verlangen (§ 113 Abs 1 UGB). Daneben könnten A und B auch die Auflösung der Gesellschaft verlangen, Rz 1069 und 1183 sowie § 133 UGB.

c) Fraglich ist, ob die Wintersportgeräte den „Handelszweig der Gesellschaft" im Sinne des § 112 Abs 1 UGB betreffen. Der „Handelszweig" ist nach dem Gesellschaftsvertrag und dem realen Geschäftsbetrieb zu beurteilen; es muss Gefahr bestehen, dass der Gesellschaft potenzielle Kunden verloren gehen. Das ist im gegebenen Fall mit aller Wahrscheinlichkeit zu verneinen, die Geschäfte unterliegen daher nicht dem Wettbewerbsverbot.

d) § 165 UGB schließt die Anwendung der §§ 112, 113 UGB aus. C verstößt daher nicht gegen seine gesellschaftsvertraglichen Pflichten. (Anders, wenn er etwa Geschäftsführer der KG ist oder sonst maßgeblichen Einfluss auf ihre

Geschäfte ausübt. Das ergibt sich aus der allgemeinen gesellschaftsrechtlichen Treuepflicht.)

e) Das ist hier wegen § 140 UGB, der auf § 133 UGB verweist, zu bejahen. (Unbedeutende Verletzungen des Wettbewerbsverbots würden allerdings keinen wichtigen Grund im Sinne des § 133 UGB darstellen; dafür spricht § 113 Abs 4 UGB, der ansonsten anders formuliert wäre.)

f) Aus heutiger Sicht ja, da nach § 18 UGB Kennzeichnungseignung sowie Unterscheidungskraft genügt und keine Irreführungseignung vorliegt. [Nach altem Recht hätte die Firma hingegen zumindest den Namen eines Gesellschafters enthalten müssen, so dass die Eintragung im Jahre 2006 zu Unrecht bewilligt wurde.] Auch der Rechtsformzusatz „OHG" darf für vor dem 1. 1. 2007 eingetragene Firmen beibehalten werden (§ 907 Abs 4 Z 2 UGB).

704. Zur Haftung des Gesellschafters und den Rechtsfolgen der Säumnis wie auch der Haftung des ausgeschiedenen Gesellschafters vgl Rz 1097 f. – Die GmbH haftet ihren Gläubigern mit ihrem Vermögen, zu dem selbstverständlich auch die Forderung auf Leistung der Stammeinlage gehört; zur Exekution Rz 1347 und speziell § 294 EO. – Zu den Voraussetzungen einer Kapitalherabsetzung, die niemals zu einem unter € 35.000 liegenden Stammkapital führen darf, Rz 1142.

Lösung der Musterklausur „Vertragsrecht“ (S 115 f)

1.

Geschäftsfähigkeit bedeutet, dass jemand selbst (ohne gesetzlichen Vertreter) wirksam Rechtsgeschäfte abschließen kann. Geistig gesunde Personen sind gemäß § 21 Abs 2 ABGB mit Vollendung des 18. Lebensjahres volljährig und uneingeschränkt geschäftsfähig.
Ein 12-jähriger ist unmündiger Minderjähriger und nur beschränkt geschäftsfähig. Von ihnen abgeschlossene Verträge sind schwebend unwirksam, es sei denn, es handelt sich um ein Geschäft, das bloß zu ihrem Vorteil (§ 865 ABGB) oder alterstypisch ist. Für ein gebrauchtes Fahrrad um € 50 wird dies zutreffen. Ein Kaufvertrag für ein neues Fahrrad um € 300 hingegen ist nicht mehr als alterstypisch zu qualifizieren und daher schwebend unwirksam. Der Vertrag kommt in diesem Fall nur infolge Vertragsabschlusses durch den gesetzlichen Vertreter bzw durch die Genehmigung des vom Minderjährigen geschlossenen Geschäftes durch den gesetzlichen Vertreter zustande. (Verweigert dieser die Genehmigung, bleibt der Vertrag endgültig unwirksam.)

2.

Verpflichtungen, aus denen der Rechtsgrund nicht hervorgeht, nennt man abstrakte Rechtsgeschäfte. Diese sind in Österreich grundsätzlich nicht als wirksam anerkannt (vgl § 937 ABGB). G hat daher keinen Anspruch aus der schriftlichen Vereinbarung auf Zahlung der € 1.000. Ist der wirtschaftliche Grund des Geschäftes erkennbar, handelt es sich um ein zulässiges, kausales Rechtsgeschäft. In der Ergänzung (vorheriger „Schadensfall“) gibt es einen Rechtsgrund (streitbereinigender Vergleich) und auch eine darauf aufbauende mündliche Vereinbarung. Verträge können grundsätzlich formfrei geschlossen werden (§ 883 ABGB). Dieses mündliche und kausale Rechtsgeschäft berechtigt G, von S € 1.000 zu verlangen.

3.

a) Nach § 864 Abs 2 ABGB gilt das Behalten, Verwenden oder Verbrauchen einer unbestellt zugesandten Sache (Realofferte) nicht als Annahme eines Antrages. Der Empfänger hat sogar das Recht, die ihm so aufgedrängte Ware wegzuwerfen. Auch das Nichtreagieren auf das Realanbot innerhalb der vorgegebenen Frist der B-GmbH führt nicht zum Vertragsabschluss, denn grundsätzlich hat das Schweigen keinerlei Erklärungswert. Da kein Vertrag zustande gekommen ist, muss A den Kaufpreis für die übersandten CDs auch nicht bezahlen. Dennoch kommen grundsätzlich für eine etwaige Benützung bzw für den Verbrauch Bereicherungsansprüche in Betracht. Ein kurzes Hineinhören bzw ein einmaliges Abspielen, um sich ein Urteil über die CD zu bilden, kann nicht als „Benützung“ qualifiziert werden, sodass in diesem Fall Bereicherungsansprüche ausscheiden.

b) Die B-GmbH ist noch Eigentümer, da der gültige Eigentumserwerb stets Titel (zB Kaufvertrag) und wirksamen Modus (Erwerbungsart) voraussetzt (§ 380 ABGB). Hier fehlt der Titel, da der Kaufvertrag nicht zustande gekommen ist.

c) Durch § 864 Abs 2 ABGB hat A ausdrücklich das Recht, sich der unbestellt zugesandten Ware zu entledigen. Die B-GmbH hat daher keine Schadenersatzansprüche, da A nicht rechtswidrig gehandelt hat.

d) Die B-GmbH kann die Herausgabe der noch vorhandenen CD gemäß § 366 ABGB verlangen.

4.

Da Verbraucher bzw Konsumenten aus wirtschaftlicher und rechtlicher Hinsicht als unterlegen angesehen werden, soll ihnen im Verkehr mit Unternehmern ein besonderer gesetzlicher Schutz durch das Konsumentenschutzgesetz, das nur bei Verbrauchergeschäften anzuwenden ist, zukommen. Gem § 1 Abs 2 KSchG ist der „Verbraucher" bzw „Konsument" als Nicht-Unternehmer (negative Begriffsbestimmung) definiert. Wer demnach kein Unternehmer iSd § 1 Abs 2 KSchG ist, ist Verbraucher. Ein Unternehmen ist jede auf Dauer angelegte Organisation selbständiger wirtschaftlicher Tätigkeit, auch wenn sie nicht auf Gewinn gerichtet ist. Ist am Rechtsgeschäft ein Verbraucher beteiligt (Verbrauchergeschäft), ist das KSchG anwendbar.

5.

Bei der Inhaltskontrolle wird auf die inhaltliche Unangemessenheit einzelner Klauseln in Allgemeinen Geschäftsbedingungen geachtet. Maßstab hierfür sind insb § 879 Abs 3 ABGB (gilt jedoch nur für die Inhaltskontrolle von Nebenbestimmungen) und bei Verbrauchergeschäften zusätzlich § 6 KSchG. Bestehen einzelne Klauseln der AGB die Inhaltskontrolle nicht, sind diese (nicht jedoch das Gesamtklauselwerk!) nichtig bzw unwirksam. Was im Einzelfall eine gröblich benachteiligende Vertragsbestimmung ist, hängt von den Umständen des Einzelfalles ab. Zentraler Maßstab ist allerdings das (dispositive) Gesetzesrecht: Man vergleicht die Rechtslage des Verbrauchers aufgrund der AGB-Klausel mit jener, die (ohne AGB) aufgrund des Gesetzes bestünde. Zur Unterstützung der Verbraucher gewährt § 28 KSchG gewissen Verbänden, zB AK, WKO, ÖGB, VKI (vgl § 29 Abs 1 KSchG), Unterlassungsansprüche, die sie mit der Verbandsklage geltend machen können, um bestimmte für Verbraucher negative Vertragsklauseln aus dem geschäftlichen Verkehr zu beseitigen.

6.

G hat seine Forderung an B zediert (§ 1392 ABGB). Dies ist auch ohne Zustimmung des Schuldners wirksam. Nur solange S von der Abtretung nicht verständigt wird, kann er schuldbefreiend an den Altgläubiger G zahlen (§ 1395 Satz 2 ABGB). Nachdem S von der Abtretung verständigt wurde, muss er bei Fälligkeit an B zahlen. Zahlt er nicht, gerät S in Verzug (§ 918 ABGB). Auch bei bloß objektivem (unverschuldetem) Verzug hat er den offenen Betrag mangels anderer Vereinbarung mit 4% p.a. nach den §§ 1333, 1000 ABGB zu verzinsen. (Bei subjektivem Verzug könnte S darüber hinaus auch schadenersatzpflichtig werden.)

7.

Die Bürgschaft ist regelmäßig ein Vertrag zwischen Gläubiger und Bürgen, in dem sich der Bürge verpflichtet, für die Verbindlichkeit des Schuldners einzustehen.

a) Die Bürgschaftsverpflichtung richtet sich grundsätzlich nach dem jeweiligen Stand und dem Inhalt der Hauptverbindlichkeit. Da sich B aber im Bürgschaftsvertrag nur „bis zur Höhe von € 10.000" verpflichtet hat, kann G auch nur diesen Betrag verlangen.

b) Die Bürgschaft ist zwingend akzessorisch; sie steht und fällt mit der Hauptverbindlichkeit (§ 1363 Satz 1 ABGB). Die Vereinbarung zwischen der G-Sparkasse und S bewirkt auch die Befreiung des Bürgen im selben Ausmaß (auf € 9.000). Auch auf die dem Hauptschuldner gewährte Ratenzahlungsmöglichkeit kann sich der Bürge berufen, da Bürgen gegenüber dem Gläubiger nicht nur Einreden aus dem Bürgschaftsverhältnis vorbringen können, sondern auch jene aus dem Gläubiger-Hauptschuldner-Verhältnis.

c) Durch die Zahlung an den Gläubiger erwirbt der Bürge gemäß § 1358 ABGB die Rechte des Gläubigers gegen den Hauptschuldner (Legalzession). Damit kann er im Umfang seiner Zahlung gegen S Rückgriff nehmen.

8.

Voraussetzungen für eine wirksame Stellvertretung sind:

- Es muss sich um ein **vertretungstaugliches Rechtsgeschäft** handeln. Bei höchstpersönlichen Geschäften (zB Eheschließung) keine wirksame Stellvertretung.
- **Offenlegung** – Vertreter muss im Namen des Vertretenen handeln.
- Es muss ein **eigener rechtsgeschäftlicher Wille des Vertreters** vorliegen. Dies kann nicht der Fall sein, wenn der „Vertreter“ geschäftsunfähig wäre oder für den anderen bloß Bote ist.
- **Ausreichende Vertretungsmacht** – Es muss tatsächlich Vollmacht eingeräumt worden sein. Eine ausreichende Vertretungsmacht kann nicht nur rechtsgeschäftlich, sondern auch aufgrund eines Gesetzes oder behördlichen Aktes (Obsorge), kraft Rechtscheins oder aufgrund einer Satzung bestehen.

  Wirksame Stellvertretung bewirkt, dass der Handelnde eine andere Person, den Vertretenen, dem Dritten gegenüber unmittelbar berechtigt und verpflichtet.

9.

Richtig: b), c), d) und e)
Falsch: a)

10.

a) Wer eine Sache bei sich hat, ist ihr *Inhaber,* nicht aber unbedingt auch ihr *Besitzer* oder *Eigentümer.*

b) Wer sich beim Vertragsabschluss geirrt hat, hat unter Umständen ein *Anfechtungsrecht,* mit dem er sich vom Vertrag wieder lösen kann. Dem Verkäufer, der sein Geld nicht bekommt, steht zum selben Zweck ein *Rücktrittsrecht* zu.

c) Nur bei unbehebbaren und groben Mängeln steht dem Käufer ein *Wandlungsrecht* zu; wahlweise auch das *Preisminderungsrecht.* Ist das konkret geleistete Stück aus einer Gattung, zB ein Haarfön, irreparabel schadhaft, kann der Käufer zunächst bloß *Austausch* begehren.